史说平乡系列丛书

梅花拳

赋平 著

方志出版社

梅花拳
被誉为武术界的『活化石』
创立于明末清初
至今已经有四百多年的历史
集我国传统儒释道文化之大成
是我国历史上
唯一存在的『文化拳』
……

图书在版编目（CIP）数据

中国平乡梅花拳 / 赋平著. -- 北京：方志出版社，2017. 11
（史说平乡系列丛书. 三）
ISBN 978-7-5144-2776-9

Ⅰ. ①中… Ⅱ. ①赋… Ⅲ. ①梅花桩－介绍－平乡县 Ⅳ. ①G852.19

中国版本图书馆CIP数据核字（2017）第 297470 号

史说平乡系列丛书（三）

中国平乡梅花拳

著　　者：赋　平
责任编辑：冯　松
出 版 人：冀祥德
出 版 者：方志出版社
地址　北京市朝阳区潘家园东里9号（国家方志馆4层）
邮编　100021
网址　http://www.fzph.org
发　　行：方志出版社图书经销中心
电话（010）67110500
经　　销：各地新华书店
印　　刷：河北省地勘局第十一地质大队印刷厂
开　　本：787 × 1092　　1/16
印　　张：13.5
字　　数：50 千
版　　次：2017 年 11 月第 1 版　2017 年 11 月第 1 次印刷
印　　数：0001 – 1500 册

ISBN　978 – 7 – 5144 – 2776 – 9　　四册定价：160.00 元

[序]

序

这里是梅拳圣地，这里是全国梅花拳文化之乡，这里是中国平乡。邹祖文化在这里流淌，国家级非物质文化遗产在这里享誉四方，每年正月十六祭祖大典，数万弟子齐聚一堂。

邹宏义勤学苦练，感于梅花终创此拳，大显神通、直拒官禄，百般兵器化一辆独轮兵车，三德请师从此扎根马庄。后世弟子能人辈出，他们行侠仗义，他们救国救民，他们继承与发扬，一个个惊心动魄的传奇在这里上演，一个个感人至深的故事代代相传。

四百年风雨浇灌，盛世梅花万里飘香。学文理、练武功，开习武之先河，尊传统、重孝道，天下梅花是一家。邹氏墓群、始祖殿、拳师碑林，让海内外千万弟子共同敬仰，国内外媒体纷纷聚焦，文武学校在各地拔地而起，让传统文化在下一代中茁壮成长。

始祖殿

梅花拳大殿

正在练武的梅花拳弟子

[目　录]

目 录

第一辑

邹宏义创建梅花拳

邹宏义是梅花拳第三辈祖师，也是梅花拳的创建者，感于师父教诲，创建梅花拳后，他尊师父张山为第二辈祖师，尊张山之师收元老祖为第一辈祖师。创拳法、教弟子、拒官禄、救世人，他的智慧、他的侠义、他的传奇，不仅教育着一辈辈梅拳弟子，更是影响着海内外世人。

大殿前练武的弟子

拜师张山终如愿

如今，提到梅花拳，世人都会想到一个地方——中国平乡，想到一个流传数百年、享誉海内外的名字——梅拳祖师邹宏义。说起邹宏义，很多人不禁会萌生疑问：邹宏义何许人也？文武双全、德艺双馨的邹宏义“艺”从何来？

据邹宏义之子邹文聚撰写的《邹氏家谱序》记载：邹宏义，字光大，原名邹讵亮，字魁阳，师从张山（又名张三

始祖殿内供奉的法王老祖牌位

省），生于明朝万历年间，祖籍河北顺德（今邢台），后随祖上迁居徐州府铜山县。史书资料最早显示，邹家先祖曾为元朝大臣，明洪武年间归顺明朝，世代负责镇守徐州。邹宏义父亲名为邹宗孟，字笺里，负责戍守边疆，后因战功卓著，封为铜山镇守总兵，每逢三六九日上朝参拜皇帝，商议朝政大事。

邹宏义自幼聪明伶俐，饱读诗书，深受父亲宠爱。明朝末年，世道混乱，民不聊生，邹宏义便萌生了弃文习武为苍生的想法，得到父亲的默许后，就以学习家传武术为主，天资聪慧、身手敏捷的邹宏义很快全部运用自如，父亲见他很有潜能，便四处打听名师为子传道授艺。这时，一个名叫张山的人进入了邹父视野。据说此人得了收元老祖真传，一身功夫出神入化，他随即命人四处寻找。

天下之事可谓“无巧不成书”，还没等邹父找到张山，在武山山坡上练武的邹宏义，就先碰到了他。云游至此的张山，看见邹宏义在练拳，便停下脚步细细观看，等宏义练完休息时，才走上前去说：“你的拳法甚是好看，可惜有顾前不顾后的缺点。”其实邹宏义早就意识到自己拳术的弱点，怎奈一直没有想出克服之法，今见来者能一眼看破，便知遇见了高手，就虚心请教。两人边走边聊，看到山上有一座破庙就走了进去，张山将练武的注意事项和一些动作传授给宏义，不知不觉天色渐暗，到了两人分手的时候，意犹未尽的宏义向张山提出了拜师之意。

梅花桩

不等张山回答，求师心切的宏义就已跪地磕头，向张山行拜师之礼。张山见状赶紧拦住，结合邹宏义的衣着打扮和言谈举止，料定邹宏义必定出身不凡，就细细询问宏义的家庭情况。待邹宏义说完后，不想沾惹官家事的张山便想拒绝："邹家是名门望族，你一个官宦之家的少爷，出入自有家丁相护，为何要习武呢？"邹宏义回答说："如今天下大乱，战事迭起，盗匪横生，百姓无时无刻不处在水深火热之中，宏义只恨不得救助之法，没有匡扶之力，便日夜习文练武，以期得一救助之道。"说完邹起身再拜，再三恳求，无奈张山始终不肯答应，邹宏义只得退而求其次，询问老师的尊姓大名和家住何方，看懂宏义心思的张山说道："我叫张山，家住武山无影村。"说完转身离去，邹宏义只得抱憾回家。

不久后的一天傍晚，在院子里练武的邹宏义听见有两个小厮议论，出门为公子寻找师父的人回来了，正在前厅给老爷回话。邹宏义赶紧冲到前厅，刚走到窗前，就听邹父说要去拜会张山，心里挂念着张山的邹宏义听见张山这个名字就待不住了，心想，这个张山会是那个张山吗？便偷偷尾随跟了去。

只见父亲的马车走了很远后，在一个山脚下的普通民房前停了下来，待父亲进入房子后，邹宏义偷偷跃到院子里的树枝上，屏气凝神向屋内看去，待看清屋内的人正是自己要找的张山时，邹宏义内心一下子激动起来，刚要下去，想到张山曾一再拒绝，便耐下性子细听屋内的交谈，只听邹父问道：“不知高人师承何处？”张山回道：“师承法王老祖。”邹父又道：“哦，那老祖现在何处啊？”张山指着桌上供奉的牌位道：“本也是机缘巧合之下得老祖指点，不知老祖真身，只得私下立这牌位日夜供奉，不忘师恩。”两人又寒暄了几句，当听见邹父说出想替儿子拜师时，邹宏义再也藏不住了，直接从树上冲进了屋里，先到牌位前磕头上香，又

梅花拳纪念碑上雕刻的祖师传艺图

跪到张山面前说道："请师父收我为徒。"

张山被其诚意感动，又见其的确生的骨格不凡，为习武奇才，且心性纯良，最终答应收他为徒。邹宏义马上洗手净脸，行拜师之仪，成拜师之礼。

拳自梅花来

张山收邹宏义为徒之后，师徒二人寻到山间的一座古庙，这座古庙也不知道是何年何月由何人所建，到如今早已是荒草丛生、破败不堪。二人勉强行至殿前，只见一座硕大的古佛立于殿内，层层灰尘下早已辨不清原来的颜色，然而威严却不曾减去半分，让人肃然起敬。

看到如此景象，张山却说："我看此处甚好，一来清净，有利于参道学艺，不受外界所扰；二来你看这朽屋破瓦，断壁残垣，不遮风雪，难避严寒，也有利于磨砺你的心性，习武之人，坚毅的心性品格最是重要。”听到师父这样说，邹宏义便赶紧收拾起来，正忙着间，忽感面上微凉，抬头一看，原来是下雪了，只见片片雪花在风中飘飘洒洒地落了下来，而且越下越大，团团簇簇，大有铺天盖地之势。忙碌了一整天，傍晚时分才终于将这处容身之所收拾了出来。

站在梅花桩上练武的弟子

邹宏义抬眼向庙外望去，只见庙前不远处有一大片梅林，雪花映着红梅簇簇，暗香浮动，陡然间给破败的古庙平添了不少颜色，没来由地想起了宋代诗人王琪的那首咏梅诗："不受尘埃半点侵，竹篱茅舍自甘心。"邹宏义便下定决心，要以梅花为榜样，此生定要以传扬拳法、救助世人为己任，决不贪慕名利。

自此后，邹宏义每日跟随师父参习文理妙法和武艺，他勤奋异常，昼夜习练，许许多多个夜晚，都是侍奉好师父睡去后，又独自起身，行至院外继续练武。这一夜，邹宏义待师父睡去后又来到院外练武。深夜张山醒来，见邹宏义还没有回屋，透过窗户望去，只见月已偏西，如水的月光把院外的一切都镀上了一层银色。张山起身来到院门，看见邹宏义正在梅树下练武，汗水早已经浸透了他的衣襟，张山欣慰地笑了，走上前去说："今夜为师陪你切磋一下可好？"邹宏义说："请师父指点。"师徒二人就在那梅花树下摆开阵势，百招下来竟不分上下，张山说：“你的武艺已经大有长进，可万事贵在一个恒心，只要你能坚持，相信你定会大有作为的。”邹宏义说：“徒儿谨遵师父教导，定会悉心练习武艺。”张山见宏义学有所成，便告辞离去，后宏义多方打听，终不得师父消息，唯有勤学苦练，将师父所传发扬光大。

在那段时间，早起上山的人们就常常能看见在梅花树下刻苦练拳的邹宏义。冬日里，红梅在猎猎寒风中争奇斗艳，梅香在山坡间流转萦回；晨曦中，一位翩翩公子在梅花树下或打斗或跳跃，步伐稳健，身轻似燕，闪展腾挪，如履平地，让人忍不住驻足观望，久久想不起离去。

如此这般，风雨不歇，每一招每一式，邹宏义都要反复地琢磨，渐渐地邹宏义便将自身所学与师父所授结合起来。他将文武相结合，互为辅助，以文理指导武功，思想支配拳术，融周易八卦于拳理，化阴阳五行于拳法，历经数载，精心锤炼，终于创立了一个不同以往、别具一格的独特拳派。

干支五势落地梅花桩

邹宏义常年在梅花树下练拳，每当寒冬降临，山间树叶萧萧，百花凋零，只有梅花不畏严寒，凌霜傲雪，他有感于梅花的品质，且见梅花是在冬未尽、春未来之时开放，含有先知先觉之意，合先备先用之理，达先发制胜之效，这正是习武者所追求的，再者所练之拳共分五势，正合梅花五瓣之形，如此想来实在是和自己所练拳法相契合，故就为所练之拳取名为“梅花拳”。

离散师徒直拒闯王

邹宏义自创立梅花拳以来，敬奉天地君亲师，行侠仗义，一时声名鹊起，人们都知道徐州府出了个武艺了得的邹师父，纷纷慕名而来，欲拜师学艺，从者不下数百人，在徐州一带影响甚广。

此时正值明末农民起义，闯王李自成在陕西河南一带不断用兵，他们攻下朱元璋老家安徽凤阳后，为了打压明皇室的气焰，焚毁了朱家祖坟和朱元璋曾经出家的“皇觉寺”，战火在黄河以北越烧越旺。急于用人的李自成就想着

李自成

收服邹宏义，收编梅花拳弟子，以扩充自己势力，于是便派前军大将刘宗敏去拜访邹宏义。

这一天，邹宏义正在拳场指导弟子练拳，忽闻刘宗敏求见，心中已然猜出了来人的用意，思忖片刻吩咐家丁说：“你只说我有事，晨早就已经出门，还未曾回来。”家丁虽是不解，也只得诺诺而去。这边刘宗敏见前去通报的家丁迟迟方回，又听得如此说，心中便已了然，含笑说道，“既如此在下只得明日再来拜访了”，说完就离开了。

第二天天刚蒙蒙亮，果然就有家丁来报说昨天来的人又来求见，邹宏义见终究是躲不过去，便说：“请客人到书房稍坐，我即刻就到。”说完邹宏义放下手中的兵器，离开了拳场往书房走

刘宗敏

去。

邹宏义来到书房，只见一位三十多岁的男子正在屋内来回踱步，身形魁梧，一看就是个北方汉子。邹宏义拱拱手说：“让刘将军久等了，还望莫要怪罪，来人啊，上茶。刘将军请坐。”刘宗敏坐下方说：“哪里，只是先生昨日避而不见，想必先生已经猜出了我的来意，如今天下大乱，民不聊生，英雄当择明主而侍，不知先生作何考虑？”邹宏义说：“将军说的在理，可是邹某自问并不是什么英雄，也未曾想做英雄，而且梅花拳自创拳以来就定下来要敬奉天地君亲师，邹某只想着教好徒弟传好拳，如此看来你我道不同，自是不相为谋。将军请回吧，以后也断不必再来了。”刘宗敏无奈只得起身告辞。

可是不料刘宗敏回明李自成后，李自成勃然大怒：“任他邹宏义如何了得，他区区几百人难道能抵我数万大军？你只告诉他要么归顺于我，为我所用，要么我踏平他，让世人自此再也不知道什么是梅花拳。”

消息传来，邹宏义陷入两难，归顺

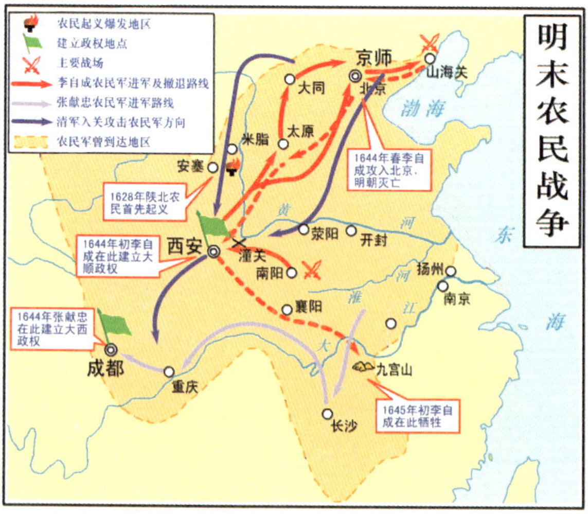

明末农民起义路线示意图

实在有违初心，不归顺又怎么能置弟子们的生命于不顾。而且，这几天总有梅花拳弟子外出时莫名其妙地被袭击，邹宏义知道这还只是李自成的警告，如果自己不赶紧做出个了断，只怕会给弟子们招来更大祸患。思忖良久，只好将弟子们都召集到一起说：“我们梅花拳弟子敬奉天地君亲师，誓不相违，我们定不能归顺李自成，可也不能白白丢掉性命，既如此你们先各自回家，以避其祸，但是大家要记得梅花拳在哪里都可以练习，回家以后仍然要勤加练习，切不可懒怠。”听到师父如此说，弟子们个个义愤填膺，他们跟随师父练拳，师父待他们恩重如山，如今李自成苦苦相逼，他们怎么能只顾自己逃命呢，所以都不想离开。邹宏义见此说道：“李自成之所以如此，不过是觊觎我梅花拳的势力，一旦你们离开了，他断没有再纠缠的道理。”弟子们听师父如此说，只得拜别师父，收拾行囊离去。

表决心婉拒崇祯

这边邹宏义师徒正在为不得已离别惆怅万分，那边崇祯却已经听说了李自成想收服邹宏义的事。崇祯早就知晓徐州府出了个能人邹宏义，只是自继位以来便内忧外患不断，所以一直也没腾出空闲召见，现在乍听说李自成捷足先登，既后悔自己没有先把邹宏义收归朝廷所用，又担心一旦邹宏义投归了李自成，他更是“如虎添翼”，朝廷面临的局势就只会更加糟糕。

崇祯

正在崇祯且悔且忧之时，又传来消息说邹宏义断然拒绝了李自成，并不惜因此遣散梅花拳弟子。崇祯帝又是高兴又是为邹宏义的忠义之心感动，于是立刻下旨，让徐州府官员亲自陪同邹宏义立即进京。

这一天，邹宏义正在拳场练拳，忽听家丁来报圣旨到，急忙来到大厅，只见里面已经站满了人，徐州府尹也在其中，大厅中央一个手捧明黄圣旨的人尤其显眼，所有的人都恭敬肃立、屏气敛声。见他进来，众人齐跪恭听，圣旨上说道，崇祯帝感其人品贵重、忠义之心，特命邹宏义速速进京面圣。

接到圣旨后，邹宏义就在府尹的催促下匆匆收拾了行李往京中赶，一路上众人对邹宏义照顾得很是用心，大家都认定邹宏义这次进京等待他的肯定是高官厚禄，前程定是不可限量，可谁能知晓邹宏义心中自有他的打算。

抵达京城后，邹宏义在特使的引领下进入皇宫，待太监通传后，便进入殿中，趋步向前急急参拜。崇祯见邹宏义果真气度不凡甚是欢喜，忙道：“快快平身，邹师傅的名声朕早有耳闻，只是国事繁重一时未能顾及，前些时候朕听说乱贼李自成有心招揽邹师傅，被你严词拒绝，朕心甚慰。邹师傅既有此等忠义之心，朕不得不察，特召你前来，一来为了嘉奖你，以表彰你的忠义之心，二来欲封你为镇京总兵，把整个京城和朕的身家性命都托付给你，你可愿意？”邹宏义闻言忙又跪下：“圣上厚爱，本不该辞，可草民实实不能领此重任，传拳救人是草民一生所求，实不敢再领圣恩。”

闻听此言，崇祯冷冷地道：“今盗贼横生，身为大明子民，自该同心同德，共御之。传拳救人？你又能救得几个人？你为朝廷效力，平定贼祸，方为大丈夫所为，才可立下万世之功。”邹宏义说：“皇上，草民听说在商朝末年，孤竹国国君过世，欲立他喜爱的小儿子叔齐为王位继承人，可叔齐坚辞不受，因为他认为王位应该让哥哥伯夷继承，伯夷不愿让弟弟为难，就偷偷地离开了孤竹国，怎奈伯夷逃走后叔齐仍不肯当国君，也逃走了，他们最终在首阳山上相守到死。国

伯夷和叔齐

新郑市首阳山伯夷和叔齐墓址

君，伯夷叔齐二人尚不愿当，不过是为了守住自己的本心罢了，草民也想以古贤人为榜样，坚守自己的本心，还望圣上另择贤臣为陛下分忧。”说完邹宏义便深深伏地。见邹宏义态度如此坚决，崇祯也不再勉强，重重赏赐后就命他退下了。邹宏义如蒙大赦，回到驿馆，匆匆收拾后，就踏上了返程。回到徐州后，他便借此契机，迅速重振梅花拳。

神奇的独轮兵器车

“收拾行李车一辆”“念了奇门遁甲咒，连车带人腾了空。瞬时已把黄河过，黄河北岸立定身。过河就把车拆散，都是甲子护自身。”这是《根源经》里的一段记载，这里的行李车就是使无数人啧啧称奇的梅花拳独轮兵器车。

独轮兵器车从外形看酷似我国古代常见的一种运输工具——独轮手推车，这种手推车最早见于西汉年间，当时称

梅花拳独轮兵器车

护身披

作“鹿车”，是普通百姓用来载人载物不可或缺的运输工具。独轮兵器车分是形制各异的武器，合则是一辆完完整整的小推车，推着行走十分方便。关于邹宏义为什么创造独轮兵器车，以及何时创造的独轮兵器车，在梅花拳弟子间还流传着这样一个故事。

据说，随着邹宏义的名声越来越大，慕名前来学武的人越来越多，眼见着梅花拳发展势头越来越好，邹宏义很是欣慰，可是问题很快出现了。邹宏义的弟子多来自贫苦家庭，年龄稍长就不得不担负起养家的重任，才小有所成便要放弃，看着徒弟们一个个先后离开，邹宏义寝食难安，心好像在火上烤一般。

这天，又有一名弟子要被他的父亲领走，临行前小弟子给邹宏义磕头辞行，满眼泪光，抽抽噎噎一句话也说不出。邹宏义也很不舍，说实话这个小徒弟年龄虽不大，但很有天赋，什么事一点就透，邹宏义很是喜欢，于是向孩子父亲出言挽留，说孩子很有练武天分，留在这里，定当悉心教导，他日定能出人头地。可孩子父亲不同意，说："邹师傅，我们穷苦人家哪敢谈什么他日，他不回去帮忙，过不了几天一家子就得饿死啊，练武是好，可不

油瓶枪

风火轮

梅花刺

能当饭吃，况且一日两日还行，穷人家的谁能耽误得起这么多年？”一番话说得邹宏义哑口无言，只得又俯身扶起那小徒弟说：“你要记得练武不限于在哪儿，想练哪里都是武场，你先回去，为师定能想出办法来。”

送走父子二人，邹宏义陷入沉思，如何才能让徒弟既不耽误干活又不妨碍习武呢？邹宏义想到了武器的改造，他要制造出方便携带的武器，最好还能和干活工具统一起来。终于有一天，邹师爷把眼光对准了在当时使用广泛的手推车，他发现这种小车或载人或装物，一个人就能推着行走，轻便异常，而且细瞧之下，竟发现每一个部件都能幻化成一件兵器，邹师爷颔首微笑，计上心来。

自此，邹师爷便闭门谢客，他找来一辆独轮车，拆卸开潜心研究，经过对每一个部件的反复修改，一辆全新的兵器车逐渐呈现出来。据记载，这辆兵器车的全车上下没有一个多余之物，每一个部件都是一件运用自如的兵器，拉车绳是流星锤，车轮是风火轮，车襻是九节鞭，别棒是三节棍，车立柱是牖（音cu）拐，护车脚叫护身披，就连车上的每一个楔子都是能取人性命的飞镖。

邹宏义的这一发明大大方便了徒弟们，小车推行方便，出门在外既不显

提戟

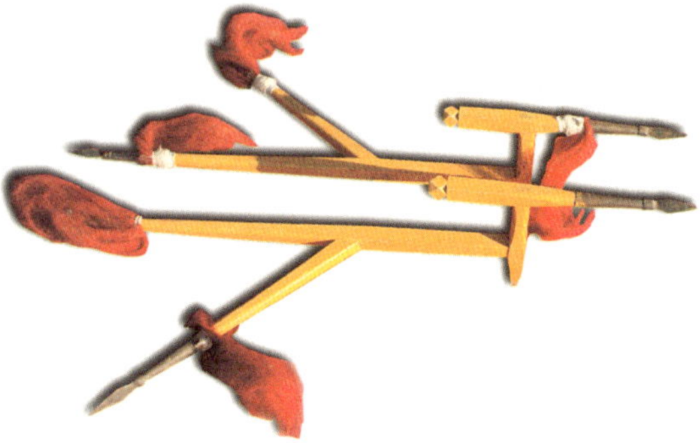

锛三枪

眼，遇到危险还能防身，而且是每家每户都能用到的物件，劳动之余，也可以随时随地习练武艺，既是劳动工具也是武器，大大增加了徒弟们习武的灵活性。另外邹宏义发现推着小车去传艺，远比骑着高头大马更容易让他接触到最底层的广大受苦民众，更容易传拳传法。

只可惜独轮兵器车的制作工艺没有流传下来，现在我们只知道那一年邹师爷就是推着这么一辆兵器车，一路从徐州府北上来到了我们平乡后马庄村，从此定居在这里，全心传拳救人。自此也许是独轮兵器车完成了陪伴邹师爷四处传艺的历史使命，也许是由于制作工艺太复杂，也许是由于自然灾害、战争破坏、记载缺失等种种原因，总之后世的我们也只能从老一辈的口中领略一下它的神奇。

独轮兵器车的失传是所有梅花拳弟子的遗憾，近几年经过无数弟子不断探索，终于把独轮兵器车复原了出来，复原后的独轮兵器车由梅花拳独有的108件兵器拼接而成，虽然这可能和邹师爷当年的独轮兵器车有所出入，但我们也可以从中一窥当年独轮兵器车的神采，填补我们内心的遗憾，给我们带来些许安慰。

第二辑

多方寻找终回故里

云闲望出岫，叶落喜归根。身在徐州的邹宏义，看着当地的梅花拳发展越来越好，弟子越来越多，心里想要回家的声音也越来越响，越来越清晰。看着逐渐变乱的世道、饱受欺压的百姓，这个愿望终于具化为行动，造就了这许多传奇的人物、精彩的故事。

梅花拳晨景

只身踏上寻家路

明朝末年，朝廷软弱、社会动荡不安，平民百姓饱受欺压，邹宏义看在眼里、疼在心上，无时无刻不惦记着百姓的生命安危，为了让百姓能够强身健体、御敌自保，邹宏义决心将梅花拳这门武艺推向社会。武艺高强的邹宏义早已为徐州府人熟知，尤其是在他毅然辞去镇京总兵一职后，名声大盛，邹宏义将要传艺的消息传出去后，一时间学者众多，很快在他的带领下梅花拳队伍越来越大，影响力越来越强。

到了清康熙年间，步入晚年的邹宏义，文武功法已练至炉火纯青、出神入化的境界，每次谈及南方梅拳发展的大好形势，总会想到北方顺德家乡，总会思虑父老乡亲处境如何，思乡之情也随之愈加浓烈，每天犹如火烤一般。此时的邹宏义，面临一个难题：他仅仅是听父辈讲过，邹家的祖籍在直隶顺德，但由于先祖在外定居年代久远，早已无法查证老家为顺德哪个县哪个村了。

终于，由于回乡心切，邹宏义没有提前和任何人商量，就直接告诉家人和徒弟，他决心趁自己年事还不是太高，北上传艺、寻找故里，在顺德老家开道传艺，让梅花拳回归故土，在故乡生根发芽、开花结果。

听到邹宏义这么说，众人大惊，家人和徒弟急急跪下苦劝，儿子邹文聚痛哭道："您如今年岁已高，虽然还算硬朗，但大不如前，这一路又山高路远，若有闪失，我们该如何是好？"邹宏义一看人们拦着不让走，心里十分恼火，说道："想当年我投师学艺，师父开道传的真，文武妙法都传给了我，目的就是让我开道打乾坤，今天我去河北（黄河以北）开道，你们谁也不许阻拦。我宁舍河南（黄河以南）千顷地，不舍河北一方人，河北地处中原，早已有过真人下凡尘，人活百岁终究是死，还不如让我传艺回家门……"

众人见邹老爷子心意已定，又拗不过他倔强的脾气，只得依其所愿。众徒弟们向邹宏义提出今后江南传艺之事，他们问邹宏义："你和师奶奶都去北方开大道，谁在南方教化人，师爷和师奶奶总得留下一个人吧！"殊不知，邹宏义早已决定把江南传艺的事托付于夫人孟氏。据《根源经》记载：孟氏文武双全，文场武场皆通，深受徒弟们敬仰。

邹宏义辞别众人后，和送行的人出了家门，来到黄河边后，邹宏义再三劝大家留步，徒弟们都跪在邹宏义面前问道："师爷北方开大道，不知什么时候才能回来？"邹宏义暗想，这次到河北老家估计就回不来了，但是又害怕徒弟们拦着不让走，于是骗他们说："我在河北开开大道就回来，回来继续传文传武教化人。"这时徒弟们才放心回去，邹宏义也径直向黄河北岸走去。

救活"死人"缘来师徒

一个夏日的午后，邹宏义在树下休息，不觉困意袭来，不一会儿便进入梦乡，梦中法王老祖给他提起河南开州有一位聪明伶俐的年轻人，名叫蔡光瑞，将来是梅花拳的重要传人，不过这孩子现在遭难，得了急病，需要邹宏义赶快去救。梦醒后，邹宏义急忙要求家人备马，这马像被赋予了神奇力量一般，马不停蹄地朝河南开州方向狂奔。飞驰至河南开州蔡集屯时，天色已晚，邹宏义打算在路边小店住下来，刚下马，耳边传来“师父、师父”的叫声，定神一看，竟是爱徒王西征和孟有德。

此时这二人同时出现在这里，原来是和师父做了同一个梦，梦中说师父邹宏义要来开州蔡集屯救一个名叫蔡光瑞的年轻人，让他们在蔡集屯村口等着师父。两位徒弟一大早就赶到蔡集屯，顺便打听了下蔡光瑞情况。三人走进店里，两位徒弟赶紧将打听来的情况细细说与师父听，蔡光瑞是一个十多岁的年轻人，家里是当地有名的大户人家，十天前，突患急病，高烧不退，昏迷不醒。

正在说着，店家听见他们的谈论，告诉他们蔡光瑞已经死了，明天就要出殡。邹宏义问道：“为什么这么快就出殡？”店家说：“这是我们这儿的风俗习惯，年轻人死了都是当天下葬，按理说今天就得出殡，可是蔡家老人心疼孩子，希望孩子多在家放一天。”这时两位徒弟都愣住了，邹宏义却闭目思考着什么，睁眼后说道：“安心吃饭，这孩子有救。”两人面面相觑，不敢作声，心想人死了怎么还能活过来不成？

第二天一大早，邹宏义领着两个爱徒来到一个路口，不一会儿，送殡队伍从村口缓缓走了过来，邹宏义随即上前将灵车拦住。见有人拦车，一个年轻人从车上下来说道："咱们无冤无仇，你们为何拦死人的去路？"邹宏义大笑道："别人家都是埋死人，你们家为何埋活人？"这年轻人非常生气，大声嚷道"怎么是活人呢？孩子咽气一天了，竟然说我们拉着活人棺材，真是疯人疯语！"这时邹宏义仍然坚定地说："你们拉的就是活人棺材。"

这时，从车上下来一个老者上前冲邹宏义说："这位好汉行行好，孩子确已病故，全家人极度悲痛，你还是让孩子早点入土为安吧！"邹宏义见他们不信就提出要开棺。原来这位老者是蔡光瑞父亲，他见邹宏义这么肯定，心下不愿孩子就此故去，便点头同意了。

只见邹宏义用内功将棺帽开启，接着从腰间拿出一打细针，点向孩子不同穴位，不一会儿蔡光瑞大哭一声，醒了过来。送葬的人都看傻了眼，蔡光瑞父亲跪倒在地，激动得说不出话来，当即给邹宏义磕了三个响头。邹宏义扶起蔡光瑞父亲后说道："我有个要求。"蔡父见状说，"你想要什么我们都答应。"邹宏义笑着说，"我不图财也不图物，你只要答应我收你儿为徒就可以了。"蔡父连忙点头答应。

从这一天起，邹宏义就正式收蔡光瑞为徒，同时，在蔡家设场传艺。由于蔡光瑞天资聪颖，加之勤学苦练，没多长时间，梅花拳已练得炉火纯青，邹宏义从蔡光瑞身上仿佛看到年少时自己成长进步的影子，他见蔡光瑞将自己所授已熟练掌握，便提出辞别。得知师父要继续北上寻根，也考虑到师父年事已高，蔡光瑞跪下对师父道："师父您年事已高，又不知道家乡具体在哪里，不如让我代师父前去吧。"邹宏义听了直言不行，奈何经不住蔡光瑞的再三劝说，再想起出门时徒弟们的话语，最终松了口，嘱托蔡光瑞北上不仅要寻根，更要传好拳法，不要急着动身，先练好拳法，打牢根基才可。又嘱托王西征、孟有德几句，便启程回徐州了。

后马庄张复拜师蔡光瑞

邹宏义走后，蔡光瑞牢记师父的教导，一边苦练功夫，一边暗暗计划着北上的行程，后来，蔡光瑞在开州一带声名鹊起，开州当地人称蔡光瑞、王西征、孟有德三人为"开州三虎"。功成名就后的蔡光瑞，觉得北上时机成熟，就辞别师兄二人，北上替师父寻家去了。

蔡光瑞一路走一路传艺，一天来到直隶顺德府南和县三召村，他决定在大街上亮拳献艺，广聚武林高手，帮助其寻找师父家乡下落，不一会儿街上便人山人海。看人聚得差不多了，他练起春秋大刀，手起刀落，精彩翻飞，只见刀光不见人影，鼓掌叫好声不绝于耳。蔡光瑞见状大声说道："此乃梅花拳，列位有没有想上场与我走两回合，如能踢我一脚，赠银一锭，打我一拳赠缎一匹，如有想学的，分文不取，我便收为徒弟。"说完这句话，蔡光瑞环视四周，但大家只是叫好，却无人上前拜师。

原来众人见蔡光瑞衣着华美，骑高

头大马，便觉得他定不是一般人，怕自己供养不起。这时一个衣着破旧肩挑担子的青年大胆向前走了几步，欲行拜师礼，蔡光瑞仔细端详了一番，只见此人虽然其貌不扬，却不失忠厚，便答应下来，这个人就是平乡县后马庄村卖豆腐的张复。

收徒后，蔡光瑞跟随张复来到后马庄居住下来，白天和张复一块磨豆腐，晚上教张复练习梅花拳，吃穿不讲究，和街坊邻居关系处得非常融洽，方圆十里八村都知道张复请了个好师父。一些年轻人也慕名前来拜蔡光瑞为师，蔡光瑞考虑到自己不是本地人，

梅花拳纪念碑上雕刻的张复拜师图

还有重任在身，就婉言回绝了，但他告诉所有拜师人："早来三天是徒弟，迟来三天为徒孙。我会将梅花拳全部传授给张复，今后你们想学梅花拳拜张复为师就行了。"在蔡光瑞指点下，张复武艺日渐精进，就这样张复成为蔡光瑞在河北唯一的徒弟。

宏义终回后马庄

"三德请师"在梅花拳界一直是让人津津乐道的千古佳话，"三德"分别是平乡县停西口村李进德、平乡县东田庄村徐世德、南和县郑家庄村郑玉德，三人均为蔡光瑞的徒孙，李进德、郑玉德是韩化礼的徒弟，徐世德是张复的徒弟。蔡光瑞在河北收张复后，一住就是几年，在此期间一边传拳，一边四处打听师父故里。韩化礼是蔡光瑞在河南开州所收徒弟，自蔡光瑞北上寻师后不久，他的徒弟韩化礼、孙盘龙也来到后马庄，与师父蔡光瑞一起收徒传艺。

蔡光瑞“三德”徒孙中，李进德功夫最为出众，曾跟随师父韩化礼抗击倭寇，一举成名，后又跟随乾隆皇帝下江南，红极一时。虽然他功夫甚为了得，但他仍不满足所学技艺，时常请求师爷蔡光瑞为其“开小灶”，蔡光瑞将自己武艺悉数传授后，对李进德说：“进德啊，我的武艺都传给你了，如果你想再进一步，必须另请高明了。”学艺心切的李进德说道：“这世上还有比师爷您还高强的？”蔡光瑞道：“仅有一人，那就是我的师父邹宏义，当年我师父欲只身北上寻根问祖，为替师父分忧，我才来这里代为寻找，不成想数年也没找到。”提及对自己有救命之恩和传艺之功的师父，话语未落，蔡光瑞早已眼含泪水。

张复见此情景，向蔡光瑞说道，师爷年纪大了，这么找下去也不是办法，不如把师爷请到后马庄来，说是此地就是师爷家乡，也算是了却师爷心头一件大事，蔡光瑞稍加思索便同意了。李进德当即表态，愿意去徐州请邹师爷来后马庄开道，蔡光瑞听完进德的话特别感动，他对进德说：“这样吧！路途遥远，你自己一个人也不安全，让世德和玉德与你一块儿去吧”。

第二天，“三德”拜别众人，就一刻不停地朝徐州方向赶去。很快他们就来到了黄河边，可波涛滚滚、一泻千里的黄河水，却令生长于滏阳河边、精于水性的他们不知所措。正在三个人内心焦灼彷徨之时，突然偌大的黄河水面瞬间变窄如一条河沟，三个人没有迟疑，迅速跨到黄河南岸，过河时，玉德担心水势复原，踉跄了一下，不小心将一只鞋掉进水里。担惊受怕的“三德”顾不上想鞋的事，快速离开河堤，匆匆赶往徐州城。

到达徐州后，所有事都像事先安排好似的，他们刚进城门，就见一位老人主动笑迎过来说道：“三位可是从河北而来？”“三德”顿感诧异问道：“老人家是？”老者朗声笑道：“我就是你们要找的邹宏义。”“三德”心里默想，邹老爷子真乃神人啊！“三德”说：“邹师爷，您怎么知道我们这会要来？”邹宏义笑道："我不仅知道你们要来，还知道你们路上有人湿了一只鞋。""三德"一下了然，原来刚才离奇渡过黄河是邹老爷子的功法，满怀敬畏之心的三人对邹宏义深深一揖，说道："蔡师爷和我们这些弟子们在顺德府后马庄为了方便您开道，专门要了两顷开花地，盖了一片新房子。"听完这番话，邹宏义心里不是滋味，说道："我去北方顺德开道，不是看中那里优越条件，这是上天的安排，不是人的事，更不是物的事。"随后，邹宏义将"三德"安排在邹府住下来，准备安排妥当后择日启程。

听说邹老爷子即将去河北传道，徒弟们万分不舍，但他们都知道老爷子倔强脾气，只好依了师父。邹师爷离开徐州的这一天，徐州城男男女女、老老少少都涌上街头，将邹宏义送到城外十里亭，告别场景难舍难分，哭声一片。离开徐州时，邹宏义什么也没带，只推着一辆独轮小推车，“三德”都深感不解，快到黄河边时，三人忍不住问邹老爷子：“您为什么只推了一辆独轮车，这里面有什么玄机吗？”邹老爷子见状将小车子停下来，顺手抽出一件说：“这是棍。”紧接着又抽出一件说：“这是枪。”随后，一个完整的小车被拆成上百件兵器，“三德”都看傻了眼。

一路上他们边走边传播梅花拳的武功妙法，进入顺德境内后，邹宏义也没有

梅花拳纪念碑上雕刻的三德请师图

直接去后马庄，而且每到一地都要测算一下。根据师爷的测算，一行人先后经过了南和县三官殿和广宗县魏村。“三德”很是疑惑，不知师爷在测算什么，细细追问之下得知，原来师爷是在寻找最利于梅花拳千秋万代发展的风水宝地，最后才来到了平乡县后马庄。徒弟、徒孙们听说邹师爷即将来后马庄开道消息后，大家奔走相告，夹道相迎。

刚一进入后马庄，邹宏义内心隐隐觉得这就是自己一直寻找的风水宝地，顾不得和徒弟徒孙们过多寒暄，他急急测算起来，众人看得疑惑万分，不知师爷在测算什么，了解内情的“三德”赶紧解释，恍然大悟的众人皆屏声静气注视着师爷，生怕错过师爷脸上的细微表情。终于，邹宏义满怀激动地宣布这里就是自己一直寻找的风水宝地，一时间众人大喜，互相庆贺。看着欢喜的众人，邹宏义隐下了后半段话，此地对于梅花拳发展是风水宝地，但对于邹家却是绝嗣之地。从此邹师爷就在后马庄扎下根来，果然，与邹宏义所说的一样，扎根在此的梅花拳日益繁盛。

邹文聚率众人寻父

邹文聚，字会庵，生于清康熙二十九年（公元1690年），殁于清乾隆二十七年（公元1762年）。是邹宏义的儿子，梅花拳第四代传人，后人尊称其为绪法师爷。

自“三德请师”之后，邹宏义便落脚于直隶顺德府平乡后马庄村，历经数个春夏秋冬、寒来暑往，徒弟、徒孙们逐渐遍布邢台、邯郸等地。邹宏义离开徐州的这些年，南方一带梅花拳传承的任务落到了邹宏义夫人孟氏和儿子邹文聚肩上。多年来，孟氏牢牢记着邹宏义离开时对自己的嘱托，儿子邹文聚子承父业，自幼受父亲熏陶、耳濡目染，小小年纪梅拳功夫就甚为了得。随着母亲年纪慢慢变大，梅花拳的传承大业也交到了邹文聚手中，在邹文聚地坚持和付出下，以徐州为中心，梅花拳在江南一带以破竹之势铺展开来。

看到梅拳的发展态势，孟氏和邹文聚都非常高兴，可细心的邹文聚发现母亲时常面露忧思。他何尝不明白母亲的想法，母亲岁数越来越大，父亲走后，这么多年杳无音信，再见无期，这是母亲对父亲的担忧和牵挂啊。为了却母亲的这桩心事，同时也为了能早日见到父亲，邹文聚多次提出要带孟氏一起北上寻父，不想都被孟氏回绝了。原来，虽忧心邹宏义，但孟氏更不忘邹宏义嘱托，不舍这群徒子徒孙，不敢以私心误了大家。邹文聚听完母亲这番话后，感觉言之有理，也就将此事搁置下来。

后来孟氏去世，守孝期间，仍沉浸在丧母痛苦中的邹文聚，对父亲的思念之情更加浓烈。原来母亲在世时，自己北上寻父未能成行，现在母亲走了，他可以无所顾忌地去寻找父亲。守孝结束后，经过深思熟虑，他带着众人出发，一路上他边走边打听父亲的消息，先到河南濮阳一带，后到顺德府南和县三官殿。到了南和三官殿后，又听当地人说，邹宏义离开南和去了广宗魏村，一行人又快马加鞭到了广宗魏村，仍没有找到邹宏义。考虑到一路上人疲马乏，邹文聚决定在广宗魏村休整几天，打探打探父亲踪迹。

在魏村休整期间，邹文聚忙碌之余，不忘练武打拳，他出色的拳法引来魏村众人围观，人群中一位自小习武的李科法对邹文聚拳法产生浓厚兴趣，当众跪倒在地，请求拜邹文聚为师。邹文聚痛快答应，毫无保留地将梅花拳基本功法传授给了李科法，这就是今天广宗梅花拳的最早起源。

终于，邹文聚打听到了父亲的下落。有人听到邹宏义临别时提到将前往平乡县后马庄，经过联系确认，时隔多年邹文聚终于寻到了父亲下落。到后马庄后，邹宏义的众多徒弟、徒孙们到村口迎接，令邹文聚隐隐不安的是，人群中始终没有见到父亲的身影，便忍不住连连追问。蔡光瑞本来怕邹文聚精神受打击，打算晚些时候再告诉他师父已过世的消息，如今经不住邹文聚再三追问，只得说出了实情。

听到邹宏义过世的消息，邹家人个个悲痛欲绝，没有进村就直接向后马庄村北邹宏义墓地奔去，邹家男女老少和邹宏义徒弟徒孙们哭成一团。在后马庄住了一段时间后，邹文聚发现后马庄是一片神奇土地，这里滏阳河穿境、交通便利、物阜民丰、美景如画，是理想的习武生活福地，遂决定世代定居于此。后来，邹文聚以后马庄为中心，在父亲传道授艺的基础上，逐步将梅花拳推向冀鲁豫三省。

探秘邹氏墓群

说起梅花拳，邹氏墓群便是一个绕不开的话题。邹氏墓群位于河北省邢台市平乡县后马庄村北50米处，是梅花拳创始人邹宏义及其后人的埋骨之地,是省级重点文物保护单位。如今的邹氏墓群共由七座墓组成，墓地建于清康熙五十四年(公元1715年)至嘉庆十五年(公元1810年)，呈子午向，砖圈式结构，至今还保留着晚清、民国石碑3通。以邹宏义墓为中，坐北朝南呈子午向，东边依次是其子邹文聚，孙子邹克谐，重孙邹魁元；西边则是孙子邹克让、邹克诚。这种以人字排

邹氏墓群文物保护标志

列的墓葬格局，为携子抱孙式。

相传邹宏义自徐州府来到平乡后马庄，便潜心传拳救人，一直到1715年的春天，邹宏义感到自己大限将至，便唤来徒弟说："我不久将离世，到时就把我葬在拳场南侧吧，此后凡邹氏子孙均葬于此处，左右相对，人字排列。"弟子闻听此言大惊，因为他们个个通易经，晓风水。师父选的百年之地位置虽然好，可是居子午向却实实是个绝嗣坟。万分不解的他们，只得问询邹宏义原因。邹宏义说："我要的就是居子午向，因为'虽然绝了邹家后，将来梅花拳出千佛万圣人'。"徒弟们深感师父大义，只得在师父百年之后依从师父安排。

此后的几百年间，邹家后人都在为

梅花拳奉献一生后长眠在此，而且正如邹宏义所言，邹宏义以后，邹家又传了三代，第四代邹元魁之后，便再无男嗣相传，梅花拳却能人辈出，薪火相传400多年而不衰。

据说二十世纪九十年代时，人们还能看见邹师祖的坟墓上留着的八个小门，分别朝向八个方向，对应着易经风水上的修门、生门、伤门、杜门、景门、死门、惊门、开门。胆子稍大的人偷偷地从小门向里看，只见一副竖式棺木悬浮于空，有一人多高，四个角都被粗大的铁链吊着，尺寸比正常棺木稍大，黑漆纹路还依稀可辨，铁链深入洞上的墙体，洞壁滴下渗水，水滴滴落到墓底的砖石上，流在吊棺下汇聚成一条小河，有调皮的孩子向里面丢石子，水声叮咚，在经年的墓墙间回还传荡，特别神秘。

后来，梅花拳门人为了保护墓群，对墓群进行了重新修缮，在墓的周围垒砌了重重青砖，八门也被遮住，我们再也没有机会看到那神秘的吊棺。我们能看到的只有那一座座静静伫立的邹氏先

河北省重点保护文物——邹氏墓群

祖的坟墓，纵使时间流转，却仍然彰显着无限的神秘气息，守护着他们一生所爱的梅花拳。

至于为什么邹师爷要采取这种吊棺的墓葬形式呢？我们遍查了史料，有的说远离地面是为了防潮，这样棺木不易腐烂，有人说修道之人为了不受尘世牵绊，更能飞升成仙，至于真相到底是什么，我们暂时还不得而知，我们只知道这是一种古老的墓葬形式，在明朝曾经存在于高级墓葬和道士墓葬中，地区分布很广，据传明朝末年抗倭名将戚继光的墓亦是采取此种吊棺葬法。

第三辑

后世能人发扬光大

梅花拳自问世以来，历经四百多年风风雨雨，最初的辉煌过后，不但没有衰败，反而越发生机勃勃。从古至今，多少后世弟子，能人辈出、各展所长，将梅花拳这一传统拳术发扬光大，推广至全国、全世界。

梅花与练武的弟子相映成辉

杨炳——以“序”传世的武探花

巧遇蔡光瑞得真传

说起杨炳，不得不说他的拜师之事，而这个故事还得从蔡光瑞北上替师父寻找故里说起。当时蔡光瑞过黄河后，经数日奔波，早已人困马乏，眼看太阳快要落山，便决定在黄河北岸的内黄县（现河南安阳内黄县）停下来找个歇脚的地方，看到前面不远处就有一处村落，便催马快走几步，打算入夜前在村里找一处借宿。

杨炳

刚走几步，就远远看到村头一个年轻人正在练武，蔡光瑞走上前去驻足观看，年轻人见有来人便停了下来，这人就是杨炳。据传杨炳家境贫寒，出生时乌黑的屋内突放亮光，因此得名为炳，杨炳从小虎项猿臂、力大无穷，习文尚武，在当地小有名气。蔡光瑞上前两步与杨炳交谈起来，得知蔡光瑞路过此地是要借宿，乐于助人的杨炳随即爽快邀请。

蔡光瑞跟着杨炳来到家后，一顿丰盛晚餐宾主尽欢。饭后意犹未尽的两人，走到院子中间切磋武艺，蔡光瑞直接上场练了一套梅花拳，一招一式虎虎生威，站在一旁的杨炳看花了眼。蔡光瑞见状对杨炳说道：“你也来两下，我看看你的武术基础怎么样。”杨炳将自己平日里拿手的几个招法逐个作了展示，蔡光瑞连连点头称赞道：“你是个练武的好苗子，只可惜没人指点啊！”聪明的杨炳听完这句话后，迅速向蔡光瑞行了拜师礼。收杨炳为徒后，蔡光瑞专门给杨炳讲了祖师爷邹宏义对自己的悉心教导，希望杨炳也牢记于心，将来练成后也要为梅花拳开道。为将梅花拳精髓部分传给杨炳，蔡光瑞索性耐下心来在杨炳家多待了几天。得到真传的杨炳，牢记师爷邹宏义和师父蔡光瑞谆谆教诲，冬练三九，夏练三伏，最终练就一身好武艺。

状元才误中探花名

经过几年刻苦练习，杨炳刀枪箭样样精通，成为直隶大名府内黄一带知名的梅花拳好手。康熙四十七年（公元1707年），戊子科大比拼，杨炳初露锋芒，轻松中得了武举。康熙五十一年（公元1712年）冬天，壬辰科武会试在京城举行，这时一心想出人头地的杨炳信心满怀，早早准备出发，因家里条件差，他决定只身担着兵器和书籍去参加考试。他的弟弟“飞毛腿”（因走路疾如旋风，外号“飞毛腿”）体贴哥哥，害怕哥哥累坏身体影响了考试，也想出去见见世面，就请求一同前往。知道弟弟毛手毛脚又爱打抱不平，怕他惹事，杨炳死活不让，无奈之下，“飞毛腿”等哥哥出发后偷偷跟随而去。当杨炳来到大名府城北一个村庄打麦场，远远见前面站着一个人，走近定神一看，原来是自己的弟弟“飞毛腿”，无奈只得答应一同前往。

在此处休息时，杨炳看到一个石磙，就对弟弟“飞毛腿”半开玩笑地说：“信不信哥哥能将石磙放到树杈上？”一脸怀疑的弟弟没敢吭声，见

打麦的石磙

此，杨炳一手怀揣石磙，一手揽住树干，径直向上攀爬，一溜烟功夫爬到了树枝上，稳稳地将石磙放在树杈上面，飞身跳了下来，“飞毛腿”拍手叫好，两人在树下又休息了片刻，就起程出发了，不想忘了将石磙放下来。

进京后，按照考试安排，杨炳参加了各项内场、外场比试，表现十分出色，顺利进入殿试。考试当天由康熙皇帝亲自主持殿试，一切准备就绪后，主考官组织应试者们逐个进殿接受皇帝测试，殿试分为面试和比武，面试是皇帝亲自目测应试者的面貌、外形，然后提出各种策问观其能力，最后佼佼者进入比武环节，以武论英雄。

当杨炳被宣进殿时，康熙帝正在闭目养神，慢慢睁开眼后，内心一惊，眼

康熙

前所站的这位考生，身材魁梧，健壮如虎，气场非凡。身心疲惫的康熙帝片刻间精神抖擞，从天文到地理，从古今到中外，从治国到安邦，给杨炳出了一道又一道难题，杨炳一脸轻松，对答如流，无可挑剔。

求贤若渴的康熙帝急于考察杨炳的武术才能，面试结束没顾得上休息，直接宣布进入比武环节，轮到杨炳时，康熙帝没等主考官说话，直接道："先展拳法后试兵器吧！"杨炳摩拳擦掌后，上演了一场精彩绝伦的梅花拳拉架子。他时而如飞龙在天，时而如虎啸山林；时而鸦雀无声，时而电闪雷鸣；时而行云流水，时而惊涛骇浪。每逢精彩环节，雷鸣般掌声经久不息。坐在一旁观战的康熙帝大呼："状元非杨炳莫属！"拳法环节结束后，杨炳举手接枪，三十六路梅花枪上演，只见一杆耀眼红枪横空而起，时而如燕子斜飞，时而如鱼儿穿游；时而如长龙腾空，时而如金蛇伏地，看似蜻蜓点水，实则力拔千斤。康熙帝连击三掌，"榜眼唯杨炳莫属！"

此时的杨炳已进入状态，全然忘了这是在殿试，竟然擅作主张，又舞起了180斤重春秋大刀，只见那大刀金光闪闪，翩翩飞舞，时而如东海狂澜，时而戳天揽月，时而斩月劈山，康熙帝竟然拍案而起，"探花唯杨炳莫属！"这时主考官见皇帝前三甲都点给了杨炳，继续点下去别的武举就没有功名了，于是斗胆说了句："皇上点你探花了，还不赶快谢恩。”刚回过神来的杨炳，听到主考官说探花，急忙跪谢圣恩，回过神来的康熙帝在文武百官面前碍于面子，说出去的金口玉言就没有再去更正，杨炳就这样阴差阳错从状元变成了探花。

殿试结束后，康熙帝开始给进士们授官职，授完官职给他们放了个“探亲假”。想想即将荣归故里，杨炳和弟弟难掩激动心情，他们顾不上片刻休息，便匆匆离开了京城。

回家路上，他们又来到了将石磙放上树的这个村庄。进村后，只见该村锣鼓喧天、鞭炮齐鸣，村里还搭台唱大戏。上前询问后才知道，原来有个村民看到

杨探花上马台遗址

石磙横到树上，便叫来村民纷纷观看，大家伙你一言我一语，议论纷纷，都恐惧不安，最后人群中一个老者说道：“这个石磙成精招鬼了，需烧香拜佛将这个石磙请下来。” 听到这番话后，“飞毛腿”放声大笑道：“石磙怎么会成精呢？这是我哥放上去的！”村民们半信半疑，只见杨炳几下上了树将石磙拿了下来，在场的村民都惊叹不已。大家纷纷围观过来，争问大侠尊姓大名，“飞毛腿”上前说道：“此乃新科武探花杨炳。”众人又是一番称赞。

结怨太子归故里

回京后，杨炳被康熙皇帝安排了御前侍卫差事，由皇帝亲自指挥，专门负责紫禁城尤其是皇帝的安全。赴职后，杨炳如履薄冰，昼夜巡查，将紫禁城兵力布置得井井有条，康熙帝对此十分满意，逐渐将他视为心腹，并多次委以重任。

由于康熙帝在位时间长，允礽被确立为太子后迟迟不能继位，野心勃勃的他恨不得康熙早日驾崩，但康熙六十岁时候，身体依旧硬朗无比。朝思暮想做皇帝的允礽私下结党营私、谋权篡位。康熙察觉后，一怒之下废掉了允礽的太子名号。后来，经大臣说情请命，震怒过后的康熙内心对允礽还有一丝期望，便顺势又恢复了允礽太子名位，无奈允礽变本加厉，康熙彻底失望后再次废掉了他的太子之位。

允礽

这时的允礽彻底失去了理智，对康熙帝充满了仇恨，身负护卫职责的杨炳私下对允礽防备有加。一次康熙和大臣们商议国事，殿侧帷帐有个身影晃过，细心的杨炳透过帷帐缝隙认出了允礽，他发现一个箭头正在对准皇上，突然一个毒针飞了出来，杨炳用手抓住后藏于袖口。康熙问道："杨侍卫，你刚才抓到个什么东西？"杨炳若无其事地说："我抓到了个苍蝇。"这件事以后，允礽视杨炳为眼中钉、肉中刺，处处找杨炳麻烦，恨不得置杨炳于死地。面对允礽一次次对自己的加害，杨炳心有怨而不敢言，毕竟这是皇家内部之事。进退维艰、左右为难的杨炳经再三深思后，最终决定以回家侍奉年迈多病老母为由，向康熙提出了辞官请求。

虽万分不舍，但康熙念其大孝之心，以休假形式批准其回家，待其为母亲养老送终后再返回宫中。康熙皇帝感念杨炳一生为官清廉，没有积蓄，特下诏令，命令杨炳返乡途经的州县，不仅要好生款待杨炳，还要赠送银两供其返乡。谁知杨炳为了不给他人增添负担，一路上小心翼翼，躲开了所有官道，沿着小路悄无声息地回到了内黄县，从此不问政事，尽享恬然自得的田园生活，他也因此成为朝野上下无人不知、无人不晓的“穷探花”。

传艺著“序”美名传

杨炳生性好强，这也注定了他的不平凡。在他回到家乡内黄后，白天一边在田间劳作，一边照顾年迈的母亲，夜晚待母亲休息后挑灯夜读，阅览历

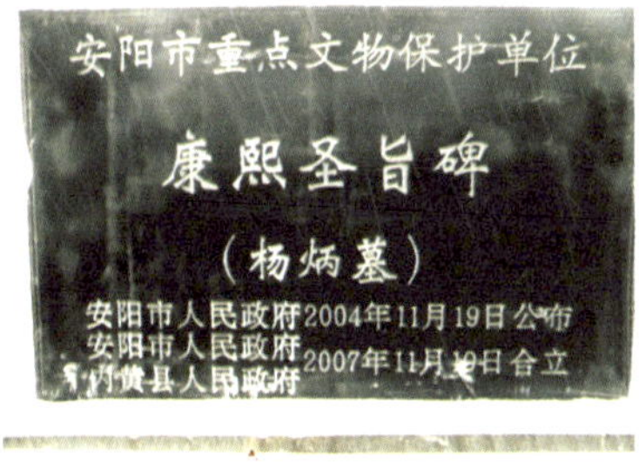

杨炳墓文物保护标志

史上经典名著，他系统地学习了儒家学说、周易法则、孙子兵法、佛家思想，同时也不断地对梅花拳进行探索。为更好地传播梅花拳，他不仅在内黄县一带公开传艺，更是来到河北、河南交界地一带广收徒弟。

在教授徒弟的过程中，他经常回忆起师父蔡光瑞传授梅花拳的场景，愈发感恩师父的严厉教导。供职朝廷时公务繁忙，难以脱身，更不敢随便接收弟子，未能将梅花拳系统地传播开，这也导致了京城一带的人把所学到的武功称之为“老杨拳”（至今仍有这种说法）。如今，赋

习武序碑

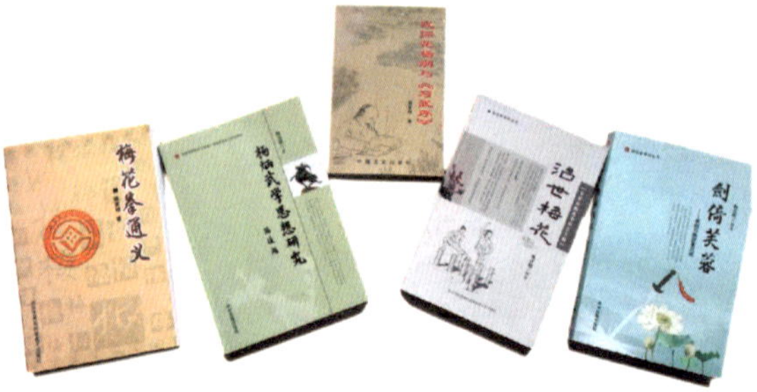

杨炳第十世孙、梅花拳第十四辈弟子杨彦明所著的梅花拳丛书

闲在家，他认为自己作为梅花拳传人，有责任和义务将梅花拳发扬光大，经过再三斟酌和思考后，他决定将从先代宗师那里口口相传得来的、梅花拳弟子所应遵循的武德规矩，以文字的形式记录下来。经过几年的总结提炼，终于在1742年，杨炳以70岁高龄完成了《习武序》一文。

《习武序》集儒家、道家、佛学、易学于一身，内容丰富，观点独到，特色鲜明，尤其是其前言道："有谓至治之世而武可以不练，此言之者迂也。盖武可以百年不用，不可一日不备。自古圣帝明王莫不隆文重武，公卿大夫皆出将入相。无如时至近今，每多庸儒俗子，互相讥笑，文而弗武者有之，武而弗文者有之。此无他，皆所以自待薄而期许者浅也。”文中彻底摆脱了“就习武论习武”传统思想束缚，推出了“习武治世”并举的价值取向，被尊称为“武术学界的一块瑰宝”，为后人研究梅花拳打开了一扇大门。

乾隆十二年（1747年），杨炳辞

杨炳武学研讨会

世，享年75岁，尽管他死后因家贫墓前没有立碑，但是其“文韬武略”的品质一直为后人津津乐道，其“德艺双馨”的精神让梅拳弟子敬仰、传唱至今。

附：

习武序“五戒”“五要”

“五戒”：不许打拳卖艺，招摇撞骗；不许保镖护院，仗艺仗势；不许艺传匪人，结伙砸抢；不许强霸良女，为非作歹；不许酗酒，扰乱乡里。

“五要”：要爱国守法，奋勇抗敌；要扶贫助弱，御恶除霸；要团结乡友，和睦乡邻；要尊师爱徒，扶老携友；要兄友弟恭，谦虚忍让。

习武规矩十二条

第一条：凡立教之始，务要他知孝悌忠信礼义廉耻之道，异日可以入则事其父兄，出则事其长上，不愧有勇知方之士。

第二条：凡入教之时，务要他知身体发肤受之父母，不敢毁伤。讲习武艺，所以保身体。好勇斗狠，所以危父母。切宜熟记。

第三条：凡习武务要使他知拳脚为枪棍之母。不活拳脚，则枪棍不获臻其妙。徒尚拳脚，则遇敌不克取其胜。二者兼之，方得其趣。

第四条：凡学技之士，务要知安详恭敬。虽曰手舞足蹈，似与文人不同，而其神化莫测，非粗心浮气者所能入也。昔宋将岳武穆上马如无敌天神，下马如有道贤人。

第五条：凡入拳堂时，务要沉细，不可喧哗，方可知进退之中有妙着，趋避之内有利害。万不可视拳脚如戏场，则学习才有进益。

第六条：凡出拳堂时，务要如见大敌，不可轻忽。当思何法可以破他，何着得以胜他，久久习之，可以登堂入室。

第七条：凡见师面，即便站起，不可视若路人。每见庸师俗弟之辈，并肩而行，同凳而坐，全无师弟之分，绝无尊敬之意。一则师艺浅，一则弟心傲，所以徒有习武之名而全无真艺之用也。

第八条：凡师弟授受之际，弟子却不听。俗人曰:不打师傅不得妙着。每有乘师无备，偷刺暗打，是最轻狂可恶。窃思奇着妙法，孰有圯上老人必待子房三进礼而后授。盖奇着妙法，何师无之，皆因弟子轻薄不知尊师重道，不可大受，故秘而弗传。况奇着妙法，俱是杀敌之毒手段，倘若轻施，弟必受伤，定要缓缓传授，慢慢讲说，始堪有得。自古学武难，传武更难，因材而教，文武皆然，岂可躐等也哉!

第九条：凡入教习武之士，谅其身之强弱、人之雅俗，如讲道书生只可缓授其进退之法、闪搕之术，步骑身势而已，断不宜拳打脚踢，与门浑者一样看也。

第十条：凡拜师，于每月朔望日期，只行二拜礼，不必同君亲之礼，何也，礼有隆杀，过犹不及，方免足恭之讥。切记，切记。

第十一条：凡教习武之士，当尊孔子有教无类，不然，仲弓不得列德行之科，互乡克有见圣之童，务使其改过自新，正见人才难得故耳。

第十二条：凡传教之师，断不可重利轻艺，苟授匪人，败名丧德，明有王法，暗有鬼神，可轻泄哉！孔子曰：我待价者也。价非千两银万两金，是待有尊德之君、重道之主，卑礼厚聘，方可出而仕也。如千银万金，视若涕唾，岂足以动至圣之心，教者当如是耳。

张从富——梅花拳改革创新人

大胆改良创梅花小架

乾隆元年（1736年）的大年初一，朝阳刚刚跳出地平线，喜迎春节的八辛庄村一派喜庆祥和的景象。就在这时，伴随着一声啼哭，村里一户张姓人家降生了一个男孩，村里有懂《周易》的人说：“这个孩子吉人自带天相，长大后必定成就一番事业，这是张家世代积德行善修来的福分。”果不其然，这个男孩从小聪颖过人、灵性十足、喜欢拳术。

一天，杜科村的梅花拳高手李九州传道路过此地，看到一群天真无邪的孩子在一起玩摔跤游戏，便驻足观看。只见一个小男孩，腿脚极其灵活，一眨眼功夫，将一个个比他高半头的孩子都放倒在地，小男孩的举动引起了李九州的注意，内心感叹道："这是个练武的好苗子啊！"李九州上前对这个小男孩说："愿意学习梅花拳吗？"小男孩毫不迟疑地说："愿意、愿意。"这个小男孩就是张从富。

拜师李九州之后，张从富专心习武，进步神速，小小年纪便将梅花拳练得出神入化，但他仍不满足于先人创作的套路，经常边练习边思考，并结合自己亲身习练梅花拳的实践经验和体会感悟，在大架梅花拳基础上，探索改进创新。随着日复一日的积累，张从富大胆地对前人梅花拳进行了改良和创新，成功创设了小架梅花拳，张从富也因此成为梅花拳历史上首个改革创新的人。

张从富画像

尽管梅花拳从张从富开始有了大架和小架之分，但是“天下梅花是一家”的传统始终如一，只不过是内容和形式上有了新变化。大架梅花拳与小架梅花拳都是以“五势”为基础（“五势”即：大势、顺势、拗势、小势、败势），大架，立式，提腿。大劈大挂，舒展大方，形如龙、动如虎，气势雄壮，有泰山不可挡之势，尤为兵器擅长；小架，蹲式，屈膝，专攻上中下三路，表现为缩、小、绵、软、巧，神无方而拳无体，文武交融，灵活多变，以

张从富纪念堂

柔克刚，妙不可言，尤为拳术擅长。可以说，大架和小架在练法和内容上互有补充、各有侧重、相得益彰。

路见不平救乾隆

张从富创设小架梅花拳以后，一时间，慕名来学艺的徒弟众多。他的徒弟们中，大多数生活艰辛，他们白天辛勤种地，晚上刻苦练武，非常劳累，张从富看在眼，忧在心上。乾隆二十九年（公元1764年），为了让徒弟们艰辛的生活状况得到改善，张从富四处打听，到处寻找商机，后来发现顺德府西山（邢台西太行山区）一带有丰富的煤炭资源，就打算在西山开一座煤矿，各项前期工作准备就绪后，他只身去往京城办理龙票（类似于现在的开采资质或者开采证）。

张从富清同治年间墓碑

进京后，他来不及休息就直奔提督府，还没走到就看见一群地痞流氓，正在与一个衣着普通的中年男子围打在一起，寡不敌众的中年男子眼看就要落了下风。自幼爱路见不平的张从富顾不上自己的人身安危，没几下子就将人多势众的地痞流氓打得落花流水、仓皇而逃，被解救的这个男子内心十分感动，刚要表达谢意，听见动静的官兵也赶了过来。

站在官兵最前方的将领见中年男子身负轻伤，大惊失色，跪倒在地说道："臣救驾来迟，请皇上恕罪!"站在一旁的张从富听到"皇上"二字后，也跪倒在地说道："草民直隶顺德府平乡八辛

乾隆

庄张从富叩见皇上。”乾隆帝将张从富扶起后说道：“壮士救驾有功，随朕一块儿回宫，朕要好好地赏赐你。”

回到宫中后，乾隆帝赐下御宴感谢张从富，不想席间二人十分投缘，讲文论武，谈得酣畅淋漓，乾隆帝对张从富说：“我看你年纪轻轻却身手不凡，那就留在京城为朝廷效力吧！朕赐你三品大员，赏你黄金千两。”乾隆帝见张从富面露迟疑，就问道：“怎么朕的赏赐你不满意吗？”张从富急忙跪倒在地说

张从富墓全景

道："我乃一介布衣，承蒙皇帝深情厚礼，张从富感动不已！恕在下斗胆直言，小民已习惯于乡野生活，练就一身梅拳武艺，如果您非要赐予我官职，我只敢拜官不敢拜印，只求皇上让我开法传道便是。"

几天后，乾隆帝见张从富心意已决，苦留也无济于事，无奈只能让张从富离开。临别之际，乾隆帝亲书"传道为宽"圣旨一道，赏黄马褂一件、朝服一袭、顶戴一个。手握皇帝圣旨，张从富满心感恩，从此以后，他广收徒弟，专心致志开法传道，他的弟子遍布河北、河南、山东、山西等地，梅花拳小架也由此大面积传播开来。由于保存不善，御赐之物均已不知所踪，只剩这一个美丽故事流传至今。

张从富生前铜制顶戴

韩其昌——威震武林的沱南侠

我国近代著名的梅花拳大师韩其昌先生，1895年出生于河北省衡水市深县（今深州）城东的院头村，因早年梅花拳功夫高强，名震京津冀，又家住滹沱河以南，人送称号“沱南侠”。

韩其昌

韩其昌艺从何来

韩其昌曾先后跟随尹墨池和赵英廉学习梅花拳，二人都是邢台威县翟家庄李廷玉、李廷桂兄弟的后人。李廷玉、李廷桂武艺高强，人称“李氏双侠”，是张从富后人，也正是“李氏双侠”将梅花拳带入衡水地区。

韩其昌自幼身体强壮，臂力惊人，爱好武术，喜欢舞枪弄棒。因家境贫寒，韩其昌父亲不支持他学武，认为学武费钱又费功夫，不如给别人打短工，还能挣钱贴补家用。为了阻止韩其昌习武，他白天带着韩其昌去干农活，晚上回来早早地就将大门紧锁。年纪尚小的韩其昌不敢公然违背父亲的意愿，明里言听计从，私下却暗暗坚持，他每天晚上等父母熟睡后，就悄悄地溜出家门练习。

他背着父母先后跟随任玉栋、韩玉庭、李题名、李存义四位拳师学艺，分别学过套路拳、戳脚和形意拳。几年间他从未间断，每天早晨鸡叫头鸣时，他都准时到家并拎起扁担去挑水，每次父亲听到往缸里倒水的声音，都以为是勤快的儿子第一个起床呢。纸里包不住火，没几年时间，一直蒙在鼓里的韩其昌父亲在外吃饭，与别人聊天时，才知道儿子早已名声在外，从此也不再反对儿子练武了。

1913年，18岁的韩其昌参加了深县大伊村庙会的武术比赛。他下场后表演了虎头双钩，赢得在场人员一片喝彩，初出茅庐的韩其昌觉得自己志在必得，韩其昌表演完以后就站在一旁观看其他选手比赛。期间上来两位小伙进行对打展示，所用套路令他眼前一亮，尤其是腿法出奇的厉害，韩其昌更是佩服不已。结束后，韩其昌经打听得知，这两位小伙是尹墨池的徒弟，所用拳术就是梅花拳。

第二天天色刚亮，韩其昌就找到了拳师尹墨池，尹墨池看到他后，一眼就认出了他就是昨天表演虎头双钩的人，对其赞赏有加。韩其昌谦卑地礼让了几句后，直言快语地说出了想拜师学习梅花拳，尹墨池笑着说道："这样吧！我随便叫个弟子，你们比试比试，顺便我也看看你的基础和水平。"一个叫尹四多的弟子站了出来，尹四多比韩其昌小两岁，个头也小，比当时已有一米八大个、身材十分彪悍的韩其昌，矮了整整一头，两人随即比画起来，自信满满的韩其昌，没想到没几下子就被打倒在地。

颜面全无的韩其昌爬起身子，当即双膝跪地，向尹墨池行拜师礼，说道："今天我算真正见识了梅花拳功夫，我的所谓功夫与之相比，用地下天上形容都不为过，您就收下我做徒弟吧！"出于多方面考

记述韩其昌传奇故事的著作

虑，尹墨池没有答应，学拳心切的韩其昌却跪地不起，无奈之下，尹墨池只好说："拜师先不着急，你愿意学就跟着练吧！"因为没有拜师，尹墨池只教韩其昌基本功，不教应用手。

就这样，韩其昌每天都会步行十多里过来学习基本功，一练就是三年，韩其昌的毅力深深打动了尹墨池，有一天练武时，尹墨池对韩其昌说道："这几年你练得非常扎实，又尊师重道，不惹是非，具备了成大器的素质，我的师兄弟赵英廉应用手了得，你就跟随他学吧！"韩其昌当即行了拜师礼，成为真正梅花拳门生。韩其昌特别珍惜来之不易的机会，他虚心好学，每项招数都苦练至出神入化，虽然他拜师较晚，但是他以勤补晚，技艺飞速增长，后来居上，迅速成长为武林界出类拔萃的梅拳大师。

梅花拳花开北京香飘世界

1917年，年仅22岁的韩其昌已经在衡水一带名气甚高。同年，他经李存义介绍到了天津，见到了师叔张兆东，张兆东就托人将他推荐到保定曹锟的武术营做了教官，这样既可以继续习武，又能养家糊口。正是做教官的这段时间，他有机会作为河北省代表参加了14省、2000多名武林高手参与的杭州"国考"擂台赛，开启他的成名之路。

比赛场地是一个临时搭建的方台子，韩其昌第一关与已击败数人的山东大汉对阵，该拳师擅长长拳，且技艺精湛。艺高人胆大的韩其昌，从容不迫，稳住了阵脚，将梅花拳腿法好的优势发挥得淋漓尽致，他连续采用以优攻劣的办法，将对方打得站立不能，意志坚强的山东大汉直到无丝毫反招之力后才不得已交枪认输。

经历第一场最艰难鏖战后，接下来，韩其昌过五关斩六将，连续击败了多位武林界高手，最后拿下第二名，捧得银樽一座，银樽上篆刻“赛孟贲”（战国时英雄，力大无比，可生拔牛角）。这次比赛后，韩其昌名声大噪，传遍武林，知名全国。

出名后的韩其昌并没有满足于个人所取得的成绩，而是牢记梅花拳祖训，以传承梅花拳为己任，不断思考最适合扩大梅花拳影响力的地方，他思来想去，最后认为北京最为合适。

1932年，韩其昌进京，当时整个北

京城还没有专门教授梅花拳的武师，为了能在京城迅速站稳脚跟，短时间内将梅花拳弘扬出去，韩其昌最初选择以人群密集的学校为试点，他曾经同时在志诚中学、贝满女中、协化中学专职教授武术课。他为人实诚，谦逊有加，爱生如子，赢得了各学校师生的交口称赞，后来一传十、十传百，北京城知道的人也越来越多，社会上主动上门请求拜师学艺的人也越来越多，一时间韩其昌家门庭若市。

待时机成熟，韩其昌在辟才胡同王爷佛堂创办了“北京健族国术研究社”，他本人亲自担任社长，开始正式传授梅花拳。数十年的习武经历，韩其昌深知自己获得真功的不易，尽可能多地给予弟子们关爱和鼓励，他治学严谨、教导有方，所收弟子不但多，而且成长进步得非常快。出师后的弟子们，提到韩其昌师父，赞其无论是拳艺还是为人师表，均可称为武林楷模。

解放后，武术得到全社会的重视，北京各大高校纷纷开设了武术课程。享誉京城武术界的韩其昌受到各大高校的青睐，当北京大学向他抛出“橄榄枝”时，他愉悦接受，在北大任教期间，深受大学生们的尊重和爱戴。另外，他还为毛主席的警卫二师讲授拼刺要领，为许多体育院校教师和武术研究者指点迷津。1984年，在国家体委和北京市武术协会的关爱下，在北京成立了梅花桩拳

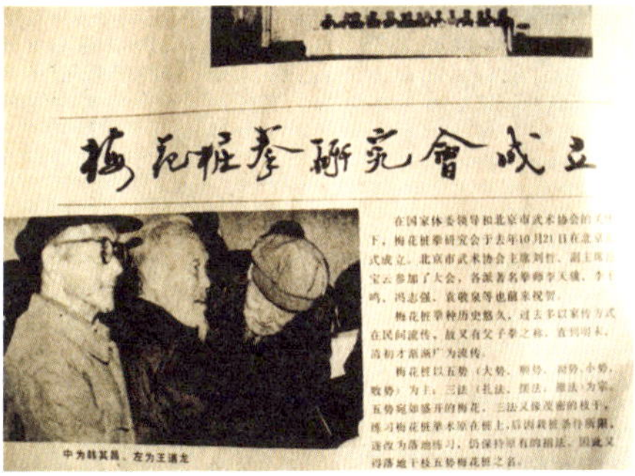
梅花桩拳研究会成立

在国家体委领导和北京市武术协会的[illegible]下，梅花桩拳研究会于去年10月21日在北京[illegible]式成立。北京市武术协会主席刘哲、副主席[illegible]宝云参加了大会，各派著名拳师李天骥、李[illegible]鸣、冯志强、袁敬泉等也前来祝贺。

梅花桩拳种历史悠久，过去多以家传方式在民间流传，故又有父子拳之称，直到明末、清初才渐渐广为流传。

梅花桩以五势（大势、顺势、拗势、小势、败势）为主，三法（扎法、拦法、腿法）为辅。五势宛如盛开的梅花，三法又像茂密的枝干。练习梅花桩拳术原在桩上，后因栽桩条件所限，逐改为落地练习，仍保持原有的招法，因此又得落地干枝五势梅花桩之名。

中为韩其昌、左为王道龙

旧刊物上刊载的消息

研究会，当时已90岁高龄的韩其昌众望所归，当选为会长，这是对韩其昌致力于北京梅花拳发展功绩的最好褒奖。

韩其昌一生桃李满天下，先后培养出李培基、燕子杰、李铭清、马呈祥等数十名闻名全国的徒弟。学有所成的徒弟们从北京出发，分别将梅花拳文化传播到各地。他的徒弟佛山大学教授李铭清将梅花拳带到广东，李培基把梅花拳带到上海，马呈祥让梅花拳进入东北，都教出很多高徒。尤其是最出名的徒弟燕子杰，他不仅把梅花拳引入山东，在山东大学、山东师范大学、山

燕子杰所著梅花拳丛书

中法大型梅花桩跨文化交流活动上的燕子杰与法国驻华大使代表

东艺术学院、山东师范学院及潍坊、威海、聊城等地教授了300多名徒弟；而且把梅花拳传入美国、加拿大、瑞士、法国、德国、俄罗斯等20多个欧美国家，并且在一些国家还建立了梅花拳协会，会员多达几千人，加大了梅花拳在世界上的影响力。

韩其昌去世后，儿子韩建中，子承父业，坚定地从父亲手中接过“传承棒”，一直在为梅花拳传承奔走。他身

韩其昌之子韩建中

兼数职，不但是北京梅花拳协会主席，还是中国人民警官大学武术教授，为我国公安战线培养和输送了难以数计的栋梁之材。为提升梅花拳影响力，他借助中央电视台，多次组织《武林大会》，将梅花拳发展推向了新高度。

申振元——首任平乡县梅花拳研究会顾问

师出名门成就绝技

申振元，字仕奇，1916年出生于邢台县北王段村，自小酷爱武术，年幼时家境贫寒，衣不裹体，食不果腹，全家仅有八分薄田。受生活所迫，年仅八岁的申振元便跟随父亲和二叔来到邢台市区谋生，人生地不熟的申家在西大街做起了炸油条生意。尽管当时家中条件还很差，但视子如命的申振元父亲，来邢台第一年就让儿子拜一名来自邯郸市鸡泽县的武师学习少林功夫，可才学了没多久，这名武师因家中有事就回去了，最终也没有再回邢台。

申振元

一心习武的申振元，并没有受师父离开的影响而停下习武的脚步。申振元父亲见孩子嗜武如命，便四处寻找知名拳师，后经人介绍让申振元拜在梅拳大师王湘林门下。王湘林，字润芝，平乡县大李卜村人，他身怀绝技，软可如面条，硬可如铁棍，他一生收徒百余人，为人坦荡，武术界给予他高度赞扬。从此申振元正式走上梅花拳习练之路，成为他人生的重要转折点。

申振元刚开始学习梅花拳的时候，每天都会去师父所在的马市街习武。虽然条件非常简陋，他年纪也很小，但申振元学武意志坚决，风雨无阻，雷打不动，深得王湘林喜爱。尝尽苦日子的申家人并没有满足现状，他们起早贪黑，日夜穿梭于邢台大街小巷，没几年时间家里有了不少积蓄，生活也慢慢好转，就又在邢台县将军墓购买了一座面坊，生意做得风生水起，成为闻名当地的富裕人家。富裕后的申家，为方便申振元学习，申振元父亲专门将王湘林从马市街请到西大街的自己家中授拳，申振元更是严格按照师父的要求，冬练三九、夏练三伏，技艺迅速提升。

申振元的“太阳功”法在梅花拳界最为出名。（“太阳功”法：练功时面对太阳，双脚按原地旋转，屏息运气，气练到最后具有开山碎石之功能。）为了练成此功法，年少时的申振元付出极大艰辛，他按照师父王湘林的指点，坚持每天卯、午、酉、子四个时辰准时练习，从未间断过。他走路的时候用“行步”法（“行步”法：练功中变化和运动着的各种动作和步法，以行步三法为宗，即摆法、扎法、撤法），早晨起床时候绑鞋带用"欧腿"法，每次出入家门时都要掌击几次墙角，每次发力之后墙角都要脱落一块儿，时间长了，墙角被推得坑洼不平、棱角不明。他每天早上五更起床练习"夜行术"，每天披星戴月，往返于邢台与沙河一趟，功夫不负有心人，申振元凭借坚韧的毅力最终熟练掌握这门独门绝技。

德艺双馨广受赞扬

申振元小小年纪便学会了梅花拳七十二擒拿、三十六巧打和一指点手法，且功夫已达到出神入化的境界，年纪轻轻就声名鹊起。16岁时，他接到邯郸梅花拳知名人士苏曹邀请，与王建勋、宁之芳等一同前往参加梅花拳比武大会，为期两天。第一天前去的梅花拳精英们都将各自的拿手招数进行了精彩表演，第二天正式进行比武。

当地有一郭姓武师，此人习练梅花拳多年，功夫已相当深厚，是当地赫赫有名的高手，且此人虎背熊腰，气场威武，令许多在场人都望而却步。年轻气盛的申振元与该武师互相致礼后，都随即摆开了架势，两人招架没几下子，申振元突然发招，采用“一指点”招法，狠狠地点中对方穴位，未费吹灰之力对方已被击倒在三米开外，横向躺倒在地。申振元担心对方没有颜面，主动上前扶起，连忙道歉，谁知对方非则不怪罪申振元，反而高兴不已地说道：“人外有人，天外有天啊！今天算是遇到高人了。”并连连表示，私下多切磋技艺，多向申振元取经学习。申振元主动尊重别人的做法，换来了别人对自己的尊重，达到了以武会友的目的。

申振元为人正直，遇到不平，则拔刀相助。平乡县有一个田姓武师在邢台西园村开道授拳，没多久便收了大批徒弟。周围村庄的地痞无赖见拳场做得非常好，隔三岔五故意到拳场找茬，严重扰乱了拳场的正常秩序。刚到邢台不久的田姓武师，认为自己初来乍到，又不了解对方底细，便隐忍下来。不料那些地痞无赖变本加厉，无奈之下，这名田姓武师向申振元求助。申振元听完事情缘由后，心中怒火横生，当天晚上就去了拳场。后来又连续几天在西园拳场等候那帮地痞无赖，没几天，那帮地痞流氓又来拳场滋事，申振元当着众人面上前言说道："既然这几位贵客来了，想必也都是武场的干家子，那就不妨请诸位下场练练如何？”这时有个地痞认出了申振元，嗫嚅着小声道：“这就是大名鼎鼎的申振元。”听到这里，地痞流氓们一个个面面相觑，瞠目结舌，吓得直打哆嗦。申振元又故意提高嗓门重复了两遍后，竟然没有一个人敢上前交手，为了对地痞流氓们起到震慑作用，他就只身一人下场高标准打了一组“炮拳”，他步履灵活自如，筋骨软硬兼施，出拳呼呼生风，脚震四座皆惊。流氓地痞们还没等申振元做完，一个个都被吓得仓皇而逃。

申振元的仗义疏财也是为人所熟知，他在武术医疗方面也得到了师父王湘林的真传，他对师父所传授的知识进行了深入研究，对医理进行加工分析，经多年努力，最终成为知名医师，尤其对骨伤科最为擅长。申振元行医多年，来邢台求医者遍及全国各地，但是他从未图过回报，也没有收取过分文，他的高尚医德深受患者们敬重。南京铁路医学院曾有一位医务工作者，因为练功时出现差错，出现了腰疼、腿酸、头晕、耳鸣、失眠、多梦等症状，四处投医均无疗效。有一次偶然机会，正好来邢台参加全国铁路系统卫生工作会议时认识了拳师邢仁昌，在与邢仁昌交谈时，不经意间提及了自己的症状，邢仁昌向其推荐了申振元。申振元问明情况后，传授给他一套固精法，并千叮咛万嘱咐，明确要求这名医务人员平心静气练功，切莫急躁行事。最终，这位医务人员遵从回南京后，严格遵照申振元要求练习，没多长时间便收到明显效果，从此两人多年保持书信往来。

申振元嗜武一生，具有丰富的理论和实践经验。闲暇时间，经常与师兄王建勋、拳友刘玉祥切磋技艺，三人结合平时所学，共同整理了七十二擒拿，并编辑成册，供弟子们学习。令人遗憾的是，“文化大革命”中，这本书被烧毁。1984年，申振元在红星汽车制造厂上班期间因公致残，赋闲在家，决心重新整理此书。当时王建勋与刘玉祥已经去世，申振元也到了古稀之年，他对自己能否高质量完成该书心存担忧。这本书回忆整理过程中，申振元曾以一首打油诗激励自己：

数年练功胳膊腿，手足肘膝练骨髓。
拳术器械都学会，踢打摔拿方称魁。
突逢灾祸得生路，屋倒墙塌落残腿。

晚年栖身奔何处，只有写作武精髓。
消遣解闷提精神，心稳气沉烦躁退。
弘扬武术为四化，强身健体扬国粹。

晚年的申振元一心扑在了著书立说上，经过几年的坚持，最终编著了《梅花拳内功外练混元一气回忆录》《梅花拳刀、枪、剑、套路》和《梅花拳手法技艺集锦》，分上、中、下辑印成册。

第四辑

侠肝义胆梅花人

梅花拳讲究文武兼修、内外兼练，习武先修心。正是因为如此，无论是面对国仇家恨，还是祖脉传承，无论是身为贫苦大众，还是农村妇孺，梅花拳弟子始终保持一颗侠义心肠，惩恶扬善，打抱不平，成就了一个个行侠故事，汇聚成梅花拳弟子最鲜明的特征。

八九十年代练习梅花拳的人们

赵三多一身武艺保家卫国

要谈梅花拳，有一个人不能不说，那就是赵三多。赵三多是清末山东冠县（今邢台威县）人，1842年出生在一个异常贫苦的农民之家。幼年的赵三多即对习武有着浓厚兴趣，每天帮助父母做活之余便自己琢磨习练，成年后的赵三多以贩碗为生。

赵三多

这一日，赵三多又在集市上卖碗，他把碗摆好以后就又自顾自地开始练习拳脚，这时候有一个人从他的摊位前经过，见这个年轻人练武练得如此专心，就故意走向前去问道：“小兄弟，这种碗怎么卖？”赵三多看也未看一眼回道：“两文。”见如此情景那人又换了一种碗问道：“这种呢?”赵三多依旧回说："两文，兄台若要把钱放到那里便好。"闻及如此，那人也不再言语，只静静看赵三多练拳。大约过了半个时辰，赵三多看那个人还在那里站着，只是刚没有细瞧，现在看来对方也是习武之人，就绕过摊位，走上前来问："这位师傅，需要点什么?"那人说："你的碗我全要了，只是你能否帮我送到住处？"赵三多见那人一下要了自己那么多碗自是高兴，便回说："当然可以，师傅带路即可。"说完赵三多收拾了摊位便跟随那人而去。

到了那人家中，只见园中竖着几根三尺多高的木桩，赵三多放下担子问："敢问师傅，这木桩可是师傅练武用的?"闻听此言那人便问："哦？你是如何知晓的？"赵三多说："不瞒师傅，

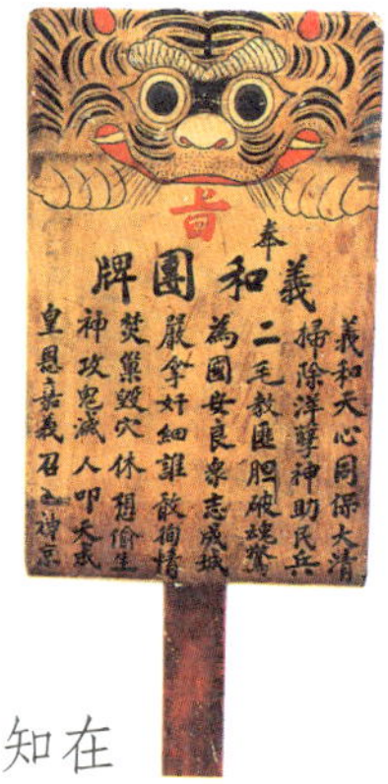

义和团牌

我自小喜欢武功，怎奈家贫，没有机会拜师学武，只能自己琢磨，今一见师傅便知道师傅定非等闲之辈。现在我见这木桩，想来是师傅练武用的。”那人含笑点头。赵三多说：“不知在下是否有幸能够一观？”那人没再说话，只纵身一跃便稳稳地立于木桩之上，之后闪展腾挪，或勾手，或挥拳，进退间，忽而静如处子，忽而动若脱兔。赵三多心想：“没想到今日有幸遇到武功如此高强之人，定要拜他为师，方能不枉此生呀!”正琢磨间，那人一套拳法已经演习完毕，只轻轻一跃便立于赵三多面前。赵三多忙后退一步，倒身下拜：“师傅，在下自小喜欢武功，一直也未能寻得名师教导，今日有幸遇到师傅，只望师傅不嫌我愚钝，收我为徒。如蒙师父不弃，我定当用心练习，他日定侍师父如侍父母。”那人呵呵一笑：“你既已经叫了我这么多声‘师父’，那自然就算我徒弟了，快快起来吧。”说着便把赵三多扶了起来。

从此以后，赵三多就跟了此人习武，而这个人正是梅花拳大师张如纯。由于练武刻苦，加上师父悉心教导，赵三多很快就学有所成，成了远近有名的拳师，先后收徒达两千多人，在直隶山东一带影响很大。

这时候正是清朝末年，西方宗教势力凭借列强和清廷签订的不平等条约，不断地霸占百姓的农田、房产，干扰诉讼，偏袒教民，地方官员不敢得罪洋人，只能不断地压迫底层百姓，百姓苦不堪言，对此赵三多也早有不满，怎奈梅花拳立有门规：“梅拳弟子，不得以武犯禁、滋事”，故而只得暂且隐忍不发。

这一日，有梨园屯的村民前来求助。赵三多见了来人一问之下才知道，原来是梨园屯因为玉皇庙又一次和教会起了冲突，这一次还有官兵助阵，预强行拆庙建教堂。梨园屯等人感到仅依靠本村势力势单力薄，商议后便决定派人往沙柳寨找赵三多等梅拳弟子相助。赵三多沉思良久，如果出手相帮，尚不知事情会发展到哪一步，怕累及所有梅花拳弟

纪念义和团一百周年

子。如果不出手，教会势力欺压我大清百姓已非一日，再不给他们点颜色瞧瞧，怕他们只当我泱泱中华，竟没一个有硬骨头的。赵三多把自己所思所想告诉了众弟子，晓之以利害。弟子个个支持出山相助。赵三多说："既如此，我们相助梨园屯是出于江湖道义，那我们便自称义和拳，这样倘有不测，也不会累及同门。"众弟子无不称是。就这样，赵三多带领着弟子就打着义和拳的大旗出现在了梨园屯，周围拳众闻听此事不断向此地集结，一时达三千余人，迫使清兵不敢动手拆庙，表示愿意放弃拆庙，另择地方建教堂。见如此，赵三多等人也先后撤回原地静观其变。

可不曾想，1898年清政府又推翻前议强拆玉皇庙，打死打伤百姓数人，赵

当时的义和团成员

三多等人见洋人亡我之心不改，只得祭旗起义，在他们的影响之下各地的反侵略运动如火如荼地开展起来，这就是震惊中外的义和团运动。几年间赵三多带领梅花拳弟子转战各地，他们捣毁教堂，杀死不法教民，给外国侵略势力以沉重的打击。一直到1902年，其部遭到了段祺瑞部队的镇压，赵突围后遭武举樊炳纲出卖被浮，在狱中绝食7天而死，终年62岁。

对于这场人民群众自发的反帝反封建的运动，孙中山给了极高的评价："其勇锐之气，殊不可挡……经过那次血战之后，外国人才知道，中国还有民族精神，这种民族是不可消灭的。”而赵三多，这个起义的发起者和领导者，更是中华民族精神的集中体现。

1955年12月，德意志民主共和国总理奥托·格罗提渥率团访华，将当年缴获的义和团旗交还总理，周恩来高度评价了义和团的历史功绩：“义和团运动是中国人民顽强地反抗帝国主义侵略的表现，他们的英勇斗争是50年后中国人民伟大胜利的奠基石之一。”

周恩来总理接过德国总理归还的义和团旗

梅拳弟子惩恶扬善助盐民

说起梅花拳弟子，大家无不称赞他们“侠肝义胆”，其实梅花拳创拳之始就明确规定了梅拳弟子要做到“五要”，其中就包括要爱国守法，奋勇抗敌，要扶贫助弱，驱恶除霸，对此，梅花拳弟子代代遵从。如此说来，我们也就不难理解，为什么每到国家和人民陷于危难之时，梅花拳弟子都能挺身而出，比如说我们前一节讲到的赵三多领导的义和团运动，又比如说我们接下来要讲到的平乡盐民暴动，梅拳弟子都从中起到了中流砥柱的作用。

平乡县地处黑龙港流域，由于地势低洼，流水不畅，全县近三分之一的耕地属于盐碱地，而那些可以耕种的土地又多集中在地主富农手里，广大农民只

外地盐民制盐

有靠熬硝淋盐来维持生计，而统治阶层为了维护“官盐”利益，总是对农民熬盐行为大加镇压。1934年，盐民为了同盐警作斗争，在中共直南特委的大力支持下成立了盐民联合会。考虑到梅花拳在平乡巨大的影响力和号召力，中共代表张霖之、赵勤学等人决定要争取拳民的支持。他们最初选准了梅花拳的第十四代拳师丁老卜为借助对象，丁老卜由于个人原因没办法加入，便将自己的师父引荐给了赵勤学。丁老卜的师父虽已年近八十，却是鹤发童颜，仙风道骨，谈吐不凡，赵学勤和他一见如故，谈得很是投机，最后两人约定，由梅花拳弟子和盐民联合会共同发动起义。

不久，县城传来消息，原来是反动县长李桂楼以谈判之名诱捕了赵勤学。听到这个消息，梅拳弟子个个义愤填膺，摩拳擦掌，要打到县城去救人。老师傅忙忙拦下众人说："此事断不可贸然行事，现在敌人定是重兵防守，这样直接去救人不可能成事。"众弟子说："那该怎么办，师傅您老快拿个主意啊！"老师傅想了想说："我们可以分兵两路，主力队伍正面攻打县城，吸引敌人注意，混淆敌人视听，另派一小队武功高强的趁机潜入牢房救人，之后再合兵一处。"众人都说："这个计划好，全凭师傅安排。”

1934年7月26日拂晓，由万余盐民和梅花拳弟子组成的队伍手持大刀、长矛、棍棒和土炮包围了平乡县城。面对荷枪实弹的警察，人们毫不畏惧，痛骂吆喝县长李桂楼的胡作非为，高喊口号：“坚决反对李桂楼禁止淋小盐!”“让李桂楼出来对质!”“李桂楼快投降，若不投降就灭亡!”把个平乡城围了

平乡盐民暴动插画

个水泄不通。此时，既惊又怕的国民党警察，不知走火还是故意突然向围城的群众开了一枪，随之大家立即向城上的警察进行还击，顿时平乡城内外硝烟弥漫，枪炮声、呐喊声连成一片，成功地吸引了敌人兵力，被捕的赵勤学则由师父安排的梅花拳高手顺利救了出来，接着蹿房越脊，安全回到了起义队伍中。

为了报复，敌人又从其他地方借来援军，对由拳民和盐民组成的队伍进行了疯狂的反扑，声势浩大万众攻打平乡城的战斗也就以失败而告终。为了保存实力继续战斗，这支队伍化整为零，组成游击队，昼伏夜出，继续战斗。一日，奔波了一夜的游击队宿营在尉庄村，黎明时分被反动当局从巨鹿调来的盐兵营所包围，枪林弹雨中梅花拳弟子董二朝敏捷地从后窗跃出来扒椽头翻身上房，用手里仅有的一颗手榴弹准确地炸死了外面围攻的敌人，使游击队的其他人员从容闯出房门，冲出了包围圈。

正是由于广大武艺高强的梅花拳弟子的加入，这次暴动才能多次化险为夷，给国民党反动势力以沉重的打击，后来他们中的许多人加入了中国共产党，走上了抗日战场，继续为中华民族的存亡战斗。

从平乡走出的抗日游击队

在抗日战争时期，在冀西太行山山麓活跃着一支能征善战的队伍，名叫冀西游击队，而对于该部队的前身，却鲜少有人知道。其实它来自于丁老卜，来自于梅花拳，来自于平乡县。

梅花拳纪念碑上雕刻的抗日救国图

丁鸿昌，字卜五，号老卜，平乡县丁周天人，早年家里较为殷实，幼年上过六年私塾，长大后师从梅花拳十三代宗师，刻苦习练梅花拳，最终成为梅花拳一代宗师。当时丁老卜手中有一支农民武装力量，不仅人数众多，而且个个习武练拳，武艺高强。

当时的国民党县长王睿增担心丁老卜势力太大，威胁自己的统治。他手下的一个秘书猜到了县长的心思，便献策说："县长，咱们也可以学学玉皇大帝呀！"王睿增说："你这话什么意思啊？”那人嘿嘿一笑说：“玉皇大帝为了辖制孙悟空，给了他一个有名无实的‘齐天大圣’，县长你也可以给他丁老卜一个公职，这样他就只得听您的调遣了，他手下的人自此群龙无首，也就不足为患了。”王睿增听了哈哈大笑说：“还是你小子鬼主意多啊，只是给他一个什么职位呢?”那人又说:“现在战事越来越紧，盗匪也很猖獗，县长您看让丁老卜管城防怎么样，他不是武功高强啊，就让他为县里看家护院，也算物尽其用了。”王听了点点头说：“尽快去办。”

于是他们很快找到了丁老卜，一见面那人便说：“老丁啊，你可得好好谢谢我啊。”丁老卜说：“哦？”那人又说：“为了你的事，我可是磨破了嘴皮子啊，现在可好了，王县长已经同意了，让你做城防局局长，是局长诶，不是我，你一辈子想都别想。”丁老卜听了哼了一声说：“当然不用想，我老丁粗人一个，自在惯了，别说局长，就是县长，我也不稀罕。”那人说：“老丁，你可别不识时务，当年他宋江手下可是一百零捌个好汉呢，厉不厉害，那还不是屁颠屁颠地想着被招安。你老丁再厉害能扛得过政府，扛得过军队。现在县里已经明令禁止练拳了，这是什么意思，你不知道？”听到这儿，丁老卜微闭着眼睛说：“你先回去吧，改日我给你回话。”

那人走后，丁老卜陷入沉思，现在的形势，他是知道的，由于县里明令禁止练武，大家都只得在夜里操练，再往后还不知道会到什么境况呢。他想如果他去当那个局长，有了一定的权力，说不定在关键时候还能保护同门中人，于是丁老卜就当上了平乡城防局局长。

抗日战争爆发后，国民党的民国政府南逃，平乡处于无政府状态，丁老卜把自己统辖的自卫团改为民团，担起了保家卫国的大任。一次，30多名日本侵略军、100多名伪军在中位村烧杀抢掠，丁卜五集合了2000多人的大刀会成员与梅花拳弟子，将中位村包围了个风雨不透。日本侵略军虽仗着现代化武器冲出了包围，但奈何丁卜五手下个个武功高强，且勇猛无比，此次战斗便砍死砍伤了20多名日本侵略军、10多名伪军，使日本侵略军一时间再不敢乱来。

时间到了1938年，八路军东进纵队

杨秀峰

开赴冀南创建了抗日根据地，时任冀西民训处领导的杨秀峰亲赴河古庙找丁老卜进行会谈，其意在于争取平乡民团参加八路军。对共产党的抗日政策，丁老卜很赞同，备受鼓舞，可在他征求团里其他人意见时，虽然梅花拳弟子积极响应，但大多数普通百姓仍心存顾虑，他们有的说："我们对八路军并不了解，不好贸然加入啊。"有的说："我们现在多自在，何必找个人来管我们。"有的说："我们可不愿离开家，我们加入民团就是为了保护自己家，我们走了家咋办。"就这样你一言，我一语，终究也没形成一个主意。

过后，丁老卜向杨秀峰说明了情况，杨秀峰也很为难，说："还是要做做大家的工作，抗日是大家的事，怎么还能分你我呢。”丁老卜说：“老百姓都重家，也不能强求大家，我觉得咱们还是在梅花拳门里再用用功吧，虽然这几年形势紧，大家都不敢明里练拳了，但私下里练的不在少数，拉出个队伍还是不成问题的，我回去再想想办法。”丁老卜回去后，立即走街串村去搜罗人才，每到一个村就问：“你这儿还点着灯哩没有?”这是梅花拳里的术语，“点

冀西民训处与冀西游击队部分人员合影

着灯”就是练着拳的意思，梅花拳弟子一听说要去前线打鬼子，个个摩拳擦掌，都说练了这么久的武，终于能派上用场了。就这样，不到半天即召集了二三百人。出发前，杨秀峰问丁老卜说：“咱们这次能带走多少人啊？”丁回说：“三四百人吧。”可是没想到到了出发那天，却足足有七百多人，而这些人中大都是梅花拳弟子，他们都是听到消息后，偷偷赶过来的。这支部队后来被编为冀西游击大队第六支队，到1940年又编入八路军129师，他们转战晋冀鲁豫地区，为抗日战争的胜利立下了汗马功劳，书写了壮丽的篇章。

邹氏“后人”投身地下党闹革命

年少成名在外开拳场

田德富（梅花拳第十二辈弟子），世界梅花拳源地中国平乡后马庄村人，系祖师爷邹宏义后人（邹宏义孙子邹克让之女后辈），成长于尚武、习武风气浓厚的环境之下，从小耳濡目染，对梅花拳产生了浓厚兴趣，四五岁就开始跟着大人学练，十几岁时便武艺非凡，乡邻们提到他，无不交口称赞。

田德富

田德富成长在旧社会，当时政治混乱不堪，社会动荡不安，百姓更是受苦、受难、受欺压。从小不甘于平凡的田德富，立志长大后做一个扬名武林的梅拳大师，通过广泛传承梅花拳，提高民众本领，拯救苍生。为快速提高拳术和技艺，年少时的他对自己约束非常严格，他坚持每天习武不辍。小时候，家境贫寒，离村庄三四里开外的地方有一块薄田，父母为增加收入，补贴家用，年年种植西瓜和甜瓜。刚开始，田德富白天跟随父母专心干农活，晚上全身心学拳，后来慢慢到了痴迷的地步，干农活时不自觉地开始走神，因此经常被父母责怪。

为了不再听父母的批评，田德富慢慢研究出了一个“练拳干活两不误”的方法，他去瓜地的路上练着单鞭，拉着架子过去，到瓜地后以“骑马蹲裆间”的方式劳动，每次比父母做的农活还多，回来时一路打着“旋风脚”回来。自从田德富改进练拳方法后，他不仅农活不少做，而且功夫进步明显，也就再也没有挨过父母批评。

就是这股子钻研劲儿，没用几年时间，他的功夫迅速成长到了可以独当一面的地步，于是他决定外出闯荡，凭借自己的武艺养家糊口。20来岁时，他只身来到邢台东牛角开拳场。他武德高尚，功夫高强，很快得到群众的认可，田德富大名迅速在市区传播开来。一时间，主动上门拜师学艺的人络绎不绝，规模也越来越大，为方便群众学拳，他又在西园街开设了一处拳场。

冒死为地下党传递情报

为将邢台民众从水深火热之中解救出来，当时的邢台地区有志青年们纷纷加入地下党组织，并活跃在邢台市与各个县区。尚处于起步阶段的邢台地下党，党员较少，人手不足，力量薄弱，工作开展起来尤为艰难，急需扩充力量。这时的地下党恰好缺少一位能经常往返邢台与平乡，并且素质过硬的地下党通信员，已在邢台名声较大的田德富引起地下党组织的注意，随即专门派人私下对田德富考察了一番。他们发现田德富身怀梅花拳绝技，具有习武之人的侠肝义胆，而且头脑灵活，精明能干，他的职业也不容易引起敌人怀疑，成为地下党通信员的不二人选。

地下党组织特派人员虽然十分看重田德富，但又担心拳场开得风头正劲的田德富害怕惹上是非，影响了他拳场发展。令地下党组织特派人员意想不到的是，他们与田德富的第一次接触后所有顾虑就全部打消。了解了他们的来意后，田德富直言快语地说：“你们来得正好，我来邢台后不久就试图寻找救国救民组织，没承想你们主动找上门来了，这真是太好了。”田德富接着说道：“说吧！我能为党组织做什么工作，你们就直接吩咐吧！”特派员说道：“我们这次可是要给你交一副重担，今后，你就做邢台与平乡之间联系的通信员。这个工作涉及人身安危，希望你能慎重考虑下，我们等你回信。”田德富毫不犹豫地说道：“救国之事大于天，我们梅花拳弟子讲究救国救民于危难之间，从不贪生怕死，我没有推辞的理由。”就这样，经特派员介绍，田德富当天加入中国共产党，走上了革命生涯。

成为通信员后，田德富经常往返于邢台和平乡，为党组织传递了无数次重要情报。有一次，接紧急情报后，他匆忙从市区赶往平乡，走至南和与平乡交界处时，看到前方三名日本士兵骑摩托车呼啸而来，他害怕弯腰往鞋底塞情报被日本兵发现，就急中生智地打着梅花拳顺势将情报纸条放入鞋子中。

与日本兵相遇后，鬼子示意让他站住，田德富没想到鬼子竟然看上了他脚上所穿的千层底布鞋，田德富心想："这鞋子怎么能让他们拿走呢？"于是他想到了用梅花拳腿功和脚功巧妙解决此事。他对日本兵说道："如果你们三个能脱掉我一只鞋，我就将这双鞋送给你们，如果不能，就待我回家取三双布鞋给你们，总不能让我光着脚回去吧！"听完后，三个日本士兵认为田德富说的在理，就纷纷点头表示赞同。三个日本士兵上前要脱鞋时，只见田德富腿脚一蹬，此时的梅拳脚法已然护身，三个日本士兵生拉硬拽了半天，田德福的脚竟然纹丝未动，内心服气的三个日本士兵不知道田德富有什么样的神功，还以为遇到了鬼神呢，还没等田德富提回家拿鞋子的事，一个个吓得直打哆嗦，骑上摩托车匆匆而逃。

老话讲："常在河边走，哪能不湿鞋。"田德富做通信员时间长了，有一段时间，情况紧急，情报重要，他回家次数多了起来，这一举动引起个别人的注意，不知谁走漏了风声。一天晚上，田德富傍晚时分进村，入村后未见任何人，传递完情报，躺下睡觉不久，突然听到巷子中有轻轻的脚步声，一向十分警觉、反侦察力极强的田德富，快速地将所用热被子扔到房顶之上，炕上扮成无人居住样子，这时脚步声已到了门口，他锁上正屋门，略施梅拳功夫跳至屋顶，这时只见一群日本士兵在一个本地人带领下气势汹汹地闯了进来，进屋后日本兵一个个愣了神，根本就无人居住的样子，他们翻箱倒柜地搜索后也没发现田德富的踪影，不久便听到日本兵训斥道："你是不是看走眼了？我就说了，田德富在邢台开拳场，哪有时间为共产党通风报信，以后不要胡乱猜疑。"那个人辩解道："我分明看到他刚才进家门了。"日本兵反问道："那田德富人呢？你把他找出来，找出来我就信你。"说完就扬长而去……

农村老妇与祖传《根源经》

在平乡后马庄村有一套祖上留传下来的《根源经》，平乡地区现存的梅花拳《根源经》，皆是以此为依据后来重新抄写印制的，这本珍贵的《根源经》能够保留至今也是许多人共同保护的结果，在当地的梅花拳弟子中，还流传着这样一个美丽的故事。

1963年时，祖上流传的《根源经》还有三套之多，分别在马庄、王铁庄和油召村，依祖例《根源经》皆由当时各村辈大的当家人保管，后马庄村的《根源经》就保管在

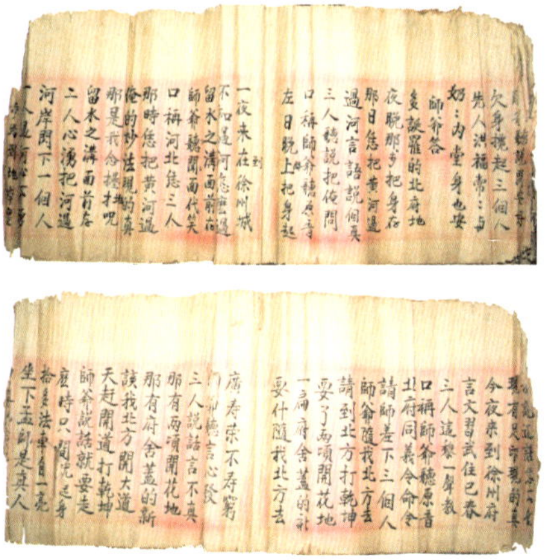

清嘉庆十年（1806）梅花拳根源经手抄本

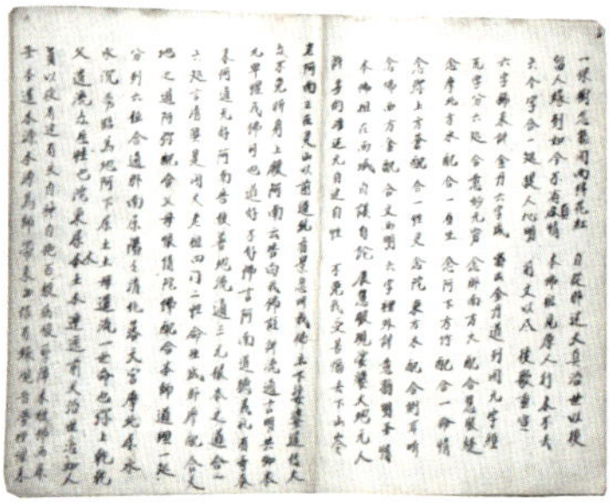

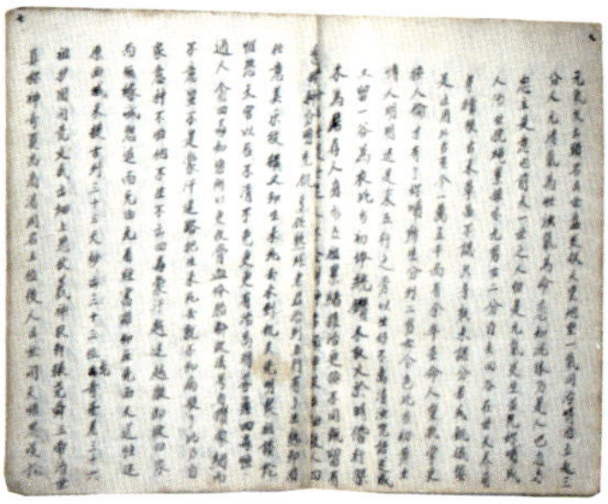

民国时期《根源经》手抄本

当时的当家人十三辈弟子张增福的家中，由张增福的妻子郑氏亲自保管。当时郑氏老奶奶已经上了岁数了，但自从接管了《根源经》后，丝毫不敢马虎，每天都要检查一遍，天气热了怕捂了、下雨怕潮了，平日里更是怕有蚁虫啃咬，可谓是尽心尽力。

直到1963年8月洪水的到来，这场百年一遇的洪水给邢台地区造成了巨大的损失。据统计，1963年洪水总量为13.72亿立方米，邢台地区85％的耕地、96.7％的大队受灾，山洪暴发、水库倒坝、小漳河老漳河相继决口……当时的张家夫妇可不知道这么多，他们只知道天阴沉的厉害，中午犹如晚上，瓢泼的大雨怎么也下不完，一直有各地被淹的消息传过来，老奶奶也和其他家的妇人一样，抢在洪水到来前，带着一家老小没日没夜的蒸干粮，多做点也许在洪水中活下来的机会就要大一点，《根源经》早已被藏到了家里最安全的地方。

这天，老奶奶在家里看着地上的水位越来越高，心里焦急万分，张增福去别家打听消息迟迟不回，家里房顶不断有新的地方漏水，她把家谱和干粮已经换了好几个地了。突然，伴着一阵狂风屋门开了，张增福冲了进来，喊道："快走，洪水马上就到了，啥也别拿了，保命要紧。"拉着老奶奶就往外冲，却不想，老奶奶大力挣开了他的手，拿了块塑料布快速走进里屋，气得张增福大喊："你不要命了！"从里屋出来的老奶奶怀里鼓鼓囊囊的，也不知装了啥，两人赶紧往外冲，一出门，突然加大的水位冲的人站都站不稳，两人相互扶持着，踉踉跄跄到了避难地，浑身淋得湿透，老奶奶赶紧把怀里的东西掏出来检查，梅花拳的《根源经》被塑料布包得严严实实，竟然一点没湿。看看《根源经》、看看老奶奶，在场的人眼前一下子就模糊了。

洪灾过后，梅花拳弟子统计的时候才发现，郑氏老奶奶抢救出的这一套竟成了当地的孤本。

附：梅花拳名师传承世系图

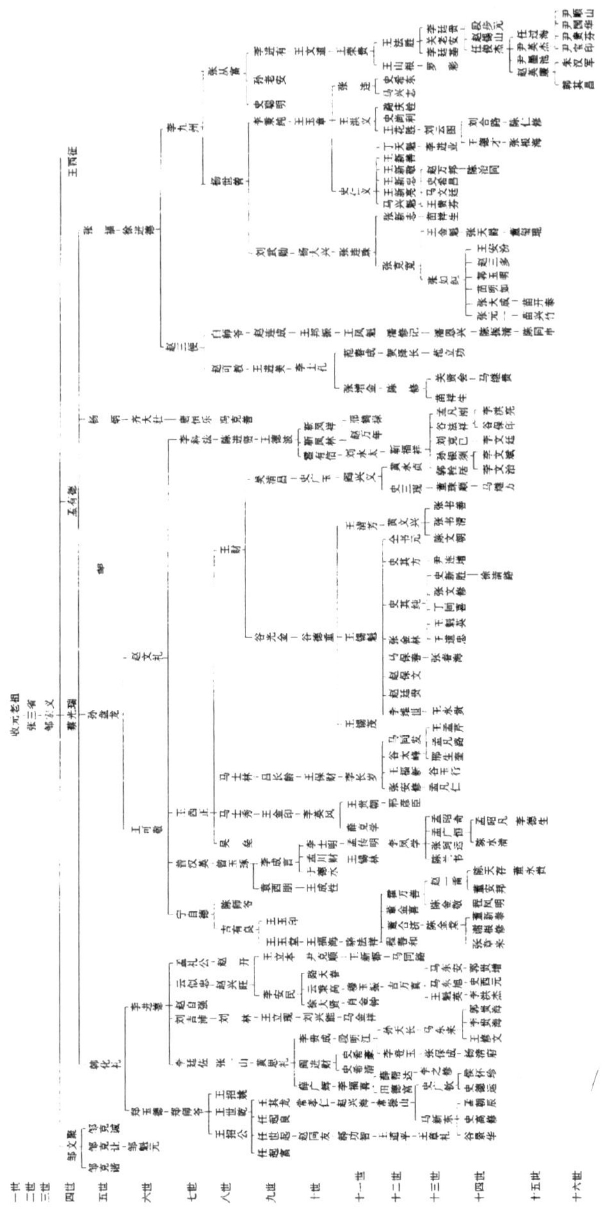

第五辑

梅拳之乡香飘万里

梅花拳是一个源远流长、古老而神秘的传统拳种，作为宝贵的国家级非物质文化遗产，它又不仅仅是一种普通拳术，更是彰显了中华民族光辉灿烂的文化。如今梅花盛开，香飘万里，梅花拳以其独特的魅力吸引着国内外众多人士，前来梅拳之乡学习观赏。

“中国梅花拳文化之乡”
中国梅花拳文化研究中心 授牌

梅花拳始祖殿落成典礼

梅花拳里的大智慧

梅花拳自创立以来薪火相传四百多年，其间虽然也有起起落落，但最终都能冲破困境，再次走向繁盛，其中的原因也许有很多，但终究离不开梅花拳里先辈们的远见卓识，离不开他们的大智慧，正是这些智慧的结晶，才使得梅花拳有了今天的繁荣景象。

敬奉“天地君亲师”。《梅花拳谱》记载，“天”为风调雨顺;“地”为五谷丰登。“君”为“皇帝”，也就是最高统治者，如今就是中国共产党党中央，梅花拳教导弟子要遵纪守法，为人民、为社会多做贡献。“亲”就是父母，必须孝敬父母。“师”就是师父，弟子必须尊敬师父，感激师父教导之恩，师父爱护弟子，师徒亲如一家。总之，梅花拳弟子所信仰的“天地君亲师”是对天地、社会、父母、先师的一种敬仰、一种感恩，是一种自然界与社会、人与人之间的相处模式。

文武场并重，且文场指挥武场。邹宏义唯恐其后人走向歧途，立拳之初就立下规定梅花拳要文场武场并重，文场敛束身心、以德育人，有文化典籍世代相传，武场传授拳理、锻炼武功，带领弟子们练拳，并且规定以文场指挥武场，组织梅花拳派内的活动。进入梅花拳的弟子“要学武、先懂理”，只有经过文场的考验、学习，才算

梅花拳文化在这里传承

加入梅花拳，才可进入武场习得武功，这一规定确保了梅花拳内部团结友爱，有利于梅花拳的代代传承。

弟子不得入仕。按照规定梅花拳弟子“只准武艺开大道”，文不入朝做高官，武不为将掌兵权。邹宏义、张从富等就都曾婉拒皇帝招揽，美谈流传至今，唯一入仕的杨炳也隐去了梅拳弟子的身份。没有了功名利禄的诱惑才能保证后代全心练拳，才能保证梅花拳的传播。

子不拜父。梅花拳规定儿子不能拜自己的父亲为师父。最初梅花拳也和许多的武术门派一样，是私家拳，后来为突破梅花拳的传播困境，变私为公，首先就规定子不拜父，这样梅拳师父也只能收别人家孩子为弟子，这就有利于梅花拳向外传播。另一个原因是为了防止父亲由于溺爱自己的孩子而不能严格要求，所以父亲可以教授自己孩子，但一定要再为自己的孩子寻一个师父，在师父的严格教导下，才能真正地掌握梅花拳这门武功。

弟子为师父立碑。讲的是待师父百年之后，由弟子为师父立碑祭奠，而不是子孙。这样既能敦促梅拳弟子广为收徒传教，又能培养弟子感恩之心，稳固师徒关系，加强梅花拳内部的联系。

天下梅花是一家。梅花拳门派内有严格按照辈分排列的弟子辈分谱系，弟子之间只要说出自己属于哪个字，就能确定对方是第几辈，该如何称呼，这就增加了梅花拳的亲和力和凝聚力。梅花拳弟子外出，所到之处只要有同门中人，都会受到很好的接待，为自己安排好住处和饭菜，他们常说梅花拳弟子出门“五里不吃饭，十里不背锅”，“不是一家人不进一家门，进了一家门就是一家人”。

梅花拳这些早期的规定，使得梅花拳有了一个规范而又严密的体系，大大加强了梅花拳内部的联系，为梅花拳后来的传播奠定了强有力的基础，才使得梅花拳历经四百年风雨仍能像今天这样昌茂。

申报国家非物质文化遗产

凌晨三点多，整个平乡县城没有了白日的喧嚣，四处都在黑暗中安静地沉睡，唯独一个普通宾馆二楼的房间灯火通明。透过窗户，偶尔还能看到有人影移动，不时传出几声激烈的辩论，这也是这个屋子近半个月以来的常态。原来，他们都是梅花拳申遗工作小组的人，半个月来一直在为梅花拳申遗工作通宵达旦地忙碌。

2005年恰逢国家要建立国家、省、市、县四级文化保护体系，要求各地加强对非物质文化的保护工作。按照这一要求，邢台市进一步加强了对本地非物质文化的挖掘整理。首先走入大家视线的就是梅花拳，梅花拳被誉为武术界的

热烈欢庆的人们

“活化石”，创立于明末至清初，至今已经有四百多年的历史，集我国传统儒释道文化之大成，是我国历史上唯一存在的“文化拳”。另外梅花拳拥有着完整的传承和组织体系，有众多的文献资料、经书，而且目前已经形成了以邢台平乡县后马庄村为中心辐射国内外的梅花拳文化影响圈，习练梅花拳的人也越来越多。这些都和非物质文化遗产的申报要求相契合，于是有关部门马上针对梅花拳申遗工作成立了工作小组，也就有了这么一群不普通的人。

梅花拳2013年再次荣获首批中国体育非物质文化遗产保护与推广项目

工作小组成立后，一部分人全国各

地跑，去拜访拳师、搜集材料；另一部分人则负责整理现有材料，为了提高工作效率，他们租借在这个宾馆，集中办公。据当时参与这项工作的人讲，他们当时吃住全在这一间屋子里，最长记录差不多有一个月不曾踏出屋子，受访者说："也就是那个时候年轻，都不知道累，白天晚上的干，困了眯一会儿，醒了用冷水洗把脸再继续。"说完他摇摇手说："如果放在现在，真是不行的，身体吃不消。"

经过一系列紧张而烦琐的准备工作，工作组如期提交申请报告和项目申报书，对梅花拳申报国家级非物质文化遗产的目的和意义，以及梅花拳的历史、现状、价值和传承困境，做了详细的说明。

除此之外，工作组还提出了一个对梅花拳的保护计划，这份计划对梅花拳未来十年间保护目标、措施、步骤和管理机制进行了详细的说明。为了这个计划，工作组成员也是愁白了头，因为梅花拳虽然是一个历史悠久传播广泛的武术门派，可面对市场经济冲击，传承上确实又走进了困境，很多人虽然也喜欢梅花拳，但只是作为一个业余爱好，一旦时间精力达不到就会丢掉。而且由于没有专门教授梅花拳的学校，孩子们也难以系统地学习梅花拳。为了解决这些问题，做好梅花拳的传承和保护工作，经多次研究，大家决定成立梅花拳研究协会并建立

梅花拳学校。

经过大家的努力，申遗工作有序推进，经过层层筛选，2006年5月20日第一批国家级非物质文化遗产名录公布时，梅花拳赫然在列，这既是对梅花拳历史文化地位的充分肯定，也是对梅花拳进一步传承发展的强有力支撑。近些年来，随着一座座梅花拳文武学校的开办和梅花拳产业园区的创办，梅花拳日益繁荣昌茂，它的文化优势正在逐渐地展现出来。

中国梅花拳之乡

二十世纪八十年代初，梅花拳走进了中国武术家协会的视野，他们对这门古老中国拳术的未解之谜充满了兴趣。1982年，一项艰巨而光荣的任务交给了

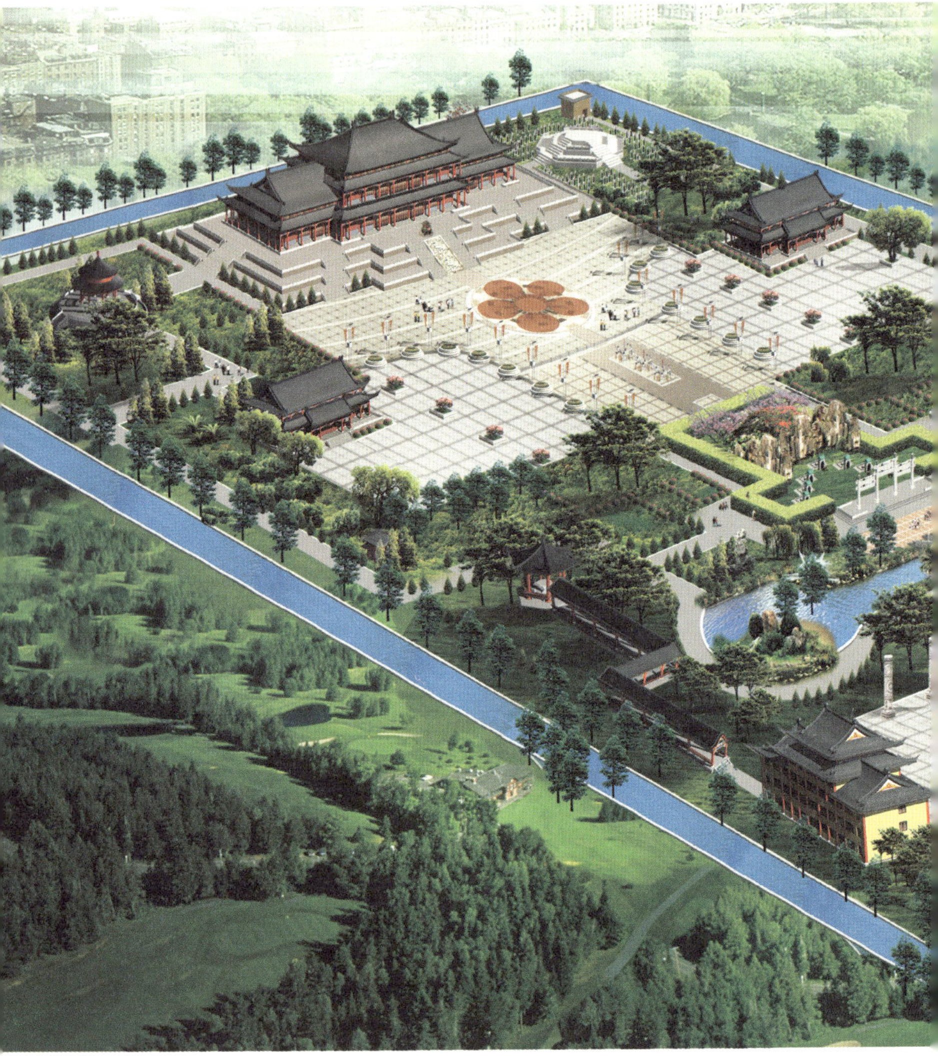

梅花拳文化苑总体规划效果图

台湾弟子祭祖

时任河北省武协主席南仆同志，中国武术协委托他对“梅花拳”这一宝贵历史文化遗产进行挖掘整理。

接到这一任务，南仆同志既兴奋又感到很棘手，因为梅花拳传承这么多年来，可以说是弟子遍天下，现在一时还真不知道从何下手，但既然决定要干就不能怕苦，就一定要把这门宝贵的文化遗产挖掘并保护起来。于是他从梅花拳最集中的冀、鲁、豫开始走访调查，在黄河两岸走访考察中，当地梅花拳老拳师们说："我们玩的都是邹家拳，老家在河北邢台平乡马庄桥。"

在这些老拳师的指引下，1985年正月，南仆终于在平乡县后马庄找到了"梅花拳的老家"。在后马庄村北，他看到了包括梅花拳创始人邹宏义家茔在内的邹氏墓群。在对附近村子的走访中，他发现此地几乎人人都练梅花拳，他们都自称是邹师爷的后人，他们还向南仆展示了梅花拳的"宝贝"《根源经》，这本宝贵的经典，是经过历代弟子的传承与保护，才防止了虫吃蛇咬，躲过了邢台1963年特大洪水和"文化大革命"

河北省体育大学教授及学生

中的大搜查得以保存下来。经书详细记载了梅花拳的发展历程，正是由于这位老祖宗的大智慧，我们今天才能知道梅花拳真正的发展脉络。后来又找到了邹宏义儿子邹文聚的《邹氏家谱》，南仆同志终于圆满地完成了这次考察之旅。

随后，他将考察结果整理成考察报告，提交给了相关部门。由于梅花拳极具历史文化价值，1993年7月，“邹氏墓群”被河北省人民政府列为省级重点文物保护单位；1994年，时任河北省副省长的王祖武又为邹氏墓群题词：“梅拳圣地”；1997年7月，河北省体委、河北省体育总会正式授予平

正在接受采访的外国弟子

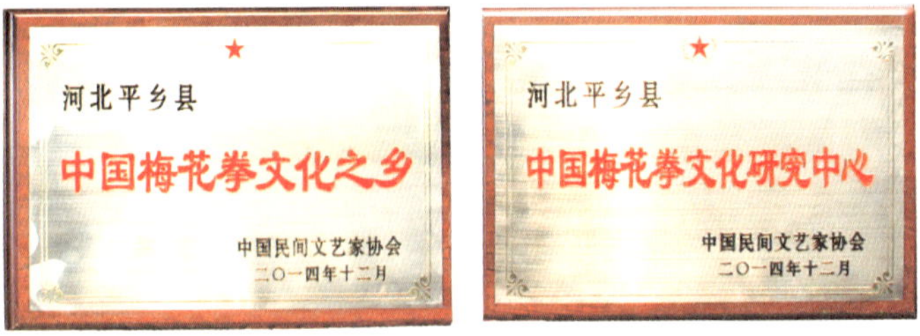

乡县为“河北省梅花拳之乡”称号；2014年12月，中国民间文艺家协会深入考察论证，正式命名河北省平乡县为“中国梅花拳文化之乡”，并成立“中国梅花拳文化研究中心”。

梅花拳碑林

平乡县后马庄梅花拳碑林是现今世界上以梅花拳为主题的规模最大的碑林，它位于梅花拳圣地邹氏墓群东侧，整个碑林区占地15亩，由梅花拳弟子捐资修建而成。其中坐落在碑林最北端的是梅花拳主题纪念碑，这个纪念碑可以说是集梅花拳文化精华于一身，点点都是讲究、处处都有深意。

纪念碑碑身总高九米九，取意于九九归一，是指世间万物都会历经种种转换，才能最终达到终极无极。纪念碑的顶端是三朵盛开的梅花，代表着天、地、人三才，“三花聚顶”达登峰造极之境界。梅花五瓣，五福呈祥；佛定五方，驱邪消殃；儒制五常，遵纪守纲；拳分五势，趋避咸当，内含佛道儒之精益。纪念碑的碑身呈六边形，意为天、地、四维之六合，碑身通体采用上等一色黑花岗

梅花拳纪念碑

岩，彰显出梅拳圣地的肃穆氛围，碑身正南面题有“梅花拳纪念碑”六个大字，正北面刻有《梅花拳源流碑记》，其余四面分别刻有书法题词。整个梅花拳主题碑由十二块组成，代表着十二地支和一年的十二个月，寓意一个寒暑周期，一个圆满过程。整个碑虽不大，却是整个宇宙的浓缩，汇聚着世间万物。由此可见梅花拳是集中国儒释道精神之大成。

纪念碑底座是呈四边形，每一面都刻有精美的浮雕，雕刻着梅花拳的标志性事件，南面是张复拜师和“三德”请师徐州的故事，东面是邹师爷传艺梅花拳的故事，北面是抗日战争期间梅花拳弟子英勇抗击日本侵略者的故事，西面则是对中国的传统文化的展示。纪念碑

梅花拳源流碑记

春和景明，天朗气清。二〇〇六年五月，中华人民共和国国务院颁示公告，平乡梅花拳荣列国家级非物质文化遗产。消息传来，我梅拳祖师郐氏故里万家欢腾，载歌载舞，盛世胜景，光耀乡曲。为传承民族文化，弘扬尚武精神，乃有倡建中国梅花碑林之议。善哉此举，凡我乡里无不赞同，社会各界踊跃响应。

梅拳祖师郐宏义，字先大，祖籍河北顺德府，明初定鼎江南，其先人因辅理有功，赐世袭一等指挥职，镇守徐州府，郐氏家族遂寄籍徐州。郐宏义生于明末，幼承家学，研文习武，志存高远。然时逢离乱，国事日非，乃弃文而笃志于武学，苦行苦练，寒暑不辍，又得张三省点拨度化，殚精竭虑数十载，始创自家门派。清康熙年，郐公举家回归，定居我县城马庄桥，设场收徒，传拳授艺。高风所洎，四方景从。子承父业，徒秉师教。诚如史志所载，当其盛时，传其艺者十数省，蒙其教者百万家。自此梅花拳植根故土，花开四方，郐氏故里以梅拳之本源闻名遐迩。

梅花拳文武并重，义理深奥。以言武略，攻守兼备；以言文德，辅国安民，素为国术所共宗。以梅喻拳，实取其绽放于冬春之交，含先觉先知之意，合先备先用之理，达先发制胜之道。郐公传拳，迄今已三百余年，有清一代至民国时期，薪火相续，源流分明，师承不断，代有传人。扶清灭洋义和团，抗日救亡大刀会，爱国保乡，名标青史。新中国建立以来，党和政府重视文体事业，梅拳活动日益普及，梅拳艺术更见精进。一九八八年，梅花拳作为中国唯一传统武术项目，于汉城奥运会开幕式进行展演，世界体坛为之轰动。一九九一年，我县举办首届中国梅花拳联谊会，嗣后，于每年农历正月十六，邀集海内及域外拳友，拜祭祖师，切磋拳艺。以拳为媒，以艺会友，繁荣文化，振兴经济，平乡县以梅拳之乡而驰誉天下。

国家盛，国术兴。方今太平盛世，改革开放，百业俱兴，崇文尚武，蔚成风习。兴建梅花拳碑林，阐发梅拳宏旨，绍继先师自立自强之精神，开我故里富民兴县之伟业。小康初见，大稔待期。继往开来，任重道远。勒石作铭，爰书其事。祖述前贤，以励后人。

河北省文联主席　浪波撰文

平乡县人民政府　二〇〇七年元月十一日立

梅花拳纪念碑背面雕刻的碑文

底座直径为三十分米，这主要是依据《周易系辞上转》的大衍之数，因为按照大衍之数天为一地为二，天为三地为四，天为五地为六，天为七地为八，天为九地为十来说，三十正合地之总数。

主题碑以南是梅花拳四世到十六世宗师的纪念碑，共计四百多块，整个碑林区从北向南按字辈排开，纪念碑的正面记载着梅花拳历代宗师的生平事迹，背面则是从全国甄选出来的关于梅花拳的书画作品。一块块纪念碑在松柏掩映下肃然矗立，记录着梅花拳的发展史。香烟袅袅间，只要走近纪念碑你就能嗅到浓浓的历史的味道。

现今的梅花拳碑林每天都迎来许多人祭奠参观。透过碑文，他们看到了一个又一个动人心魄的故事，领略到一个

墙角數枝梅淩寒獨自開
遥知不是雪爲有暗香来

庄严肃立的碑林

又一个传奇的人生，仿佛在和大师们交流。从这儿，他们才真正懂得了梅花拳的发展历程，感受到梅花拳的博大精深。

出征奥运

梅花拳作为中国武术的代表，先后两次参加国际奥运会。第一次是1936年，梅花拳十三代传人金丽贵和十四代传人寇运兴参加了当年在柏林举行的第十一届国际奥运会，以国术队成员身份

柏林奥运会主会场

寇运兴

表演了春秋大刀、九节鞭和拳法。那是我国首次派代表团参加国际奥运会，国民政府高度重视，出发前蒋介石亲自接见，训示践行，然后每人发一件法兰绒西装，一条白布长裤，一件白衬衣和一顶小草帽，队员们还一起在中山陵宣誓，要为国争光。

但是这一年我国派出的体育代表队在比赛中表现得并不好，除了符保卢闯进了撑竿跳的决赛外，其他人在预赛中

蒋介石会见奥运国术队

中国武术女队合影

柏林奥运中国武术男队合影

就已经被淘汰。正当欧美各国讥讽一片之时，我国的国术代表队却表现得异常突出，尤其是金贵丽表演的少摩拳（梅花拳中的一套拳法）和寇运兴表演的春秋大刀和拳术赢得了一浪高过一浪的掌声。当广播员介绍说寇运兴舞的大刀重64公斤时，有一个欧洲年轻人不信，上台一试，虽用尽全力也仅能把刀提起，不得不灰溜溜地下去，寇运兴接过刀微微一笑，胸背花，头顶花，脊背花，一套刀花下来挥舞自如。

面对中国国术队的出色表现，先后

有芬兰和英国拳击手发起挑战，寇运兴先后将他们击败，再扬国威，德国一家报纸甚至盛赞中国国术是“艺术中的精华，体育中的骄傲”。这次奥运改变了西方世界对中国是“东亚病夫”的看法。

1988年在梅花拳第十六代传人韩百广和第十七代传人韩建中的策划编排下，梅花拳第十七代传人韩智兴，第十八代传人魏巍、于健、陈德九等人表演的中国梅花拳之梅花桩功代表中国民间竞技项目又一次走上汉城奥运会的舞台，在“空中彩虹”武术交流节目上大放异彩，各国媒体纷纷报道，使这一国粹进一步走进外国人的视野。

梅花拳先后两次代表中国国术参加国际奥运会，这在各大武术门派中是绝

1988汉城奥运会中国队进场

无仅有的，足以看出梅花拳在我国武术界的影响和地位。这两次表演也使得梅花拳进一步走进了外国人的视野，他们对中国这一古老拳术产生了更加浓厚的兴趣，纷纷走上了习练梅花拳的道路，梅花拳在世界范围内得到了更为广泛的传播。

平乡梅花拳联谊会

每年正月十六，在其他地方，春节的热闹都渐渐淡去的时候，平乡县的后马庄却迎来了一年中最热闹的一天，这一天便是传统的平乡梅花拳联谊会。截止2017年，联谊会已经举办了26届。

每年这一天来临之际，为了迎接来自全国各地的梅花拳爱好者，平乡梅花拳圣地的工作人员都会早早地准备起来。到了十六这一天，大家都怕来晚了人太多进不了村子，所以往往天不亮就有车辆不断地驶进村子。通往梅拳圣地的路曲曲折折不是很好走，却别有一番意

2000年联谊会

2004年联谊会

境。路的两侧，梅花拳老师父的坟丘在冬末的田地上静静地伫立着，几个小徒弟正在晨曦中焚纸祭拜，每年的这一天他们都会来，他们还会在师父的坟前打几套拳，向师父展示一下自己本领。

来到梅拳圣地，你才知道什么叫做热闹，从上午开始先后赶到的弟子就会来到圣地的碑林处，亲自为自己的师父上一炷香，以感谢师父传道授业之恩，

2006年联谊会

登时烟雾缭绕，整个梅拳圣地仿若神仙府邸。之后，来自各地的梅花拳爱好者会摆好架势，相互切磋武艺，只见他们一个个步法矫健，挥拳刚劲有力，兵器更是耍得虎虎生风。在这些弟子中，有一个特殊群体尤其吸引人们的眼光，那就是一群梅花拳娃娃，也就五六岁的模样，一个个身穿金黄武衣，每一招每一式都特别认真，虽然很稚嫩，可眼神中的认真坚定，却能让人看到了梅花拳发展的无限希望。

中午所有的人都可以留下来用饭，白胖白胖的大馒头，喷儿香喷儿香冒着

热气的大锅菜管够，所有的人三五成群凑在一块儿说着笑着吃着，和一家人一般。吃完饭，安排的是现在难得一见的大戏，十里八乡的村民也都会赶过来凑凑热闹，听听戏。

平乡梅花拳联谊会到2017年已经举行了26届，而且规模越来越盛大，越来越牵动着世界各地梅花拳爱好者的心。多年来不管大家身在何方，这一天，都会准时赶来赴约，正是这样的约定把广大梅花拳爱好者的心更加凝聚起来。

2017年联谊会

国内外媒体争相报道

二十世纪八十年代以后，梅花拳渐渐走进更多人的视野，越来越多的人认识到了梅花拳这门古老拳术的神奇和博大精深。随着人们对梅花拳的进一步挖掘、保护、推广，国内外媒体的目光被吸引过来，它们纷纷慕名来到平乡，对梅花拳进行了一系列的拍摄报道。

2009年7月，央视《走遍中国·走进邢台》摄制组专程为素有武术界“活化石”之称的梅花拳来到了平乡县后马庄。节目组的到来在当地引起了不小的轰动，听说摄制组是专门为了大家每天习练的梅花拳而来，村里的老人孩子都很兴奋，他们争先恐后地要为记者和摄制组的朋友们一展身手。看着八十多岁的老人练起梅花拳来还能身轻如燕，辗转腾挪，身手不凡，摄制组工作人员无不惊叹。在大家的积极配合下，经过几天的紧张拍摄，任务顺利完成。

节目对这个中国历史上唯一的文武并重且以文带武的文化拳进行了系统讲述，向我们呈现了一场精彩的梅花拳盛宴。弟子们几百年间遵从着师祖留下的文不入朝做高官，武不为将掌兵权规矩，一心传拳救人，涌现了许多侠肝义胆的有为之士，他们往往都能于国家危难之时，挺身而出力挽狂澜。清朝末年震惊中外的义

央视十套《走近科学》节目作报道

央视六套电影频道节目组前来采访报道

央视九套《风情中国》节目组前来采访报道

央视四套《远方的家》节目组前来采访报道

和拳运动就是由梅花拳弟子发起并领导的；抗日战争期间，梅花拳弟子也身先士卒，走上抗日战场。现如今，作为中国儒释道法传统文化的集合，梅花拳越来越受外国朋友们的喜欢，他们纷纷习练梅花拳，梅花拳也成为中西方文化交流的重要纽带。

节目还向大家展示了梅花拳的古老经典《根源经》，这是梅花拳的重要经典之一，是梅花拳发展历史和规范的集合体。这期节目一经播出就引起了强烈反响，鉴于首次节目反响强烈，央视又先后做了三期关于梅花拳的特别节目，分别从不同角度对梅花拳进行系统的报道。

现如今，梅花拳在各大高校发展迅速，据《齐鲁晚报》报道，这些年来，山东省内的各大高校纷纷成立了梅花桩武术协会，协会会员都自称为梅花拳第十八代传人。他们在学习之余每天都会聚集在一起练拳，既磨炼心性，又学习武艺，各个梅花桩武术协会都秉承“天下梅花是一家”原则。

除了国内的报道外，国外媒体也逐

《希望英语》节目组前来采访报道

智利国家电视台前来采访报道

渐把目光转向梅花拳，智利国家电视台就针对梅花拳做过专门报道，既向外国的朋友展示中国这门独特的拳术，也传播了中国的传统文化。在国内外媒体的争相报道下，梅花拳花开千万枝，越来越繁盛。

现在越来越多的青少年开始练习梅花拳

[后　记]

后 记

平乡历史厚重，可颂、可歌、可泣的还有很多很多，这里所讲述的也只是林中一叶，书中的这些人物、这些故事都是为了更好地传播平乡文化、弘扬中国传统。

写作的过程中，笔者多次走访调研、查阅资料，力争把最真实、最原汁原味的故事，在口口相传中记述下来，由于时间和能力有限，不妥之处，敬请各位读者批评指正。

梅花拳弟子千万，遍及五湖四海，每时都有故事发生，每天都有传奇留下，让我们一起期待梅花拳的未来、平乡的明天会更好！

史说平乡系列丛书

中国平乡

钜鹿之战

赋平 著

方志出版社

钜鹿郡
是秦始皇统一六国之后
实行郡县制
分封的三十六郡之一
在这里发生了一场惊天动地的战役
才让这个地方
有了故事/有了光环/有了历史/有了意义
……

图书在版编目（CIP）数据

中国平乡钜鹿之战 / 赋平著. -- 北京：方志出版社，2017.11
（史说平乡系列丛书. 三）
ISBN 978-7-5144-2776-9

Ⅰ. ①中… Ⅱ. ①赋… Ⅲ. ①秦末农民起义－史料－平乡县 Ⅳ. ①K233.01

中国版本图书馆CIP数据核字（2017）第297390号

史说平乡系列丛书（三）

中国平乡钜鹿之战

著　　者：赋　平
责任编辑：冯　松
出 版 人：冀祥德
出 版 者：方志出版社
　　　　　地址　北京市朝阳区潘家园东里9号（国家方志馆4层）
　　　　　邮编　100021
　　　　　网址　http://www.fzph.org
发　　行：方志出版社图书经销中心
　　　　　电话（010）67110500
经　　销：各地新华书店
印　　刷：河北省地勘局第十一地质大队印刷厂
开　　本：787×1092　1/16
印　　张：10
字　　数：50千
版　　次：2017年11月第1版　2017年11月第1次印刷
印　　数：0001－1500册
ISBN 978－7－5144－2776－9　　四册定价：160.00元

[序]

序

钜鹿郡，是秦始皇时期天下三十六郡之一，郡治位于今天河北省平乡县平乡镇。这个曾经绿树成荫、碧波荡漾、商贾云集、繁华兴旺的古郡，一场惊天动地的战争，让这个秀美的地方平添了几分悲壮色彩。

一座钜鹿郡，千年英雄城。两千多年过去了，钜鹿之战的硝烟早已散去，钜鹿郡城的繁华依然如故，破釜沉舟、作壁上观、以一当十等成语典故还令人寻味，项羽、章邯、王离、英布、涉间等英雄故事还在被人们传唱……

钜鹿古郡治发掘现场

[目　录]

目 录

第一辑

秦末乱世

“沙丘政变”：点燃钜鹿之战的导火索

秦始皇画像

秦始皇能够统一六国，可见他是一个杰出的政治家、军事家，他统一了钱币、文字、度量衡，实行郡县制，说明他还是一位战略家和改革家。俗话说“金无足赤，人无完人”。史书记载：秦始皇自幼体弱多病，迷恋炼丹修仙长生之术，经常派卢生、徐福等人

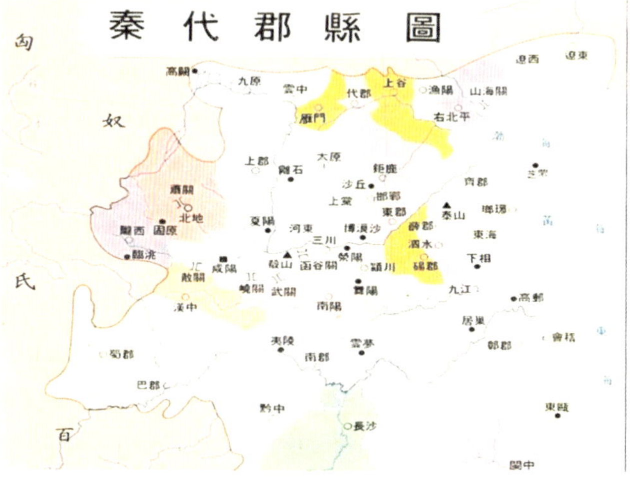

秦代郡县图

外出寻找长生不老之药，而他自己也经常搞一些巡游祭天等祈福活动。可见秦始皇是一个非常“迷信”的人。就在秦始皇三十六年（公元前211年），接连发生了三件事：荧惑守心、陨石事件和沉璧事件。在今天看来荧惑守心和天降陨石就是正常的不能再正常

秦始皇遣使求仙群雕

徐福

徐福寻药迹

秦始皇沉璧事件中的玉璧

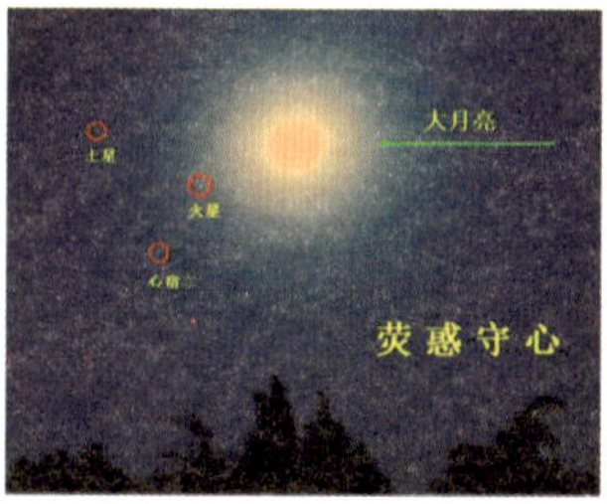

荧惑守心

始皇第五次巡游路线图

的天文现象了，而沉璧事件也许就是有人故弄玄虚。但是秦始皇不这么认为，他找来占星的、卜卦的、算命的一大帮人，为他举行起卦占卜仪式。结果是要进行出游和迁徙百姓才能避凶趋吉。于是秦始皇下令三万户百姓从咸阳迁徙到北河、榆中地区，并在第二年开始了浩浩荡荡的第五次大巡游。

这次巡游，秦始皇先是南下云梦（今湖北），沿长江东至会稽，祭

青铜冰鉴

奠大禹，然后北上琅琊（今山东临沂），在那里还遇到了在外寻找灵药的徐福。公元前210年七月，队伍走到平原津（今山东平原县西南）的时候，由于长期舟车劳顿，秦始皇病倒了。犯病时，他的头重重地撞到车内用来消暑的青铜冰鉴上，脑部被撞伤。《史记·秦始皇本纪》记载“至平原津而病，上病益甚”。随行御医全力施救，却无济于事。

秦始皇虽已病入膏肓，却一直对一个地方念念不忘，那就是位于钜鹿郡的沙丘宫。沙丘宫是一处宫殿群，始建于商代，是历史上第一座皇家园林式宫殿，风景非常优美，秦始皇在这里经常一住就是几个月。彼时气候宜人，湖河交织，两岸绿树成荫，如梦似幻，秦始皇经常沉醉其中，流连忘返。秦始皇在世时，经常向李斯、扶苏、赵高等身边的近臣提及，沙丘宫风景如画，世上少有，着实是一处莳花弄草、含饴弄孙、颐养天年的绝佳之地。秦始皇有意无意说的话，却被李斯记在心上。秦始皇此次巡游病重，李斯为在秦始皇生命的最后一刻圆其心愿，便下令队伍继续前行，移驾沙丘宫。巡游队伍不敢耽误，从平原津赶到了沙丘。秦始皇看到在有生之年，自己最终来到了心心念念的地方，便安心地闭上了双眼，魂归沙丘。沙丘宫所在之处，也因此得名“皇故”，后来渐渐讹传为“王固”，就是如今平乡县城北的王固村。

秦始皇在平原津病重的时候，感到自己时日不多，便让中车府令赵高草拟了一封给长子扶苏的诏书，令扶苏将兵权交给蒙恬，赶回咸阳主持丧葬，然而这封信还没来得及交给使者，秦始皇就病故沙丘。

由于始皇帝死于京城之外，也没有来得及立储君，左丞相李斯担心诸位公子及天下会发生变乱，决定秘不发丧。这些事只有李斯、赵高、秦幼子胡亥和

秦扶苏墓

蒙恬像

秦王身边的几个随行宦官知道。赵高明白，自己与太子扶苏的关系，不如蒙恬密切，而蒙恬和自己又有世仇，如果扶苏继承了皇位，对自己极为不利，于是这封诏书就一直留置在赵高手中。虽然赵高不是朝廷重臣，但他是秦幼子胡亥的老师，为了进一步高升，同时避免自己死无葬身之地，赵高决定利用胡亥扭转乾坤，转危为安，于是他抓住时机，鼓动胡亥谋夺皇位。

赵高找到胡亥，将自己想要篡改诏书改立太子的想法一说，胡亥听后顿时惊愕，随即婉拒了赵高。然而赵高并不死心，多次挑唆撺掇，还引经据典地搬出了历史上商汤杀夏桀、周武王杀商纣王、卫君弑其父等等历史典故，凭着三寸不烂之舌，硬是将胡亥说服。年轻的胡亥不知这位老师的险恶用心和如意算盘，终于打定了政变夺权的主意。

赵高要想发动政变，只有一个胡亥是远远不够的，还需要征得一位重臣的支持，他就是丞相李斯。但李斯立场坚定、忠心耿耿，任凭赵高巧舌如簧、舌底生花、唾沫横飞，就是不为所动。不但这样，李斯还狠狠地教训了赵高。但赵高想要篡改诏书的意图已经暴露，无路可退，他必须要拿下李斯。看软的不行，便来硬的，就以李斯子孙后代的性

胡亥墓

命来威胁。万般无奈之下，李斯不得不同意了赵高的罪恶谋划。

就这样，赵高、胡亥及李斯勾结在一起，他们重新伪造了秦始皇的遗诏，假称秦始皇生前交付丞相李斯，立幼子胡亥为太子；同时又伪造了秦始皇赐给长子扶苏及将军蒙恬的诏书，责问罪过，命二人自杀。此后胡亥登上皇位，史称秦二世，这就是历史上有名的“沙丘政变”。由于胡亥年幼，掌控不了朝廷局面，再加上赵高、李斯等人的乱政，自此秦朝开始走向灭亡的深渊。有研究“钜鹿之战”的专家说：这次政变也是导致“钜鹿之战”发生的最初导火索。

赵高乱政"指鹿为马"

"指鹿为马"的典故，相信很多人都听说过，意思就是赵高指着一头鹿，硬说是一匹马。后人常常将是非颠倒、不分黑白的行为，称为"指鹿为马"。实际上，这件发生在秦国朝堂之上的荒唐事，可以说是赵高一手导演的。那么历史上的"指鹿为马"，究竟是怎么回事呢？

赵高

胡亥登基后就过着荒唐奢靡的生活，整日花天酒地，不理朝政。赵高自恃为胡亥的老师，独揽大权，结党营私，可谓"税民深者为明吏，杀人众者为忠臣"，朝堂上一片乌烟瘴气。赵高还撺掇胡亥征收各种苛捐杂税，残暴的苛政比秦始皇时更甚，弄得天下百姓民不聊生、怨声载道。

俗话说“人心不足蛇吞象”，人的欲望是无尽的。赵高尝到了坐拥万贯家财、掌控生杀大权带来的快乐。随着时间的推移，赵高的野心越来越膨胀，他将贪婪的目光投向了“一人之下万人之上”的丞相之位。但是“沙丘政变”的阴谋，被牢牢地掌握在李斯手中，说不定哪天李斯反目，就会让自己死无葬身之地。赵高始终不能释怀，他决定斩草除根，以绝后患，于是开始精心设局，陷害李斯。

公元前208年，李斯被安了个谋反的罪名，锒铛入狱。赵高还

授意狱卒，对昔日的丞相李斯刑讯逼供、严刑拷打，直打得体无完肤、皮开肉绽，李斯实在承受不住，只得招了假供。但在李斯的心里，仍存有一丝侥幸，那就是希望通过自己的雄辩之才，博得胡亥的信任，有朝一日能够沉冤昭雪。他哪里知道，自己字斟句酌写给胡亥的奏折，都被赵高扣下。再加上赵高在胡亥面前搬弄是非、添油加醋，让胡亥听信了他的一面之词，信以为真，还对赵高说：如果不是爱卿，朕几乎被丞相出卖了！秦二世二年（公元前208年）七月，经过一系列精心策划，李斯最终被腰斩刑场。

除去李斯，赵高完全没有了后顾之

李斯墓

忧，也就更不把胡亥这个傀儡皇帝放在眼里，他权倾朝野、肆无忌惮，朝中大小事务几乎全部由他说了算。渐渐的，赵高也有了坐龙椅的想法，这种想法一冒出来，就再也抑制不住。自己当皇帝其实就是谋反，必须有群臣的支持才行，为了了解一下自己在朝中的支持率，赵高用了一个荒唐的办法，想挑战一下皇帝的权威。这天，群臣上朝，赵高站在殿中，说有宝物进献，说着命人牵来一头鹿，口中却说着有一匹宝马献上。胡亥虽然昏庸无道，倒还不至于认不出地上站的是鹿是马。他听赵高把鹿说成马，不禁哑然失笑，纠正说是一头鹿。赵高便和胡亥

争执起来，非说是一匹骏马。理论了一番，赵高提议让群臣辨认，群臣听了，面面相觑，不知如何回答，都不敢说话。但这些人平时都知道赵高阴险狠毒，胡亥昏庸无能，他们宁肯得罪皇帝，也不敢得罪赵高，大多数人都违心的说是马。赵高一看朝堂之上，自己能够指鹿为马，非常痛快。便以皇帝冲撞了神灵，鹿马不分为由，把胡亥打发到上林苑斋戒沐浴去了。后来赵高将那些说鹿的大臣，以种种罪名陷害致死，朝中再也无人敢和他作对，这就是“指鹿为马”的由来。

指鹿为马让秦二世胡亥失去了对秦朝的统治地位，赵高借此彻底把这个傀儡皇帝挤在了一边，自己由权倾朝野的丞相，一步步向权力的制高点迈进。这个风雨飘摇的秦朝还能继续维持吗？胜券在握的赵高后来为什么没有当上皇帝？是谁惊醒了他的“皇帝梦”？还有哪些事是导致钜鹿之战的诱因？让我们跟随历史的脚步，继续寻找答案。

撼动大秦的农民起义

如果说，“沙丘政变”点燃了钜鹿之战的导火索，赵高乱政加速了秦朝的灭亡，那么还有一场席卷全国的农民起义更是把秦朝推向了灭亡的边缘，这就是历史上第一次由农民发动夺取政权的运动——大泽乡起义。

秦长城

秦朝时期，秦始皇为了巩固疆土、抵御外患，兴修了万里长城，即使这样，他仍不放心，每年征用大量的兵役去守卫边关，守边的将士很少有活着回来的，老百姓民不聊生、怨声载道。秦二世元年（公元前209年），由两名军官押送九百多名民夫，前去渔阳（今北京市密云县西南）戍守边关。民兵队伍中有两个小头目，一个叫陈胜，另一个叫吴广。陈胜为人志向远大，敢拼敢干。年轻的时候，就曾和一起受苦的同伴们说：苟富贵，毋相忘。意思是说：以后大伙谁要是富贵了，别互相忘了大家。在这次的行军过程中，经过大泽乡（今安徽宿州）时，突然天降大雨，连日的大雨冲毁了道路，队伍被迫停止前行。按照秦朝律法，如果误期，众人都要被斩首。陈胜和吴广私下商议：公子扶苏虽然已死，但知道的人并不多。大将军项燕威望极高，却下落不明。他们决定打着扶苏和项燕的旗号，号召全国百姓一起反抗。在一个占卜卦师的指导下，便借鬼神之名制造“神迹”，他们在一

安徽宿州

块丝绸上用丹砂写了“陈胜王”三个字，塞到一条鱼肚子里，士兵吃鱼的时候，发现了丝绸，大家纷纷称奇。到晚上，又有人发现营地旁边的树林里传来“大楚兴，陈胜王” 的奇怪声音。这两件事发生以后，队伍里便开始流传陈胜要当王的说法，还都认为这是天意。

陈胜和吴广认为时机已经成熟，便找机会杀了押送他们的两个军官，然后两人把士兵召集起来，说明了真实的想法，陈胜对大家说：我们被征调去渔阳守边，遇到大雨，现在已经误期了，按照规定，我们会被杀头，就算不被杀，戍边的人大部分都是有去无回。况且大丈夫不死则已，死就要死得壮烈！王侯将相宁有种乎（王侯将相难道就是天生的好命贵种吗）！众人听了，群情激

王侯将相宁有种乎

昂，纷纷表示要跟随陈胜一起反抗秦朝。于是陈胜、吴广就借着公子扶苏和项燕的名义，带领队伍在大泽乡揭竿起义。他们用削尖的木头作为兵器，用竹竿挑起旗帜，袒露右臂，作为军队的标志。陈胜为了获得楚地百姓的支持，以“大楚”为号。他们筑起高台，在台上结盟宣誓，用两个军官的人头作为祭品，祭祀天地。陈胜自立为将军，封吴广为都尉。

起义军首先攻下了大泽乡，并在当

大泽乡起义

地吸收很多反秦的民众，队伍迅速壮大。攻下蕲县之后，陈胜派葛婴带兵夺取蕲县以东的地方，铚、酂、苦、柘、谯等地都很快被攻下。行进中，沿途的百姓热烈响应，纷纷主动加入队伍，等军队走到陈县（今河南淮阳）时，已经有战车六七百辆，骑兵千余人，步兵达到数万人。陈县曾是楚国国都，秦灭六国后，又把此地定为郡治，拿下陈县具有非常重要的战略意义。起义军经过短暂的休整，在陈胜的率领下直逼陈县。

郡守和县令听说大军来袭，赶紧逃之夭夭，只有郡丞（郡守副职）守在城中，负隅顽抗。守城的秦军在起义军的强大攻势下，很快败下阵来，起义军浩浩荡荡地进入城中，占领了陈县。陈胜随即召集当地三老豪杰（秦设置的负责教化的官）和有声望的人共同商议。这些人对陈胜很是敬重，当即表示都希望陈胜能够称王。在大家的拥护下，陈胜宣布称王，以陈县为都城，国号“张楚”，建立起了中国历史上第一个农民革命政权。

张楚政权建立后，穷苦人民看到了希望，农民起义的浪潮迅

速席卷全国。六国旧贵族也在各地收罗旧部，纷纷复国。陈胜任命吴广为假王（暂署的、非正式受命的王），率领主力军全力向西攻打荥阳。荥阳是通往关中的要道，附近还有秦国重要的粮仓敖仓，对陈胜军的意义十分重要。吴广带军兵临城下，将荥阳城团团围住，却迟迟攻不下城池，反而和秦军对峙起来。陈胜只得再派周文为将，另率大军直取函谷关。周文率领各地投奔而来的部队

荥阳

陕西临潼

数十万人，战车千乘，一路西行，势如破竹，很快就打到了距咸阳城仅百余里的戏地（今陕西临潼）。周文大军逼近咸阳的消息让秦二世大惊失色，可是情况紧急，根本来不及调兵救援。秦二世手下有一少府，名叫章邯，为人骁勇善战，善于用兵。章邯建议，赦免并整编修建骊山陵墓的几十万刑徒为骊山军。在章邯的训练下，骊山军很快成为一支精锐部队，众人身着黑色战袍战盔，显

函谷关

得威严而庄重。趁着周文的军队正在函谷关中休整，骊山军出其不意，发起猛攻。周文的士兵们根本来不及反应，个个丢盔弃甲，抱头鼠窜，周文一看大势已去，顾不上组织反击，反而抛下众人，自己落荒而逃，一口气跑到关外，直奔曹阳（今河南灵宝东）。数十天后，周文又败退渑池，起义军和秦军在渑池展开激战，终究不敌强大的秦军，被打得七零八落，周文自刎而死。

再说围在荥阳城下的吴广军队，军

中有一个叫田臧的将领，素来与吴广意见不合。他认为吴广手握重兵却不会指挥作战，不足以一起共事。在围城期间，田臧假借陈胜之名，突然袭击了吴广营帐，杀害了吴广并取而代之。章邯大败周文之后，率领骊山军赶来荥阳城，和城内秦军一起内外夹击，很快剿灭了田臧的军队，田臧也在战斗中被杀。与此同时，陈胜派往各地的将领各存异心，争相称王，起义军内部开始分裂。墙倒众人推，各地群起响应的英豪也不再听从陈胜调遣，张楚政权孤立无援。秦二

起义遗址

大泽乡遗址

世二年（公元前208年）九月，面对章邯的猛烈攻势，此时的陈胜军队人心离散，粮草匮乏，将士们忍饥挨饿，很快败退到城父（今安徽蒙城），军队俨然一支风中残烛。陈胜感到危机，惶恐逃跑，不料被自己的车夫庄贾刺杀，庄贾带着陈胜的首级投降了秦军，残余部队也随之溃散。至此，中国历史上第一次农民起义宣告失败。

农民起义虽然失败了，但大秦的统治地位，被彻底地撼动，天下再也不是太平盛世，大家也不像以前那样甘受压迫。正所谓“乱世出英雄”，一些豪杰义士开始招兵买马，准备反秦，楚国名将项羽便是其中一个。

第二辑

钜鹿大战

项羽登上历史舞台

在楚国的下相（今江苏宿迁），有一个天生神力、武艺超群、能征善战的猛将，早就对秦朝统治极为不满，意欲“取而代之”，这个人就是项羽。

项羽，项氏，芈姓，名籍，字羽，是楚国名将项燕之孙，项梁之侄，从小跟随叔父项梁长大，情同父子。项羽小的时候，力气过人，天不怕地不怕。少年时期，叔父项梁教他读书，他才学了一天就不学了。项梁又教他剑法，他也是学了一天就不学了。项梁非常生气，项羽说明了原因，读书只能记住人的名字，学剑也只能和

项羽

一人对敌，大丈夫要学本领就要学习以一敌万的本领。项梁听后，非常高兴，原来自己这个侄儿是个帅才。于是就教项羽领兵打仗、排兵布阵之法，项羽学习兴致很高，但也只是学到了一些基本的知识，没有进行深入的研究，就觉得自己很了不起了。项羽之所以有这样的想法，也并非盲目的狂妄自大，他天生神力，24岁时就能举起700多斤的大鼎，在当时的楚国，论力气、论武功，项羽毫无疑问排名第一。

项梁

项梁墓

力能扛鼎

当年，秦始皇外出巡游，走到浙江会稽郡时，项梁和项羽一起观看，看着秦始皇队伍，项羽就曾一鸣惊人：“彼可取而代之”，意思就是说：这样的人是可以被取代的。就这一句话吓得项梁浑身一颤，赶紧制止了项羽。当时秦始皇灭六国、建大秦，焚书坑儒，统一了文字、钱币、度量衡,实施暴政治国,如果项羽的这种说法被秦始皇知道，肯定是株连九族。但是，项梁也看出了项羽有胸怀天下的政治抱负，从那以后，便从心里对项羽刮目相看了。

公元前209年，陈胜、吴广在大泽乡举起反秦大旗之后，天下义士纷纷响应，反秦的战火迅速燃遍大江南北，秦朝统治者大惊失色，向全国发布通报，要求各郡县做好准备，项羽、项梁所在的会稽郡也收到了相关战报。

秦会稽郡

会稽郡守殷通接到战报后仔细琢磨、研判局势，他认为：自己作为郡守帮助秦朝欺压百姓，做了不少伤天害理之事，老百姓对自己早就不满，一旦会稽郡有人起义，自己将成为第一个被杀之人，与其坐以待毙，不如率先起义。

想明白这个道理，殷通便紧急召见了项梁，并明确了自己想起兵反秦的想法，命项梁和桓楚担任统帅，带领军队北上反秦。项梁听后，也打起了自己的算盘，眼珠一转计上心来。他想借此机会除掉殷通，自己领兵挂帅反秦，干出一番事业来，这也是他多年来的夙愿和抱负。听殷通说完，他立即意识到自己的机会终于来了。于是编了个理由，借故说桓楚至今亡命江湖，自己并不知道桓楚的下落，但是他的侄儿项羽知道。

殷通迫不及待地就让项梁去叫项羽。项羽见到殷通，稍事寒暄，那殷通还没明白是怎么回事，只见项梁一个眼色，项羽拔出长剑，手起剑落，殷通人头落地。项羽捡起殷通的头颅，跟随项梁走出门外。虽然殷通府内也有不少亲兵护院，但根本阻挡不住项羽手中长剑，就这样，项梁和项羽很快拿下了郡守府。

项羽先发制人

随后，项羽立即召集吴中当地势力，公开

披露了殷通的野心及罪行，并号召大家起兵北上，共同反秦。由于有项燕在楚国极高的威信和影响力做基础，项梁的起兵，得到了当地各势力的支持，很快组成了一支反秦大军。那一年，23岁的项羽跟随叔父项梁，踏上了他的南征北战之路，正式登上了历史舞台。

钜鹿一战在所难免

这里之所以说钜鹿一战在所难免，是因为在接下来的战争中，项梁在定陶战死于章邯剑下，而项羽自小就跟随叔父项梁，情同父子，得知叔父的死讯后，项羽怒目圆睁、捶地痛哭，恨不得马上飞到秦军大营，将章邯扒皮抽筋，誓为叔父报仇雪恨。项羽这种誓杀章邯的决心也成了日后钜鹿之战必发的助推器。

再回到项梁、项羽起兵反秦之时，他们本就出身将门世家，耳濡目染，所以打起仗来毫不含糊。带兵起义之后，项梁、项羽一路过关斩将。当他们来到薛城的时候，听说陈胜已经兵败而死，而“张楚政权”也已经被一个叫章邯的猛将击溃。项梁和项羽分析了陈胜失败的原因，并暗下决心，决不能步陈胜的后尘。项梁派士兵前往各地召集反秦将领到薛城共商反秦大计。如何才能一击制胜，避免陈胜、吴广的悲剧重演，他们商量来商量去，也没个主意。

这时有一老者求见项梁，原来这位老者名叫范增，隐居此地、熟读兵书、善出奇谋。

亚父归隐所乘石船

范增一句话就道出了陈胜失败的原因。原来陈胜起义时，虽然打的是公子扶苏和将军项燕的名义，但并没有立楚国的后代，而是自立为王，这样看似师出有名，其实谁都知道是个幌子，当然得不到百姓的支持，所以陈胜的张楚政权，根基并不稳定。想当年，楚怀王客死秦地，楚南公就预言“楚虽三户，亡秦必楚”。意思是说：即使楚国只剩到三个氏族，也能灭掉秦国。比喻即使弱小，团结一致也能成功。【楚王族姓芈，本

范增隐居九遮山

支为熊氏，另分为昭（昭阳）、屈（屈原）、景（景差）三氏（三户），并非后世所指的只是几户人家，几个人。】

经过范增的指点，项梁茅塞顿开，看范增确实是世间少有的奇人，于是就任命他为军师。随后，项梁按照范增的建议，派人去寻找楚怀王的后人，最终在一座山上找到了正在放羊的楚怀王的孙子熊心。项梁便立熊心为王，仍称他为“楚怀王”，以顺应天下民意。各路诸侯闻风而来，楚国兵马日益壮大。

楚怀王熊心

项梁的起义军经过了一个多月的休整，正式开始了新的反秦征程。由于师出有名，文

有范增坐镇、武有项羽先锋，项梁无往不利、连连告捷，士气大振，队伍也迅速壮大。公元前208年九月，项梁派项羽、刘邦等人前去攻打城阳、定陶、陈留等地。自己率军日夜兼程，长驱四百多里北上救援齐王，大败秦军于东阿城下（在山东聊城东南），迫使秦将章邯向西退却，紧接着项梁引兵从东阿西进，来到了定陶。在此之前，定陶在项羽的几次进攻之下，兵力已大为削弱，因此项梁的部队不费吹灰之力就攻下了定陶，并在定陶城内安营扎寨、休整队伍。

接连的胜仗，让项梁和士兵们都有点被胜利冲昏了头脑，开始骄傲轻敌，认为秦军如此不堪一击，猛将章邯也不过是虚有其名，看来推翻秦朝江山指日可待。古语说:胜不骄、败不馁。有了轻敌的思想，项梁的军队在训练上也没有以前那么用功了，军纪也开始变得有些散漫。这时，老军师宋义及时发现了这一现象，他忧心忡忡，寝食难安，再三思索，决定提醒项梁。项梁根本就听不进宋义的建议，他甚至还认为宋义是在扰乱军心，于是就给他找了一个闲差事，派

定陶之战

他出使齐国，联系田荣共同由东北方向夹击章邯。

田荣

章邯能够彻底镇压陈胜起义，绝不是泛泛之辈。在几个月内连吃败仗之后，他静下心来，一边休整部队，一边总结经验。陈胜毕竟是个农民，没有学过兵法阵法，当然不是自己的对手。而项梁则不同，他出身名门，是大将项燕之子，有勇有谋，身边又有范增、项羽等人，当然不能与陈胜军相提并论。章邯放弃了与项梁硬拼的念头，决定智取。他每日派探子打听项梁的军情，伺机出动。在一个风雨交加之夜，章邯率领军队大开城门，兵分两路，偷袭项梁大营。前一天晚上，项梁和将士痛饮一番，准备第二天继续北上，此时正在帐中酣睡。章邯一声令下，战鼓齐鸣，秦军以排山倒海之势冲向楚营，将楚军杀得措手不及。此时的项梁躺在床上昏睡，听到喊杀声，赶紧起床查看，刚出营帐，就被章邯砍杀，人头落地。项梁一死，群龙无首，士兵们逃的逃，死的死，一夜之间，全军覆没。

章邯见项梁已死，认为楚军的主力已被自己消灭，没有了威胁，便集结部队，渡过漳河去攻打赵国（今邯郸）。国王赵歇闻听战报，吓得直哆嗦，赶紧任命陈馀为将军，张耳为丞相迎战章邯。他们哪里是章邯的对手，章邯不费吹灰之力就攻下了赵国。在

赵国

陈馀

张耳

陈馀和张耳的保护下，赵歇连夜快马逃命到了钜鹿郡。章邯见状便命令将领王离和涉间带领部队包围钜鹿，他自己带兵作为援军驻扎在钜鹿南面的棘原，修筑甬道，从棘原直通王离军，以保证王离、涉间军中的粮草供应，与王离军互成掎角之势。陈馀则率领几万赵军在钜鹿城北驻扎，随时准备和章

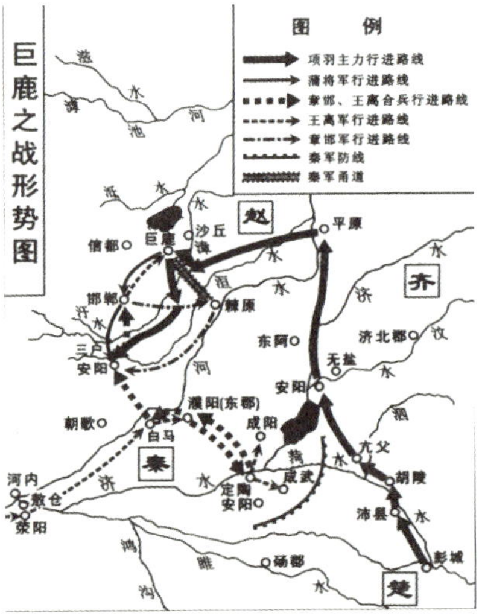

棘原钜鹿之战形势图

邯大战一场。

此时，赵国派出密使向楚国求援，楚王命宋义为主将，项羽为副将，挥师北上，增援钜鹿。一个是久经沙场、经验丰富的老将，一个是天生神力、武艺超群的先锋，他们的较量结果如何？项羽和章邯的对决是怎样的情形？谁才是真正的英雄？

杀宋义项羽掌兵权

章邯攻下定陶，杀了项梁，便集结部队，渡过漳河去攻打赵国（今邯郸）。国王赵歇根本不是章邯的对手，稍作抵抗，便在陈馀和张耳的保护下连夜快马逃到了钜鹿郡。章邯便命令大将王离和涉间在钜鹿南面的棘原，修筑甬道，将钜鹿重重围住。

王离

围困在钜鹿城下的王离军兵精粮足，士气高涨，成天叫骂。丞相张耳多次派人命陈馀进兵，陈馀就是按兵不动。张耳自认为和陈馀有生死之交，这时候竟然见死不救，便派张黡、陈泽前去质问。陈馀说明了理由，王离二十万大军兵精粮足，章邯、王离勇猛无敌，楚国大将项梁都死在他们手中。而自己就这三四万的兵力，根本没有必胜的把握，如果强攻，只能是白白送死。张黡、陈泽见陈馀拒不出兵，便以张耳的名义，向陈馀借兵五千，尝试攻秦，结果全军覆没。赵王被困钜鹿城中时间一长，粮草物资就成了问题。万般无奈之下，赵王只好派出密使，向楚、齐、燕等国求救。接到赵王来信，各国都表示愿意出兵相救，但口头答应是一回事，真正付诸行动却是另外一回事。大家都说得好听，但是谁也不率先出兵。

在楚军的阵营中，很多人都清楚，楚怀王熊心就是项梁为了出师有名雇来的临时皇帝。刚开始，楚怀王还能保持低调，军中大事都交由项梁指挥，自己也乐得当个甩手掌柜。但是，时间一长，当他尝到权力的滋味，就慢慢地不甘心做一个傀儡了。特别是，项梁战死以后，他便开始盘算着如何坐稳这个位置。在宋义的唆使下，楚怀王合并了项羽和吕臣的军队（吕臣是陈胜起义军将领，陈胜死后，组织重建张楚政权，投奔项梁），交由自己掌管。封吕臣为司徒，其父吕青为令

吕臣画像

尹，项羽为长安侯，号为鲁公，逐步建立起了以自己为中心的政权机构。而宋义也因协助有功，得到了楚怀王的宠信，成了红人。

接到赵国求援后，楚怀王便开始物色人选，此时项羽主动请缨，要领兵北上，杀章邯、诛王离，替叔父和爷爷报仇。楚怀王也明白能担此重任，且有一定胜算的只有项羽，但是如果项羽掌握了兵权，自己又不放心。这个时候，齐国高陵君田显向楚怀王推荐了宋义，由于宋义和高陵君打过交道，在高陵君看来，宋义为人能文能武，善于用兵，心思细密，特别是在章邯攻打定陶时，宋义就预见了项梁的失败，此事让高陵君对宋义刮目相看。听了这些，楚怀王便决定让宋义为上将军，项羽为副将，范增为末将，一起领兵救赵。

面对这样的局面，家仇国恨加身的项羽并没有计较自己副将的头衔，直接跟随宋义率领五万大军，挥师北上。然而宋义也不是什么果断之人，也许他也有自己的小算盘。大军走到安阳的时候，就停下不走了，这一停就是四十六天。在这期间，赵国在秦兵的攻打下，

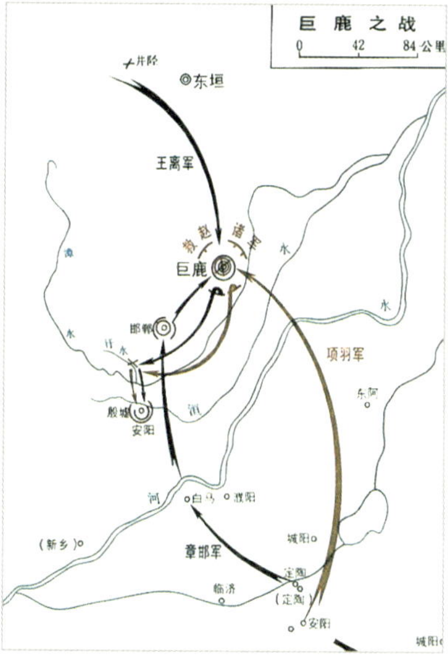

诸君救赵

像热锅上的蚂蚁一样，急得团团转，齐国、燕国还是坚持口头答应，没有行动。赵国唯一的希望就是楚国，毕竟已经出兵了。面对钜鹿紧张的战局，项羽更是心急

如焚，便去质问宋义为何按兵不动。

宋义端着上将军的架子，不留情面地将项羽痛斥一番，还说他像牛虻一样，有勇无谋。同时，宋义还传令三军：再有扰乱军心者，就地问斩！项羽知道宋义这道令是下给自己的，忍气吞声走出了军营。与此同时，齐国高陵君更是毫无顾忌地向宋义示好，还将他的儿子宋襄封为齐国宰相。宋义十分高兴，亲自将儿子送到齐国边境的无盐（今山东省东平），并饮酒高欢，大宴

无盐山东东平湖

宾客，好不热闹。

此时已经到了冬天，天气渐冷，加上连日大雨，士兵们忍饥挨冻，苦不堪言。项羽私下了解到，将士们对宋义早已不满，只是顾忌宋义是楚怀王的红人，儿子又当了齐国宰相，大家都敢怒不敢言。项羽看时机成熟，便召集了各军头目，开始笼络人心。项羽认真地分析了当前的战争局势，痛陈了宋义的所作所为，并号召大家，要为国家为社稷，打败章邯，攻克钜鹿。项羽慷慨激昂的一番话，引起了将士的共鸣，大家纷纷振臂高呼，决定讨伐宋义。

第二天早上，项羽和各位将领像往常一样前来给宋义请安。此时的宋义既是楚怀王的宠臣，儿子又当了齐国宰相，便觉得心高气傲、不可一世。项羽请完安，还没等宋义回过神来，便一个箭步冲向宋义，抽剑就砍，手起剑落，宋义人头落地。项羽向将领们宣布宋义在安阳这里按兵不动，是因为他和齐国阴谋反楚，被楚怀王及时发现，下密诏杀了宋义。

在众将的拥立下，项羽做了代理上将军。项羽一方面派人追杀宋义的儿子宋襄，一方面派桓楚到彭城将他杀害宋义的事情上报给楚怀王。楚怀王听说宋义被项羽杀了，虽然着急冒火，但他更加顾忌项羽，再三权衡，楚怀王只得做了顺水人情，还说宋义按兵不动、影响士气、早该处死，敕封项羽为上将军，率兵北上救赵。

项羽真的是有勇无谋的一介武夫吗？他的五万兵力是怎么打败章邯、王离二十万秦军的？作壁上观、以一当十、破釜沉舟等历史典故都是怎么回事？让我们继续在历史的长河中寻找答案。

破釜沉舟

项羽被封为上将军后，没有马上率军北上，而是下令各营整顿军纪，随时待命。他当年学习兵法时，虽然没有进行深入研究，却实实在在是一个军事天才。加上出身军事世家，爷爷项燕、叔父项梁都是楚国有名的大将，又跟随项梁南征北战多年，积累了丰富的实战经验。他仔细分析了现在的形势，秦军兵强马壮，实力雄厚，就算各路诸侯合力，也是以卵击石。更何况楚军只有五万人马，秦军却有二十万之众，在数量

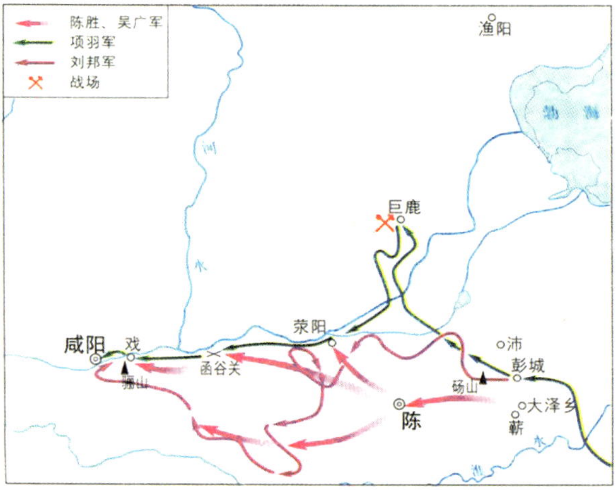

和实力上都相差悬殊，如果贸然出击，恐怕不但不能解赵国之围，反而会陷入险境，有去无回。

为了想出应敌之策，项羽殚精竭虑，苦苦思索，在认真研究《孙子兵法》时，他从书里看到这样一句话：“帅与之深入诸侯之地，而发其机，焚舟破釜。”这句话是说，将帅带领军队深入诸侯的国土，要像拉开弓弩射出利箭一样，一旦发射就要一往无前。“焚舟破釜”就是要通

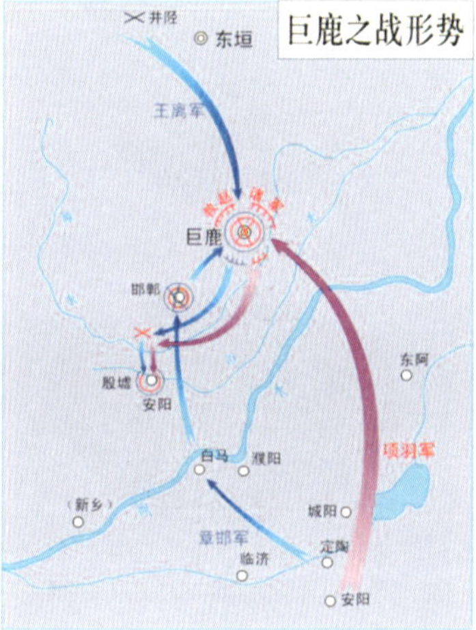

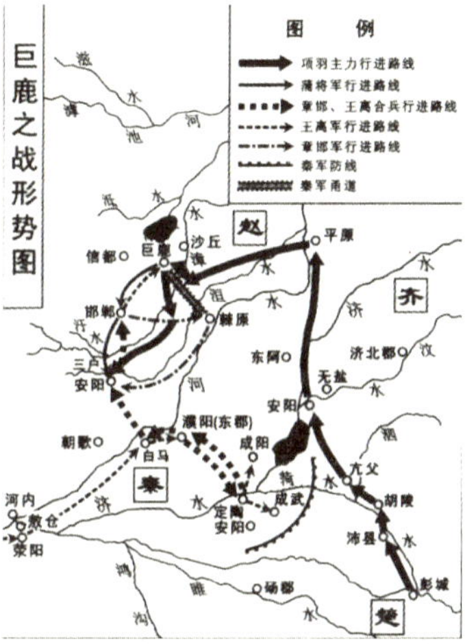

过烧船、砸破釜甑的方式来截断退路，激励士兵勇往直前，一鼓作气战胜敌人。项羽从中受到启发，召集英布和蒲将军进行战略部署。他分析了楚军面临的局势，研究了钜鹿城下秦军的战术布局，派遣英布和蒲将军作为先锋，率领两万人马先行渡河，对章邯的运粮甬道进行破坏，一来切断章邯、王离的联系，二来使得王离军队断粮，在此基础上发动突然袭击，取得胜利。

铜釜

青铜釜

英布和蒲将军领命而去，即刻率领两万士兵渡河，来到距钜鹿城不远的地方。王离接到消息，迅速派遣数万秦军阻止楚军前进。双方一经遭遇，立刻展开一场血战，英布和蒲将军二人身先士卒，带领士兵冲进秦军队伍中，楚军士兵紧紧跟在两位将军身后奋勇杀敌，将秦军打得七零八落。两万楚军很快杀到了甬道边上，他们一拥而上，破坏了甬道，断了王离的粮草供给。

楚军前来解赵国之围，两万楚军在和秦军对战中取得了胜利，消息传到陈馀耳中，他十分振奋。章邯、王离围城的这段时间，他自知和秦军力量相差悬殊，只能按兵不动，为此还和丞相张耳结下了仇怨，内心可谓备受煎熬。楚国援军已经到来，陈馀派人给项羽送去一封信，表示愿意出兵，协助项羽一起攻打秦军。

项羽带领三万楚军来到漳水河畔，他们要趁着夜色渡过漳水，天亮之前在对岸集结。一旦渡过了这条河，大军就将面临一场恶战，这一战是生死存亡之战，不是秦军死，就是楚军亡，没有丝毫退路。项羽此行，于公是为了解赵国之围，于私是为了叔父和爷爷报仇，无论如何，都要彻底消灭秦军。夜幕降

临，项羽召集士兵做战前动员，他告诉将士，事已至此，他们已经没有退路，唯有前进，才能生存，否则就是死路一条，必须要和秦军决一死战，即使只剩一兵一卒也誓不后退。将士们慷慨激昂，异口同声地表示要决战到底，决不后退。冬天的河水冰冷刺骨，寒风呼啸，三万楚军悄无声息地渡过河水，从天而降般出现在钜鹿城不远处。全军在漳水北岸集结完毕，项羽身披铠甲，威风凛凛，大军队列整齐，纪律严明，一派肃穆。

这时，项羽下令所有人只许携带三天的口粮，把所有渡河的船只全部凿沉，做饭的锅碗瓢盆一概砸破，放火烧掉所有的帐篷，断绝自己的退路，以示必死之决心。这就是“破釜沉舟”典故的由来，后人用来比喻不留退路，非打胜仗不可，下决心不顾一切地干到底。

热血沸腾的楚军来到钜鹿城下，他们迫不及待要和秦兵大战一场，章邯、王离军会有怎么样的反应？三万楚军又是怎样打败二十万秦军的？钜鹿城下一见分晓。

九战九胜大败秦军

项羽率领大军轻装上阵，一路奔袭，来到了钜鹿城下。尽管秦军甬道被破，缺食少粮，但王离军依旧固守在城下，摆兵布阵，时刻准备迎敌。项羽的决心和勇气极大地提振了士气，振奋了军心，楚军将士个个精神饱满，严阵以待，一场殊死搏斗一触即发。

开始战斗前，项羽做了战略部署。因为秦军人数远多于楚军，如果和所有秦军直接硬拼，楚军无疑处于劣势，所以必须把章邯和王离军分割开来，各个击破。还有一点，那就是必须要快，快到章邯、王离完全不能反应过来，快到他们没有时间部署配合，快到秦军没有反应过来时就已经全军覆没。

王离和涉间负责围困赵王所在的钜

鹿城，人数较少，项羽就让陈馀率领“河北军”虚张声势，做出救赵的姿态吸引王离军的注意。章邯带兵驻扎在钜鹿南面的棘原，修筑甬道，从棘原直通王离军，两军并未在一处。项羽渡河前，英布和蒲将军作为先头部队，已经对甬道进行了一部分破坏，使得王离军的粮草有些供应不上，章邯正在组织兵力恢复，一时也顾不上支援王离。项羽出其不意攻其不备，率领主力军直扑甬道，要彻底断绝王离的粮草。章邯接到消息，马上带兵驰援，和项羽军正面遭遇，展开了一场激战。因为英布前期的骚扰迷惑，他以为这次又

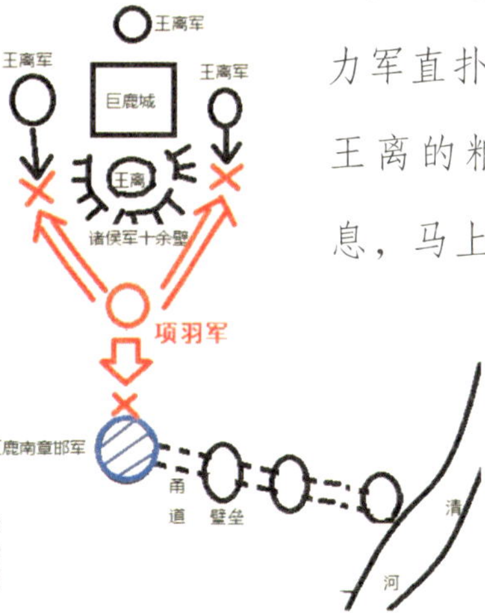

形势图

是搞搞破坏就退兵的游击战，率兵出击时连阵形都没有部署。哪想到项羽这次动了真格，仓促之下，章邯吃了败仗。

击退了章邯，项羽马不停蹄地向着王离军杀去。王离这几天正在忙着应付陈馀，听闻楚军突袭，立马乱了阵脚，不知该把主力放在哪边，只好命苏角仓促迎战。在项羽的带领下，楚军犹如下

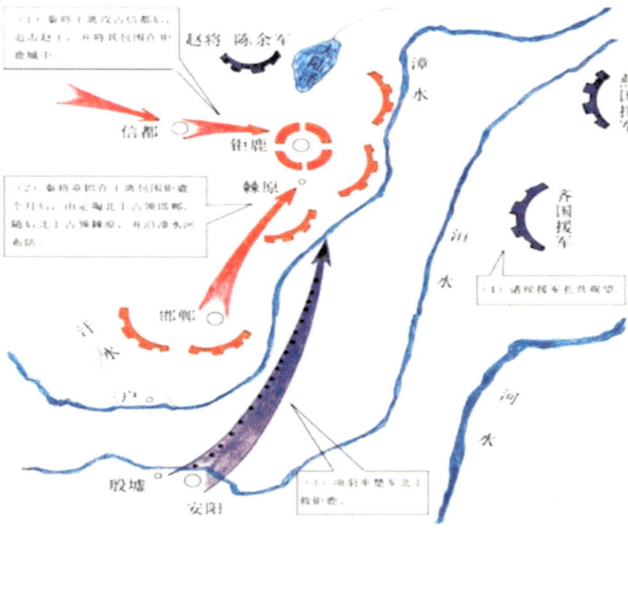

钜鹿之战行军图

山的猛虎冲向敌军。松散的秦军很快被项羽分割包围，每个包围圈各自作战，项羽则率兵直攻王离的大帐。战场上到处混战，楚军早已将生死置之度外，无不奋勇向前，以一当十。此刻驻扎在钜鹿城外不敢上前助阵的诸侯军，也都被楚军这英勇气势吓得惶恐不安。战争持续了三天时间，楚军将士们分头向秦军发起了九次进攻，秦军的士气十分低落，根本难以抵挡勇猛的楚兵，章邯见实在无法战胜项羽大军，最后率领二十万军队从钜鹿逃走，一直逃到了城南的棘原。

没有了章邯援助的王离，很快被项羽军团团围住，进行最后的战斗。混战中，王离被活捉，秦将苏角被杀，涉间因不愿投降，自焚身亡。至此，围攻钜鹿城的秦军惨败，赵国之围得以解除。钜鹿城内的赵王歇得救了，他下令大开城门，将项羽大军接进城里。虽然此次战争旗开得胜，但是秦军主力仍在，项羽依旧不敢掉以轻心。于是在入城之后，项羽下令召见城外的诸侯将领，共同商讨接下来该如何制服章邯军。众人都已经见识过项羽的英勇，对这位年轻有为的将领甚是敬佩，当下纷纷表示愿意奉项羽为上将军，统一指挥所有的反秦军队。

从此，年仅二十六岁的项羽成为各路反秦大军的首领，手握几十万人马，实力大增，他指挥的钜鹿之战则成为中国历史上以少胜多的著名战役。自此以后，秦国实力被大大削弱，秦王朝也走上了覆灭之路。

项羽在钜鹿城下大败秦军，却没有直接西进攻秦，而是在钜鹿郡修整部队，恢复士气，犒赏三军，筑观封爵。

筑观封爵

钜鹿郡破釜沉舟一战，项羽以五万大军击败了章邯的二十万秦兵，从此声名远播，威震六国。项羽为表彰有功之士，曾在钜鹿郡建筑了一座封爵观，对立功将士论功行赏。据清乾隆十五年版《顺德府志·古迹》中记载：“封爵观，见宋郡志。项羽救钜鹿大破秦师，筑封爵观于平乡，行封爵赏。今失考其处。”

公元前207年正月，项羽在钜鹿郡率领五万大军殊死一战，将秦国名将章邯部下的二十万秦兵打得节节败退。败下阵来的章邯只好率领剩余残兵败将退至漳河一带，与项羽军队对峙着，这一对峙就是半年。在这半年的时间里，项羽所率联军与章邯部队一直处于反复拉锯状态，身经百战的章邯所率军队在刚刚经历了一场大败以后，实力骤减，面对项羽联军几次轮番攻击，根本不是联军的对手。与此同时，章邯此次身为秦军总帅，援助王离攻打钜鹿，却连连退败，引起朝廷不满。在赵高的独裁专政之下，章邯多次派长史司马欣前往都城咸阳觐见秦二世无果，早已被视为异己。孤立无援的章邯只好命部队人马休养生息，保存实力。

眼下即便章邯已经无力再对项羽军队进行围攻堵截，但还没有解决掉章邯这个大麻烦，项羽仍旧没办法直接率兵西进咸阳，只好在钜鹿郡停留下来。双方熄战以来，楚军将士如释重负，但仍旧每日操练兵器，研习阵术，丝毫不敢懈怠。范增看在眼里，喜在心上。由于范增出道前隐居山中，研究历史，熟读兵书，知道古有两周实行五等爵制度，今有秦国设立军功等爵制，想到此次钜鹿郡破釜沉舟能够成功解赵国之围，也多亏有诸侯国的帮助，认为项羽应对立下战功的将士加爵行赏。于是范增就向项羽提议，利用当前诸侯联军与秦兵休战的空当，对诸侯国中有功将士封爵加赏。

范增的这一提议正中项羽下怀，在和范增进行一番商榷之后，项羽决定在钜鹿郡建封爵观一座，待观宇建成之日，对各有功将领行封爵赏。据记载，封爵观的建筑地址就选在了钜鹿郡一处空旷的原野上，那里地势平坦，视野开阔，周边也无居民落户，是建筑观宇的最佳之地。选址不是一个难题，难就难在当时的钜鹿郡烽烟四起，兵荒马乱，战乱使得钜鹿郡到处断壁残垣，满目疮痍。因此，在现在看来很容易找到的完整木材、砖瓦等建筑用料，在当时十分稀缺。

就在项羽对建材难觅的问题不知所措时，有人向项羽建议拆掉当时最豪华的沙丘园林行宫，用沙丘宫的物料建筑封爵观。这个沙丘园林行宫就在离钜鹿城不远的地方，资料记载，其内风景甚好，殿堂华丽，乃世上少有，秦始皇在位时，多次出巡都会来到这里住上一阵。而回到秦国后，秦始皇对沙丘宫内

古建筑的雕梁画栋

美景念念不忘，便命人按照沙丘宫的样子建了一百四十多处宫殿。

想到沙丘宫乃秦始皇最为眷顾之地，再想到秦始皇的暴政，项羽直接下令，拆除沙丘宫，利用其内砖瓦、屋梁等建筑材料修建封爵观。人们传言，封爵观建成之时，站在远处望去，周边金光闪闪，似有袅袅雾气笼罩，一切都神秘得不太真实。建成的封爵观青瓦白墙，雕梁画栋，气势说不出的磅礴。

在封爵观的正殿前，一条笔直的道路向前铺展开来，一直绵延到玉砌的台阶下。每一级台阶上都用各诸侯国的文字相间刻着胜利的字样，台阶两侧的石柱上高高悬挂着诸侯国的旗帜，旗帜迎风飘扬，似乎也在分享着胜利的喜悦。在一级级台阶的尽头，是位于七尺台基

之上的大殿。殿前四根笔直的柱子上雕刻着栩栩如生的龙纹，与宫殿飞檐上展翅欲飞的凤凰遥遥相对。殿内檀木作梁，白玉铺地，在大殿正中是一座百米长的王者之座，这座椅周身亮堂堂的红色，配以花纹装饰，边角处有鎏金镶嵌，扶手仅为两个光滑细腻的圆球，却更是凸显了宝座的庄严。在大殿的四角直立着空心雕花铜柱，据说等到夏天来临的时候向里装入冰块，可使整个宫殿十分凉爽。四周的墙壁也全是由白色石砖雕砌而成，黄金雕成的花朵在白石之间妖艳地绽放，给偌大的宫殿注入了无尽的生机。

项羽在封爵观落成之日召见了诸侯国将军。《史记》中记载，诸侯前来拜见之时，无不膝行而前，莫敢仰视，对项羽的畏惧恭维之情溢于言表。项羽在接受了诸侯国将军的拜见之后，令各国有功将士按照军功大小依次排开来，一一为各将士封赏加爵。据说项羽在这次封赏中，自己没有留取丝毫财物，将所有金银珠宝都赏赐给了将士们。得到了赏赐与爵位的将士们，士气高昂，振臂高呼，从此，诸侯国尊项羽为上将军，统领诸侯国军队抗击强秦。

如果说项羽筑观封爵有效地巩固了军心，为西进咸阳奠定了人脉基础，那么他后来的一个举动却是异常残忍。他究竟做了什么？让我们继续在浩渺的历史长河中一探究竟。

坑杀秦兵20万

在赵国派密使求助楚国时，楚怀王早已做好了兵分两路的战略部署，一路由项羽领兵北上救赵，另一路则由刘邦率军西进攻秦。楚怀王为何要这么做呢？其实一方面是为了牵制身为秦军主力的章邯部队，另一方面是为了趁秦朝国都空虚之时，一举进攻灭秦。就在项羽和章邯对峙期间，另一路楚国大将刘邦已率军西进，直逼咸阳。眼看刘邦大军距离关中越来越近，咸阳城里的秦二世沉不住气了，他要派人去阻止刘邦。可是由于听信赵高的谗言，秦二世继位后，先后杀害了蒙恬、蒙毅等不少有名的

大将，此时的咸阳城竟然找不到可以领兵的将领，无奈之下，只得派人到棘原，命令章邯出兵。项羽驻守在漳水南岸，章邯数次出兵都被项羽打退了。章邯因为被项羽牵制，无法脱身，但又害怕二世怀疑自己的忠心，赶紧派长史司马欣去咸阳求见秦二世，说明战况。

此时的丞相赵高却包藏祸心，他一直嫉妒立下了赫赫战功的章邯，担心秦二世继续重用章邯会威胁到自己的地位，于是下令守卫不许通传。司马欣在宫门外等了三天也没能面见秦二世，感觉情况不对，马上赶回军营，这次他多了个心眼儿，没敢按原路返回，特意走了一条小路。赵高听说司马欣已经回去，担心章邯会对自己不利，马上派人追杀，幸亏司马欣没走来时的路，赵高

秦二世之墓

的人没能追上他。回到军中，司马欣马上向章邯汇报，指出赵高的险恶用心，奉劝章邯仔细考虑，早做打算。章邯有点犹豫，身为秦国将领，让他投降项羽，背叛秦二世，他还下不了决心。

就在此时，章邯收到了赵国将军陈馀送来的一封信，信里详细分析了各地反秦的局势，说这是上天要灭亡秦国，仅凭一人之力难以抵挡。而且朝堂之上，赵高乱政，秦二世昏庸无道，就算章邯回到秦国，恐怕也难逃一死。陈馀还在信里劝章邯率兵反秦，和诸侯一起，共分秦地，建功立业。章邯有些动摇，秦国形势危急，眼看大厦将倾，项羽是反秦诸侯的上将军，如果双方可以讲和，无疑是最好的局面。

第二天，章邯秘密派部下候始成去见项羽，打算和项羽谈判。项羽看对方只来了一个人，觉得章邯很没诚意，心里很不高兴，于是拒绝了章邯的请求。打发走了候始成，项羽下令蒲将军率领先锋部队昼夜赶路，渡过三户津（在今河北省磁县西南古漳水上），在漳水南岸跟秦军交战，秦军很快败下阵来。项羽又亲自率兵追击，在汙水再次大败秦军。秦军连吃两次败仗，损失惨重，章邯终于下定决心，再次派人求见项羽，

殷墟

商议订立合约之事。项羽考虑到两军已对峙数月，军中补给不足，章邯又手握二十万大军，短时间内难以攻下，于是同意讲和。

双方约定好日期，在洹水南岸的殷墟（今河南安阳）订立盟约。仪式结束之后，项羽下令大摆筵席，各诸侯首领都前来祝贺。昔日劲敌变成盟友，项羽非常高兴，和章邯一笑泯恩仇。章邯见项羽身材魁梧，相貌堂堂，散发出一股豪迈的英雄气概，并且为人大度、不计前嫌，不禁感慨万千。项羽封章邯为雍王，把他留在军中；封司马欣为上将军，命他带领章邯的二十万军队作为先锋部队，继续向咸阳行进。

两军和解，项羽和章邯都松了口气，他们没想到，下面的士兵之间有很深的矛盾，这是怎么回事呢？原来在项羽和诸侯军队中，有很多人是农民出身，他们曾经被征发徭役，戍守边疆，在路过秦中的时候，秦国的官兵常常肆意欺压他们。现在秦军投降了，诸侯军中的官兵就伺机报复，把秦兵当做奴隶一样呼来喝去，还故意找茬羞辱他们。那些秦兵苦不堪言，他们觉得被章邯欺骗了。跟着项羽攻打秦国成败难料，如果成功入关灭秦，当然是最好的；而一旦战败，秦兵留在关中的亲人就会被秦二世杀害，到时候他们可就惨了。项羽手下的军官把情况悄悄地报告了项羽。项羽知道这些秦兵内心并不服气，担心他们到了关中不听指挥，意图谋反，不由得暗下杀心。他和黥布、蒲将军商议决定，把这些士兵都杀掉，只带章邯、司马欣和都尉董翳入关。

在新安城南有一片地势低洼的山

谷，项羽派遣了黥布、蒲将军二人先行设下埋伏，等待降兵的到来。到了晚上，投降的秦兵们突然接到军令，全部到城南集合，并且不许携带兵器。士兵们心里非常疑惑，可是一来没人向他们解释原因，二来士兵的天职就是服从命令，三来他们在军中一直被欺压，并没有话语权，所以只得向城南进发。可怜这些手无寸铁的士兵，他们不会想到，这一去，竟是一步步走向了死亡的深渊。秦兵到达山谷之后，黥布和蒲将军带领军队发起了突袭，赤手空拳的秦兵哪里抵挡得住全副武装的楚兵，他们纷纷倒在了楚兵的刀剑之下。在经过一夜的血腥杀戮之后，二十万秦兵全部被坑杀在了新安城南的山谷中。

新安杀降之后，项羽继续带领诸侯

联军向着咸阳城进发，只要进入关中，杀掉昏庸的秦二世，他就可以实现坐拥天下的心愿了。此时的项羽并不知道，早在他和章邯达成和解的时候，刘邦就已经抢先一步，进入了关中，那么按照楚怀王“先入关中者为王”的约定，项羽的愿望怕是要落空了。项羽真的会遵从之前的约定，将“关中之王”的称号拱手相让吗？他和刘邦之间的恩怨到底是怎么回事？项羽和刘邦又是怎样斗智斗勇的？且看楚汉相争。

第三辑

楚汉相争

一场精心设计的饭局——鸿门宴

钜鹿一战，项羽率军撼动了秦朝的基础，而秦国军队也在各路诸侯的进攻下节节败退，再加上秦军主力章邯因战败投降项羽，秦朝的灭亡之期已近在眼前。秦二世再愚蠢，也意识到了处境的危险。慢慢地，秦二世就对赵高产生了怀疑。赵高察觉到了这一变化，决定先下手为强，于是暗中派他的女婿咸阳县令阎乐将胡亥逼死在行宫望夷宫内。贪婪的赵高本想拿着胡亥的玉佩即位，谁料大臣们都不支持，没有办法，赵高只好让秦二世的侄子子婴继位当秦王。

公元前206年十月，刘邦率领大军，经过一年多的

艰苦奋战，率先进入关中，所到之处秋毫无犯，百姓们都十分欢喜。

刘邦与父老乡亲约法三章

事已至此，秦王子婴明白天下大局已定，再也不可能挽回秦朝的命运了，于是带领大臣投降了。刘邦接受了秦王子婴的投降，并在关中与百姓约法三章，顺利拿下了咸阳。然而刘邦此时并没有急于在关中首先称王，而是在樊哙、张良等人的建议下，还军灞上，静观时变，并听信了小人之言，派人据守函谷关，不准诸侯大军出入。

项羽在新安坑杀了二十万秦兵之后，得知刘邦已经先他一步率先进入关中，顿时暴跳如雷，

樊哙

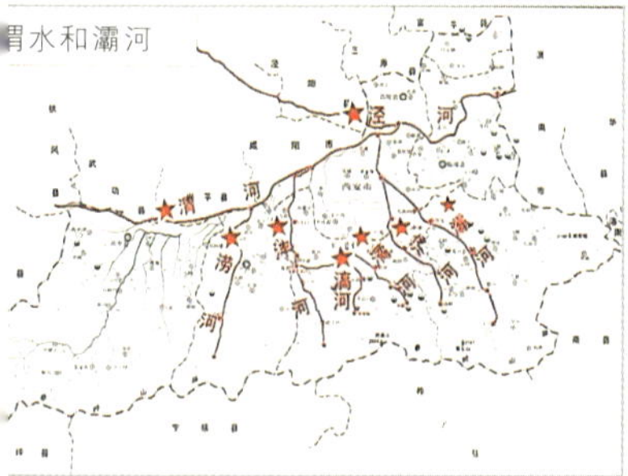

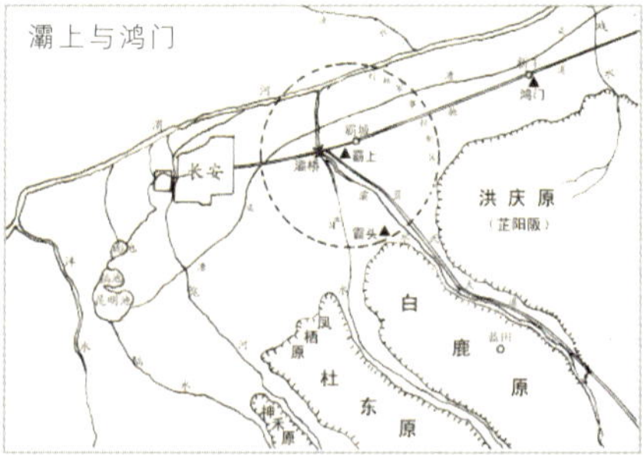

心生怨恨，暗生杀机。公元前206年十二月，项羽统帅四十万诸侯国联军，携坑埋秦军之杀气，浩浩荡荡，由新安经渑池、陕县一路抵达函谷关下，一举攻下函谷关，并驻军新丰鸿门，距离刘邦驻扎的灞上仅有四十里路。项羽下令大军北临渭水，南靠骊山安营扎寨，军锋直指灞河方向。刘邦军十万人，北倚渭水，东面灞河布营，扼守在由鸿门通向咸阳的大道上，两军对峙，剑拔弩张，战事一触即发。

张良

恰逢刘邦的左司马曹无伤前来

告密，添油加醋地说刘邦想要自己在关中称王，任子婴为相。项羽本就在气头之上，更别提要任命与自己家族有着世代之仇的秦国人为相了。再加上雄才大略的范增在旁边向项羽进言，说刘邦向来贪财好色，此次竟分文不取，且刘邦之气，皆成龙虎，五彩缤纷，此乃天子之气。于是项羽下令全军戒备，连夜造饭，第二天攻打灞上，消灭刘邦，刘邦虽有十万大军，但没有打过大仗，战斗力不强，而项羽军四十万，从血战中滚过来，两军决战，刘邦将会全军覆没。接到命令后，诸侯国联军全军戒备，士气高涨，但有一个人内心惶

范增说服项羽

恐不安，这个人就是项羽的叔父——项伯。原来项伯与刘邦部下张良私交甚好，项伯曾经触犯刑法，按律当斩，在张良的鼎力相助下，才得以保全性命。刘邦战败，张良必定性命不保，为报救命之恩，项伯连夜快马加鞭直奔灞上，向张良告密。

张良却趁机邀项伯去见刘邦，刘邦更是设下宴席款待。席间，刘邦以兄长之礼相待，并向项伯诉苦，甚至许诺日后将自己的女儿嫁与项伯之子。就这样，项伯成了刘邦的耳目，楚军的内奸。临走前，项伯还嘱咐刘邦第二天早早来拜见项羽，消除隔阂。回到鸿门后，项伯一刻不敢停歇，苦口婆心地劝说项羽，若不是刘邦率先进关，他的部队怎能兵不血刃，轻易入关？倘若听信了小人之言，加害刘邦，于情于理都有失天下大义。在叔父项伯好说歹说之下，好面子的项羽终于答应第二天设宴款待刘邦。

当局者迷，旁观者清。项羽被项伯一席话说得心软，但作为谋士，范增比项羽更清楚局势。自刘邦入关以来，废除秦法，约法三章，关中百姓对刘邦这一做法无不感激涕零。而项羽却没有深厚的百姓基础，如果此刻不趁势消灭刘邦，定生后患。于是便为项羽出了三条

锦囊妙计：一是就刘邦入关之事责问罪过；二是以所佩玉玨为号，暗中伏杀刘邦；三是在席间利用刘邦贪恋美酒的习性，强行灌醉刘邦，以酒后失态为由将其杀害。

第二天，汉军主帅刘邦率百余骑从灞上到新丰鸿门来拜见楚军统帅项羽。刘邦一路上忐忑不安，愁容满面，他知道此行凶多吉少，难以预测，不知道力

拔山兮气盖世的霸王项羽如何对待他，心不情愿，万般无奈，但也只好羊入虎口，听天由命了。入席之前，项羽责问刘邦入关之罪，刘邦低声下气一口一个将军地向项羽赔罪，本来就是吃软不吃硬的项羽，心中怒火早已被刘邦诚心的歉意给浇灭了。

范增见第一计不成，便以玉玦示意项羽，谁知这项羽根本不理范增这茬，依旧自顾自地与刘邦谈笑风生。眼见第二计又失败了，范增不得不使用下计，命人将刘邦的酒杯中酌满酒，试图灌醉刘邦。相传刘邦高鼻梁，有龙颜之相，下人看到刘邦的长相，心生敬畏，只给刘

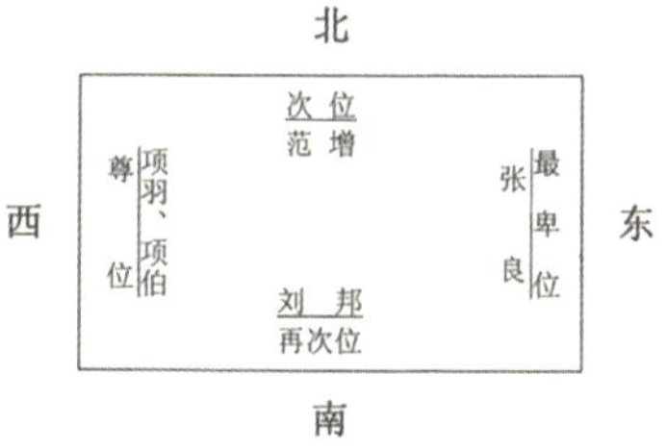

邦杯中倒入少量酒。刘邦虽然有些醉意，但也不失礼仪。

一计不成再生一计，范增誓将刘邦置于死地，以免日后有所祸患，便借故外出，寻来了项庄，吩咐他在席间为大家舞剑助兴，找准时机杀掉刘邦。这也就是我们后来熟知的“项庄舞剑、意在沛公”，但是范增的这一计仍未得逞。尽管范增神态焦急，示意动手，但张良心中有数，暗自发

力。项伯在张良的示意下主动起身，与项庄一同舞剑，剑锋交错，夺目争辉。项庄

项庄舞剑意在沛公

舞剑步步紧逼，项伯用剑抵挡，处处相护。项伯舞剑的姿势就像张开双翼的大鸟，他用身体遮掩着刘邦，项庄始终不得机会击杀刘邦。宴会上虽然表面上推杯换盏，热闹非凡，实际上杀机四伏，形势紧张。

项庄一曲舞罢，刘邦借故上厕所离开了座席。回想席上发生的种种，心有余悸的刘邦立即溜回灞上，吩咐张良留下，将带来的礼物呈给项羽和范增，以表谢意。

就这样，刘邦几次虎口逃生，有惊无险地回到了灞上。鸿门宴也至此结束，这一宴堪称情节离奇，险象环生，因为每说一句话，都可能暗藏杀机，每敬一杯酒，都可能身首异处，而每上一道菜，又都可能鲜血喷流。

鸿门宴上，项羽刚愎自用，妇人之仁，放走了羽翼未丰的刘邦；而刘邦能屈能伸，善于应变，为自己日后与项羽的决战保存了实力。这一宴成了楚汉相争的转折点，也成了刘邦日后成就霸业、一统天下的出发点。如果说钜鹿之战是项羽一生辉煌的开始，那么鸿门宴可以说是项羽悲剧余生的开端。

楚汉相争——腥风血雨的四年

鸿门宴后，项羽带兵进入咸阳，斩杀秦王子婴，屠戮咸阳城，焚烧秦宫室，大火三月不绝。有人劝他在咸阳建都称帝，他却念念不忘江东父老，还说："富贵了不回到自己的家乡，就像穿着华丽的衣服在夜里行走，别人怎么知道呢？"于是项羽自立为西楚霸王，建都彭城，以霸主的身份裂土封侯，将天下分给十八个诸侯王。为了防止刘邦争夺天下，项羽将刘邦封为汉王，称王巴、蜀（今四川和重庆等地）和汉中（今陕西省汉中市），又把关中地区分为三部分，并分封秦国降将章邯为雍

汉霸二王城

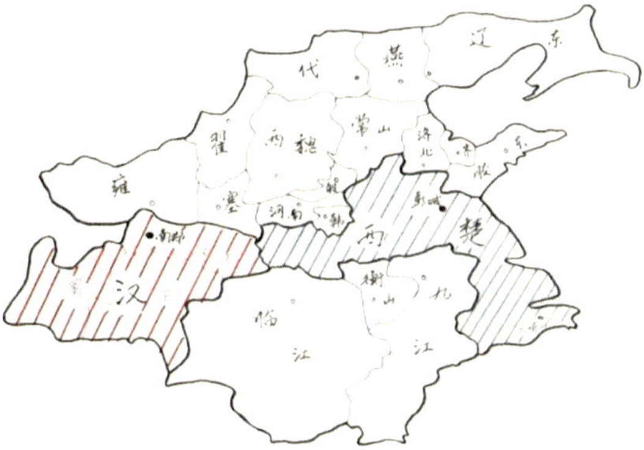

项羽分封图

王，长史司马欣为塞王，董翳为翟王，让他们占据关中，防止刘邦东进。项羽自以为天下已定，从此便可高枕无忧，却没料到此次分封为他自己埋下了巨大的隐患。

分封结束，项羽前脚刚回到彭城，后脚齐国就出事了。项羽分封时，齐国丞相田荣手握实权，并已占据齐境，按理说是肯定在分封之列的。然而当年定陶之战时，田荣不肯出兵帮助项梁，导致项梁兵败身死，项羽因此怀恨在心，没有封他任何职位，这让田荣十分不满。

项羽刚结束分封，田荣就起兵反抗，在击败田都和齐王田市后，统一三齐，自立为王。接着田荣又联合陈馀、彭越共同起兵反对项羽。俗话说“屋漏偏逢连夜雨”，项羽正忙着起兵讨伐齐国，刘邦也没闲着，他趁机攻取了关中。这是怎么回事呢？

原来刘邦被封为汉王之后，在巴蜀和汉中用心经营了一段时间，还听从萧何的建议，封韩信为大将军，统领汉军。田荣等人起兵的消息传到刘邦耳中，他召集萧何、韩信商议北上攻打汉中

刘邦（中）、萧何（左）、韩信（右）

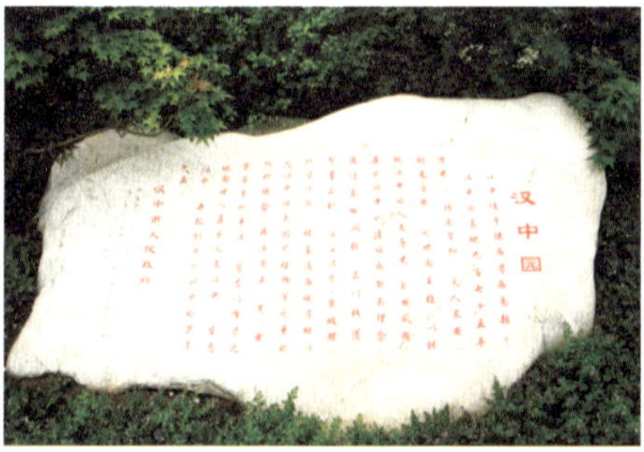
明修栈道暗度陈仓发源地之汉中

的事情，三人决定采取“明修栈道，暗度陈仓”的方法对付关中三王。事情进展很顺利，章邯自杀，司马欣、董翳也先后投降。刘邦终于得偿夙愿，成为关中王。刘邦顺利平定三秦，东征的第一步计划圆满完成，这使得他信心满满，斗志昂扬，紧接着开始了他的第二步战略，出关略地，占领洛阳，以备东袭彭城。

项羽知晓刘邦夺取汉中的消息，开始左右为难，他是该先平定田荣和陈馀，还是该带兵去攻打刘邦呢？就在这时，刘邦想出了一个计谋来麻痹项羽，他让张良写了一封信给项羽，说刘邦只是想做关中王，不会继续挥师东进。项羽果然上了当，留在齐国继续镇压田荣。城阳之战后，田荣被杀，项羽却迁怒于百姓，在齐国大肆烧杀抢掠，激起了民愤，齐民共同起来反抗项羽。

项羽陷在齐国不能抽身，刘邦趁机杀出函谷关，进入洛阳。这时的刘邦面临一个问题，项羽身为西楚霸王，分封了天下诸侯，如今要起兵反抗项羽，怎样才能做到师出有名呢？这个问题很快

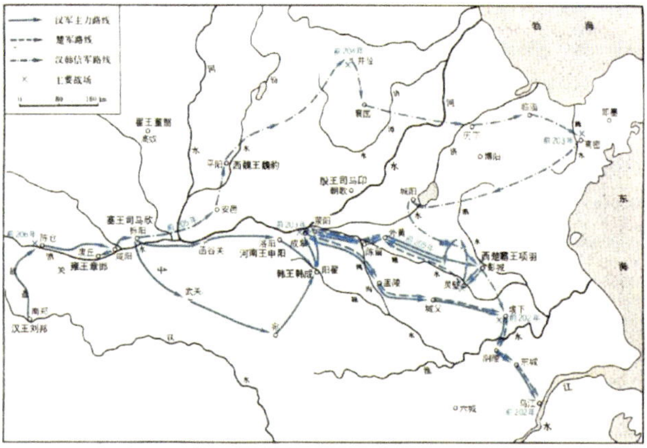

楚汉战争图

英布

有了答案。有一个名叫董公的老翁给刘邦出谋划策，他说项羽曾远迁义帝于郴县（今湖南省郴州市），在迁徙途中，派英布等人杀死了义帝。这种大逆不道的行为，正好拿来做文章。刘邦听从建议，打起为义帝发丧的旗号，号召天下诸侯共同讨伐项羽。据史料记载，公元前205年，刘邦率领五十六万诸侯大军攻破楚都彭城，并在楚宫大肆搜罗美人珍宝，日夜开怀畅饮，纵情声色。

项羽听说彭城被破，马上带领三万精兵，一路疾行，挥师回救。刘邦的大军都在彭城以东布防，没想到项羽却绕道彭城西南的萧县（今安徽萧县西北），向东攻进。天刚蒙蒙亮，项羽下令全军出击，楚军喊杀声四起，杀了刘邦一个措手不及，根本无法组织有效的反抗。楚军在项羽的带领下，再次展现出钜鹿之战时的强悍勇猛，短兵交接了一阵，汉军便被楚军的威势吓倒，无心再战，像无头苍蝇四处乱撞。到了中午时分，汉军大败，在樊哙、韩信等人的掩护下，刘邦逃命到了灵璧（今安徽宿县灵璧城）以东。项羽乘胜追击，汉军纷纷向睢水岸边退去。在睢水岸边，楚军又是一阵痛杀，汉军十多万大军被楚军逼入睢水，溺死者不计其数，尸体一个叠着一个地沉积下来，竟然连睢水都被截断了。

安徽灵璧石

刘邦拼命逃窜，楚军紧追其后。汉军残部被重

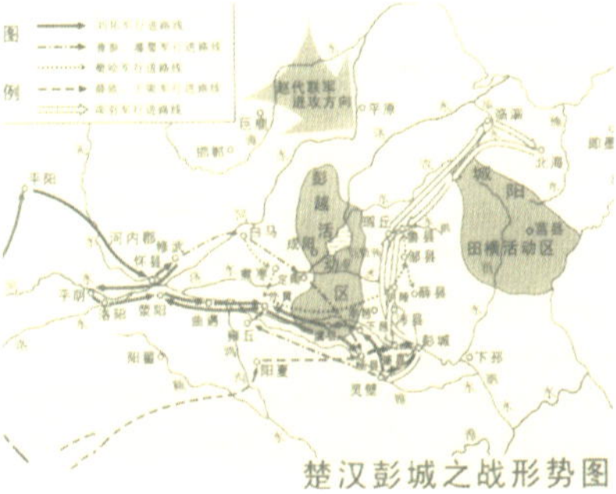

楚汉彭城之战形势图

楚汉两军彭城大战经过图

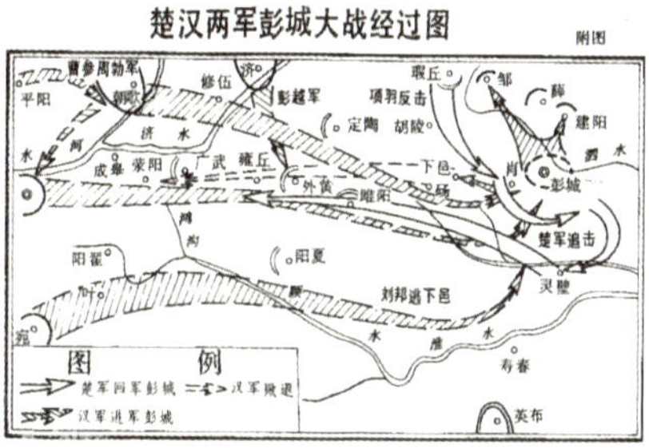

重包围，眼看就要被剿杀干净。就在这时，西北方忽然刮起一场遮天蔽日的沙尘暴，楚军大乱，士卒四散，刘邦趁机出逃。

彭城一战，项羽以三万人击败了刘邦的五十六万大军，这是他继钜鹿之战之后又一次以少胜多的辉煌胜利，这也再一次让天下诸侯们看到了西楚霸王的无敌霸气，于是之前投降刘邦的诸侯又纷纷向项羽臣服。

彭城之战后，刘邦很快聚集残部，重整旗鼓，在荥阳、成皋建立了自己的前线。项羽多次围困荥阳城，派军屡屡切断刘邦运输粮食的甬道。刘邦派人向项羽求和，请求以荥阳为界，以西属汉，以东归楚，但遭到了项羽的断然拒绝，反而加紧了攻势。无奈之下，刘邦只好逃往成皋。项羽率兵紧追，很快就攻下了成皋，刘邦又不得不仓皇逃至赵国。

这时，项羽接到军报称彭越已经在

荥阳塔山圣寿寺

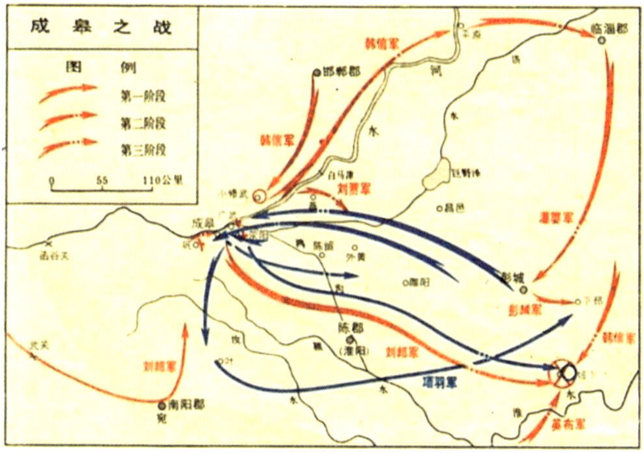

背后攻下十几座城池，还切断了楚军的粮道。项羽只好派曹咎镇守成皋，调头回去先解决掉彭越这个大麻烦。项羽率兵前脚刚刚离去，刘邦就带着军队杀回了成皋，驻扎在广武，然后用计骗曹咎带兵出城，设下埋伏大败楚军，拿下了成皋。等到项羽打败彭越，收复城池，却听说成皋失守了，他大惊失色，率军火速杀回。但是刘邦将广武军营修建得异常坚固，严守不出，这一对峙又是数月。在此期间，彭越的实力越来越强大，又重新占领了项羽刚刚收复的城池。而此时，项羽已经没有足够的军队去攻打彭越，粮道被断，腹背受敌，项羽见大势尽去，被迫与刘邦议和，以鸿沟为界，中分天下。

梁王彭越纪念碑

鸿沟协议已经签订，项羽、刘邦真的会均分天下吗？答案显然是否定的。

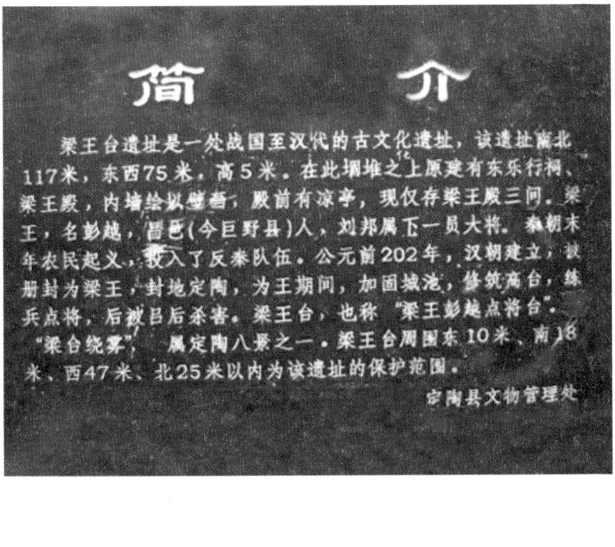

梁王台简介

刘邦为何撕毁协议？项羽是怎样被围垓下的？四面楚歌是谁的计策？霸王别姬，自刎乌江，在项羽生命的最后时刻，上演了怎样催人泪下的故事？且看下文。

无颜再见江东父老

项羽和刘邦在广武对峙了数月，两人都有些撑不住了。彭越一直在项羽后方进行骚扰，已经攻下了梁地的二十多座城池，还把楚军的粮道截断了，眼看士兵们就要挨饿。更让项羽头疼的是，韩信突然率军对楚国发起了攻击，以项羽现在的实力，实在是难以抵挡。刘邦兵多粮足，表面看来占有很大优势，实际上已经疲惫不堪，后续的粮草保障也是问题。在这种形势下，刘邦先后派了

广武

陆贾和候公去游说项羽，最终双方约定平分天下，以鸿沟（沟通黄河和淮河的人工运河）为界，界限以东的土地归项羽，以西归刘邦。两军将士山呼万岁，以为再也不用打仗了，他们哪里想到，最残酷的战斗才刚刚拉开帷幕。

签完合约，项羽就带上队伍往彭城去了。刘邦也打算撤兵回汉中，张良、陈平却极力劝说他撕毁合约，还说“一山不容二虎”，如不趁机追杀项羽，必会养虎为患。在两人的建议下，公元前202年十月，刘邦追着项羽到了阳夏（今河南太康）南边，然后派使者去见韩信和彭越，约好在固陵（今河南淮阳）会合，一起攻打楚军。几天后，刘邦到了固陵，不但没有等来韩信和彭越，反而遭到了项羽大军的突袭，汉军大败而去。张良为刘邦献计，让他许诺给韩信、彭越分封土地，二人这才同意出

兵。

韩信、彭越出兵后，刘邦紧接着从固陵出发，三路人马合围项羽，这时楚国大司马周殷也投降了刘邦，引兵从淮南北上。项羽山穷水尽，率领十万兵马退到垓下，被刘邦四五十万大军团团围住。正值寒冬腊月，楚军粮草已尽，困于重重汉军之间，如同风雨飘摇中的一叶孤舟。

张良认为，自古以来兵以气胜，应该先想办法泄掉楚军士气，他为刘邦献计，让士兵们一起唱楚国的歌曲，然后趁机发起攻击，一举拿下项羽。刘邦下令汉军四面唱起楚歌，迷惑项羽。项羽果然大惊失色，以为汉军已尽得楚地，很多楚军将士听到歌声，勾起了思乡之情。项羽借酒消愁，连饮数杯，望着陪伴自己多年的爱妾虞姬，不禁慷慨悲歌："力拔山兮气盖世，时不利兮骓不逝。骓不逝兮可奈何，虞兮虞兮奈若何！"虞姬手持宝剑相和而歌，两人唱了一遍又一遍，泣不成声。左右的人也不禁悲从中来，泪流满面。为了不连累项羽，虞姬最后自刎而死，项羽下决心突围。

霸王别姬

项羽挑选八百名精锐趁着夜色突围而出，向南飞驰而去。一直到天快亮的时候，刘邦才得知项羽已经逃出了包围圈，他忙下令灌婴率领五千人马追击。双方人马展开一场厮杀，灌婴有五千人马，即使楚军奋不顾身，也只能稍微抵挡。待项羽渡过淮水后，身边只剩下百余人。走到阴陵后，项羽迷失了道路，他向一个在田间劳作的农夫问路，这农夫骗他说向左走，结果项羽率领众人走到了沼泽中，马蹄陷入泥潭里寸步难行，这时汉军追兵又赶到了。经过一场恶战，项羽退走到了东城一座小山上，此时只有二十八名部下追随左右，汉军数千人在山下将他们包围。情势十分危急，项羽却没有

灌婴

气馁，认为这是上天要他灭亡，要带领部下痛痛快快打最后一仗。二十八骑兵分四路冲下山，项羽斩杀汉军一名都尉，数百汉军。集结后项羽清点人数，只损失了两人，部下都敬佩不已，夸赞项王神勇，无人可挡。

突围以后，项羽带着二十六名部下来到了乌江边上。乌江亭长已经准备好船只等在岸边，他让项羽马上登船渡江，希望项羽将来可以东山再起。项羽

乌江霸王祠

从小在江东颇负盛名，想到西楚霸王英明一世，如今却走到这步田地，好面子的项羽不愿以这种败相面见江东父老。项羽自认已经是英雄末路，称已无颜再见江东父老，拒绝登船，还把自己的乌骓马赠予亭长。

亭长离开后，项羽命令部下下马步行，手持短兵器，在乌江边上与汉军展开最后一场肉搏战。经过一番恶战，项

霸王墓

羽身上有了十余处创伤，汉军则有数百人死在了他的剑下，一时间，无人再敢上前挑战。项羽手握宝剑，环视四周，忽然看见一个熟人，于是笑着问道："你不就是我的故人司马童吗？我听说刘邦悬赏千金，封万户侯，想要我的人头，今日既然遇到故人，那就成全你吧。"说完就自刎而死了。项羽结束了自己三十岁的生命，一代西楚霸王，自

西楚霸王衣冠冢

此一命呜呼！这乌江岸边，也成了历代文人墨客凭吊项羽的必去之地。

项羽作为一代英雄，最后竟落得如此凄惨，真是令后人唏嘘不已。刘邦称王后，按照鲁公的礼节将项羽安葬在了谷城（今山东泰安），并且亲自下葬，痛哭一场才离去，由此可见，刘邦对这位对手是很尊重的，所谓英雄惜英雄，大概如此吧。

项羽与虞姬的悲壮爱情

项羽在其短暂的一生中，大部分时间都在行军打仗，身边充满了冰冷的青铜器，血腥的杀戮和寒冷寂寥的黑夜。然而，在项羽的生活里，仍有一抹温暖的色泽，使他的世界有了温度，让他的性格有了柔情的一面。这些美好都来自于项羽身边的一个女人——虞姬。

相传，在项羽年少时，为躲避战乱，项羽跟随叔父项梁逃难至吴中（今江苏苏州）。由于是楚国名将之后，两人很快在当地结交了许多豪杰贵族，虞氏就是其中之一。据说虞姬容貌倾城，色艺双绝，尤其擅长跳舞，在吴中很有名气。虞姬的兄长虞子期，与项羽一见如故，成为至交好友。虞子期经常在家中说起项羽，时间长了，虞姬听说项羽不但相貌英俊，才气过人，且又神勇无比，不由得心生爱慕。

虞姬画像

虞子期在得知妹妹心意之后，便有心搭桥牵线，成就姻缘。于是虞子期就挑选了一个吉日，指着当地的一只巨鼎对众人说，谁若能将此鼎举起，便将妹妹虞姬许配与他。虞姬乃当地绝色美人，任谁都梦想着能够娶她为妻。于是众人都跃跃欲试，试图将这只巨鼎举起，但这只巨鼎有数百斤重，众人都束手无策。而项羽天生神力，力能扛鼎，举这只鼎对他来说不过是小事一桩。项羽根本不费吹灰之力，就将这只沉重的巨鼎举了起来。一旁早已芳心暗许的虞姬看到此情此景，心中窃喜。自此，项羽与虞姬喜成连理，结下美好姻缘。

项羽与虞姬成亲后不久，各地反秦起义突起，项羽和叔父项梁也带领八千

项羽与虞姬的坐像

虞姬石像

子弟竖起起义大旗。从此项羽南征北战，戎马倥偬。作为妻子的虞姬，则时刻跟随项羽，项羽战到哪里，她就跟到哪里。项羽在外征战沙场，虞姬则在家为他准备好美酒佳肴，替他打点生活。每当项羽领兵出战时，虞姬都会给他鼓励，保佑项羽平安归来；项羽凯旋时，虞姬便翩翩起舞，为项羽祝贺。随军时间久了，虞姬甚至还学会了一些用兵之道，有时她也会穿好战靴，披上绣甲，骑上战马与项羽一同上阵冲锋。有了虞姬这一坚强的后盾，项羽在战场上更是愈战愈勇，所向披靡。

鸿门宴后，项羽带兵进入咸阳，杀死秦王子婴，秦朝灭亡。项羽自恃功高位尊，实力雄厚，便自封西楚霸王，分

封各路诸侯，同时也册封虞姬为“美人”，这在当时是很高的级别。从此，“虞美人”的称号传扬开来。

在鸿门宴之后四年的楚汉争霸中，连年征战，使得士兵疲劳厌战，粮草不济，百姓也无心耕种，日子过得苦不堪言。项羽和刘邦不得已休战讲和，双方约定以鸿沟为界，中分天下。就在项羽以为从此可以跟虞姬安安稳稳地度过后半生时，刘邦却在签订合约后的第二年背信弃义，趁楚军疲惫，粮食断绝，全力追杀项羽。

项羽和刘邦的最后一战，便是发生在垓下。在垓下，韩信使用十面埋伏的计策，布置层层兵力，将项羽紧紧包围。这时的项羽，手下已经没有多少士兵，粮食也都用尽了。本来已经筋疲力尽，无心应战的项羽，在夜间听见四面包围他的军队唱起了楚地的民歌，思乡情切，项羽对着这熟悉的故乡之歌，黯然落泪。丧失了斗志的项羽，在营帐里喝着酒，以酒解忧。面对他宠幸的美人虞姬，面对多年伴他驰骋战场的骏马，项羽抚今追昔，感慨良多，心潮难平。他禁不住慷慨悲歌：

力拔山兮气盖世，时不利兮骓不逝。

骓不逝兮可奈何，虞兮虞兮奈若何？

并与最爱的宠妃虞姬一同唱和。虞姬在旁听了，直掉眼泪，若断若续地吟道：“大王意气尽，贱妾何聊生。”虞姬听得出来项羽放心不下自己，为了不连累项羽，虞姬从项羽腰间拔出佩剑，

向自己项上一横，香消玉殒，自刎于项羽的面前。

霸王别姬的故事因此流传于后世，项羽与虞姬的爱情故事也让后人唏嘘不已，成为一段千古绝唱。据说在虞姬死后，项羽命令部下将她安葬。神奇的是，虞姬染血的地方后来生出了一种花，叶子对生，花茎细长，花朵无风自动，好像美人在翩翩起舞，娇媚可爱。世人都说这是虞姬的精血所化，把这种花叫作“虞美人”，说那鲜艳的红色花朵是被虞姬的鲜血染成的。

第四辑

钜鹿遗风

钜鹿之战的意义

钜鹿之战是秦末农民大起义中起义军同秦军主力章邯部在钜鹿地区的一场战略决战。这场战役从公元前208年九月，王离率兵围攻钜鹿郡开始，至公元前207年七月，章邯在殷墟投降为止，历时十个月。在作战中，十余万农民军以无比英勇顽强的气概，正确适宜的作战指导，一举歼灭四十万秦军主力，扭转了整个农民战争的战局，对于灭亡秦王朝反动腐朽的统治，具有决定性的意义，为推翻秦王朝统治奠定了根基。同时，钜鹿之战一举歼灭了秦军的主力，为刘邦乘虚入关，彻底埋葬秦王朝的统治创造了极为有利的条件，从根本上决定了整个秦末农民大起义的历史命运。

后人对钜鹿之战的评价

钜鹿之战是秦末农民战争所取得的一场巨大胜利。它基本上摧毁了秦军的主力，扭转了整个战局，奠定了反秦斗争胜利的基础，经此一战，秦朝已名存实亡。而项羽破釜沉舟，在各诸侯军龟缩于壁垒中时带头以楚军猛攻秦军，带动诸侯联军歼灭秦将主力，如此的战果令无数后世人对其充满了好奇与景仰。

明朝学者茅坤认为钜鹿之战是“项羽最得意之战，太史公最得意之文”。

在一幅著名的对联（作者待考，一说胡寄垣，一说金正希，一说蒲松龄），将项羽的破釜沉舟与勾践的卧薪尝胆并列，称：“有志者、事竟成，破釜沉舟，百二秦关终属楚；苦心人、天不负，卧薪尝胆，三千越甲可吞吴。”

说明笃志的重要性。

清朝名臣李光地在《榕村语录》评价说：“项羽精采，最是沉船破釜，能断而行，所以成破秦之功。”

清朝学者赵翼评价：“章邯攻赵，项羽破之，被坑者且二十万，其多可知也。”

民国学者蔡东藩认为钜鹿之战是秦朝历史上第一大决战，是秦亡楚兴的关键，评价说：“项羽之救钜鹿，为秦史上第一大战，秦楚兴亡之关键，实本于此。盖章邯为秦之骁将，邯不败，即秦不亡。且山东各国，无敢敌邯，独羽以破釜沉舟之决心，与拔山扛鼎之大力，一往直前，九战皆胜，虏王离，杀苏角，焚涉间，卒使能征善战之章邯，一蹶不振，何其勇也！然使秦无赵高之奸佞，二世之昏愚，则邯犹不至降楚，或尚能反攻为守，亦未可知。天意已嫉秦久矣，故特使赵高以乱其中，复生项羽以挠其外，章邯一去而秦无人，安得不亡！谁谓冥冥中无主宰乎？”

与钜鹿之战相关的诗歌

钜鹿之战

——清　郑板桥

项羽提戈来救赵，暴雷惊电连天扫。
臣报君仇子报父，杀尽秦兵如杀草。
快战气盛声喧呼，诸侯壁上惊魂逋。
项王何必为天子，只此快战千古无。
千奸万黠藏凶戾，曹操朱温尽称帝。
何似英雄骏马与美人，乌江过者皆流涕！

郑板桥识见超卓，议论不凡，前6句述夸项羽战功赫然，各路诸侯，无与伦比，几十万将士，望尘莫及。那么项羽有功当禄，应该称王称霸，获得帝封，君临天下，俯视九州。然而，天命不与人命同，戴皇冠者竟然姓刘。这也没什么了不得，项羽本来无志这个，“项王何必为天子，只此快战千古无。”有识之士不当以是否“为天子”来衡量人生之成败。“千奸万黠藏凶戾，曹操朱温尽称帝。”只点曹操、朱温，不言刘邦，高哉妙笔。“何似英雄骏马与美人，乌江过者皆流涕！”至言，高论，堪镇万里江波。

项羽守护信义友情，鸿门不宴人命，放虎归山。鸿沟再分界线，平分天下。刘邦不答应，背义攻彭城，聚诸侯而剿项。项羽力不能支，垓下血别爱姬，乌江离别爱马，眼望江东父老，羞愧相见而至最终别命，一别二别又三别，如此“三离三别”，感天地，泣鬼神，悲古今，应比那些以奸黠凶戾夺帝位者更让人倾心敬仰，更引人自觉歌颂。

乌　江

——南宋　李清照

生当作人杰，
死亦为鬼雄。
至今思项羽，
不肯过江东。

这是一首雄浑宏阔的咏史诗，也是一首脍炙人口的言志诗。此诗另有题作“夏日绝句”，作于宋室南渡之后，当时宋政权面对金兵的追击溃不成军，仓皇南逃，弃社稷与人民不顾。李清照南渡之后，建炎三年（1129年）其夫赵明诚罢守江宁，夫妻二人具舟去芜湖，沿江而上时经过和县乌江（楚霸王项羽兵败自刎处），该诗可能作于此时。

李清照在这首诗中，不以成败论英雄，对楚汉之争中最后以失败而结束了自己生涯的楚霸王项羽，表示了钦佩和推崇。

诗前两句直述自己对死生的看法，认为活要活得有意义，要有作为，死要死得其所，死得壮烈。后两句便由此认定，项羽不肯过江东，正是依循了上述原则，所以值得后人钦佩。诗把“人杰”与“鬼雄”对比，表现出诗人豪放高亮的胸怀与气节。

这首五绝，通过歌颂一位失败了的英雄——项羽，表现了诗人崇尚气节的精神风貌。对南宋统治者的苟且偷安，也是一个有力的讽刺。全诗喷薄而出，铿锵有力，很难使人相信出自著名婉约派女词人李清照之手。可见，国家灭亡、人民蒙难对诗人诗风影响是何等巨大，李清照这二十字豪言壮语，一直激励着历代爱国者的斗志。

题乌江亭

——唐　杜牧

胜败兵家事不期，

包羞忍辱是男儿。

江东子弟多才俊，

卷土重来未可知。

首句言胜败乃兵家常事。次句批评项羽胸襟不够宽广，缺乏大将气度。三四句设想项羽假如回江东重整旗鼓，说不定就可以卷土重来。这句有对项羽负气自刎的惋惜，但主要的意思却是批评他不善于把握机遇，不善于听取别人的建议，不善于得人、用人。司马迁曾以史家眼光批评项羽“天亡我，非战之罪”的执迷不悟。杜牧则以兵家的眼光论成败由人之理。二人都注重人事，但司马迁是总结已然之教训，强调其必败之原因；杜牧则是假想未然之机会，强调兵家须有远见卓识和不屈不挠的意志。

议论不落传统说法的窠臼，是杜牧咏史诗的特色。诸如“东风不与周郎便，铜雀春深锁二乔”（《赤壁》），“南军不袒左边袖，四老安刘是灭刘”（《题商山四皓庙》），都是反说其事，笔调都与这首类似。宋人胡仔在《苕溪渔隐丛话》中谓这首诗：“好异而畔于理……项氏以八千人渡江，败亡之余，无一还者，其失人心为甚，谁肯复附之？其不能卷土重来，决矣。”清人吴景旭在《历代诗话》中则反驳胡仔，说杜牧正是“用翻案法，跌入一层，正意益醒”。其实从历史观点来看，胡氏的指责不为无由。吴景旭为杜牧辩护，主要因这首诗借题发挥，宣扬百折不挠的精神，是可取的。

与之相关的诗歌还有很多，不能一一赏析，特摘录如下：

钜鹿怀古

——元　王恽

铁索围秦一战开，
群雄稽颡拜平台。
君王邂逅东城败，
骄气须知自此来。

虞美人

——清　何浦

遗恨乌江应未消，

芳魂零乱任风飘。

八千子弟同归汉，

不负君恩是楚腰。

题汉祖庙

——唐　李商隐

承运应须宅八荒，

男儿安在恋池隍。

君王自起新丰后，

项羽何曾在故乡。

七律　人民解放军占领南京

——毛泽东

钟山风雨起苍黄，百万雄师过大江。

虎踞龙盘今胜昔，天翻地覆慨而慷。

宜将剩勇追穷寇，不可沽名学霸王。

天若有情天亦老，人间正道是沧桑。

[后　记]

后　记

钜鹿大战撼动了秦朝，成就了霸王，在中国历史上留下了浓墨重彩的一笔，也为平乡留下了一笔宝贵的历史财富。今天，我们重新挖掘历史，回味历史，旨在为平乡文化事业发展贡献一份微薄之力。因水平有限，知识有限，书中故事可能远不及真实历史更精彩，权当抛砖引玉，让人们了解平乡，让世人认识平乡，也希望更多有识之士参与其中，共同挖掘这笔财富，共享这笔财富。不妥之处，请读者海涵指正。

史说平乡系列丛书

中国平乡

沙丘宫

赋平 著

方志出版社

祖乙迁都到庇地后开始营建都城
立宗庙、筑社稷、造宫室
一个庞大的宫殿建筑群
慢慢出现在世人面前
因这一带土壤系沙质，到处堆积成丘
古名『沙丘』
因此这片宫殿群被后人称为『沙丘宫』
……

图书在版编目（CIP）数据

中国平乡沙丘宫 / 赋平著. -- 北京：方志出版社，2017.11

（史说平乡系列丛书. 三）

ISBN 978-7-5144-2776-9

Ⅰ. ①中… Ⅱ. ①赋… Ⅲ. ①文化遗址－介绍－平乡县 Ⅳ. ①K878

中国版本图书馆CIP数据核字（2017）第297444号

史说平乡系列丛书（三）

中国平乡沙丘宫

著　　者： 赋　平

责任编辑： 冯　松

出 版 人： 冀祥德

出 版 者： 方志出版社

地址　北京市朝阳区潘家园东里9号（国家方志馆4层）

邮编　100021

网址　http://www.fzph.org

发　　行： 方志出版社图书经销中心

电话（010）67110500

经　　销： 各地新华书店

印　　刷： 河北省地勘局第十一地质大队印刷厂

开　　本： 787×1092　1/16

印　　张： 10.25

字　　数： 50千

版　　次： 2017年11月第1版　2017年11月第1次印刷

印　　数： 0001－1500册

ISBN 978－7－5144－2776－9　　四册定价：160.00元

[序]

序

史书记载，中国第一座皇家园林——沙丘宫，建在今天的平乡县城北一带。

沙丘古地水源丰沛，土地肥沃，林木茂盛，鸟语花香，一代又一代帝王贵胄相继幸临此地：商祖乙迁都于此，始有“祖乙中兴”；商纣王扩建修缮，终成美轮美奂的沙丘离宫；赵武灵王流连忘返，长期迷恋居住于此；秦始皇魂牵梦萦，祈愿身后长留；卫灵公向天问卜，终得吉祥宝地；项羽钜鹿一战，成就霸王威名……

时光如河，奔流不息。王侯将相、达官显贵，刀光剑影、爱恨情仇，都随光阴一并流逝。伫立于这片热土，仰望苍穹，心中总是生出万千感慨：感动于那些历经千载，传唱至今的故事；仰慕那些叱咤风云、可歌可泣的人物；震撼于这三尺黄土下辉煌灿烂、磅礴厚重的历史……

沙丘宫，一个美丽的名字！

沙丘宫，一段鲜活的历史！

沙丘宫，一个不朽的传奇！

[目　录]

目 录

第一辑

最初的宫殿

大陆泽，锦绣地

要说沙丘宫，还得从大陆泽说起。大陆泽是什么呢？据史料记载，大陆泽又名钜鹿泽、广阿泽，是古代天下九泽（大陆泽、雷夏泽、大野泽、彭蠡泽、云梦泽、震泽、菏泽、孟潴泽、溁泽）之一。司马迁在《史记》中记载：大禹导河，北过洚水，至于大陆。河即黄河，大陆即大陆泽。

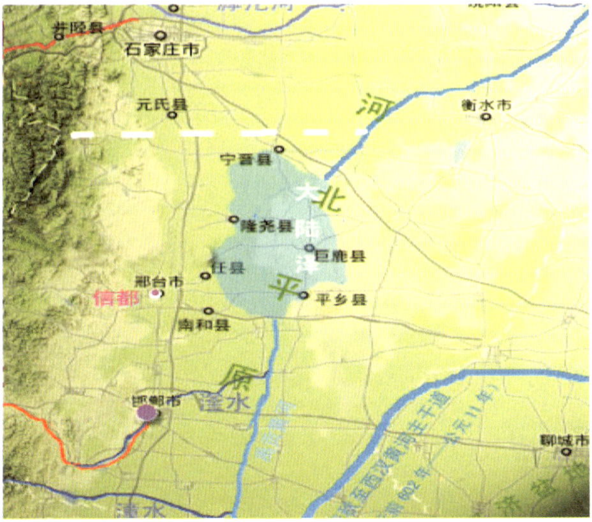

大陆泽跨境图

由于黄河和海河众多河流水系冲积，在华北平原形成的亿万年时间里，也形成了大大小小的平原湖泊，大陆泽就是其中最大的一个。史志上称，大陆泽广袤百里，众水所汇，波澜壮阔。它位于今邢台市中部，河北西部太行山河流冲积扇与黄河故道的交接洼地，为漳北、泜南诸水所汇，水面辽阔，跨今河北省邢台市的隆尧、巨鹿、任县、平乡、南和、宁晋六县。北魏时期称大陆泽为大陆陂。明代中期，泽内中段脱水，分成“南泊”和“北泊”。“南泊”仍叫大陆泽，“北泊”叫“宁晋泊”。到了清代，任县百姓又习惯称大陆泽为小东湖。

昔日的大陆泽不仅风光秀美，是明清时期的顺德府十二胜景之一，而且是古代邢台的重要渔仓，受到历代文人墨客的歌咏。明代万历版《顺德府志》中记载了元代李京所作的《大陆澄波》诗，描绘出了大陆泽当年的万千风光。诗曰：

汪洋千顷势何雄，九水同归一泽中。
波静天光分上下，浪翻地影失西东。
鱼龙吞吐争春雨，鸟雀惊飞向晚风。
明月蒹葭杨柳岸，渔舟人唱藕花丛。

刘永锡的《打渔歌》也称赞大陆泽：

鲂鲤泼泼陆泽滨，陆泽之滨多渔人，
渔人使船如使马，截流一网千百鳞。
更有健者不用舟，挺叉掷去无虚投。
锐头小儿多心计，结线作纶针作钩。
就中一人心独偏，斜风细雨不知还。
得鱼换酒酒须醉，不脱蓑衣伴月眠。

一叶扁舟风吹去，吹到芦花最深处。

芦花摇落作雪飞，雪白水绿点客衣。

醒来却怪桐江客，五月忽披羊裘归。

大陆泽当年的锦绣风光由此可窥见一斑。那么，后来这一带成为商朝政治经济文化中心就不难理解了。而古平乡当时就北临大陆泽，太行山脉在其西，古黄河、漳河环绕在它的东部，被誉为“天雄信都之孔道，山左山右之通衢”。这里森林茂密，土地肥沃，气候温润，雨水充沛。早在尧、舜之季，先民就已经开始在此繁衍生息了。

商祖乙迁都于此

到了商代，自商汤立国，传至太甲，又经历了八代，传到了河亶甲，河亶甲死后，他的儿子祖乙继位。祖乙，姓子名乙，一名滕，在位19年。

祖乙元年，当时商朝的都城设在相（今河南省内黄县），因相地处黄河下游，河水时有暴涨，河水一涨，洪水泛滥，大量田园被冲毁，黎民百姓难得定居，生命财产时有被淹没的危险，就连帝王都城也朝不保夕。为救民于水火，远避洪涝灾害，祖乙将都城从相迁到耿（即邢，今河北省邢台市）。次年，因邢地发生山洪，于是再次迁都于庇。《古本竹书纪年》记载：“祖乙滕即

祖乙

位，是为中宗，居庇。”

“庇”在何处？众说纷纭。一说在山东费县或定陶，一说在河北邢台。进入20世纪以来，随着地下文化遗存的不断发现和考古工作的不断深入，学术界的观点逐渐趋于统一，认为“庇”当在今天的邢台市平乡县王固村一带。

以上是历史记载中的“商祖乙迁都于庇”。关于这段历史，在平乡本地还有更活灵活现的说法：

公元前15世纪，商王祖乙即位，正赶上其都城遭水患，民不聊生。祖乙为谋求国家中兴、百姓安乐，向臣子们征求意见，想选一块优美宜居的风水宝地作为自己的国都。

这时，有臣子讲，在邢地发现了一条龙鱼，这是吉祥之兆，邢必将成为龙

祭祀祖乙的龟甲

腾之地。祖乙听了非常高兴，就在公元前1438年迁都到了邢。之后，又有个善断风水的大臣说："龙在则兴，龙亡则水淹。"祖乙一听，赶紧命人将龙鱼小心地供奉起来，朝夕礼拜。可惜，不久龙鱼还是死了，接着，邢地果真被一场洪水淹没，祖乙只好再次迁都。因为祖乙非常留恋这个地方的环境，便决定不再迁往远方，在附近另择一处宝地。

当时的平乡位于大陆泽沿岸，水源丰富，土地肥沃，林木茂盛，鸟语花香，农牧渔猎，生生不息。优越的自然条件、优美的自然环境和相对发达的农林牧渔业是成为商都和后来秦置巨鹿郡的必要条件所在，也因此进入了祖乙的视线。

公元前1437年，祖乙将都城迁来。从此，这里成为商王朝一个新的政治文化中心，历时近百年。

开始其实很简单

祖乙迁都到庇地后，开始营建都城，立宗庙、筑社稷、造宫室，一个庞大的宫殿建筑群慢慢出现在世人面前。因这一带土壤系沙质，到处堆积成丘，古名“沙丘”，因此这片宫殿群被后人称为“沙丘宫”。

最初的沙丘宫建筑风格、宫殿样式等已不可考，并且，当时的“沙丘宫”跟后来载入史册的“沙丘宫”从本质上说不能算是同一座宫殿，它只能算作是沙丘宫的雏形。那时候，它的作用不是为了享乐。商祖乙在这里召见臣子，处理国政，商朝社会经济得到恢复和发展，农业和手工业的进步促进商品交换的发展，出现许多牵着牛车和乘船从事长途贩运的商贾，民间音乐和宫廷音乐，都有长足的进步。

有人说，著名的“万年历”跟沙丘宫还有一段故事。

传说，迁都于庇后，商朝的社会经济得到了恢复和发展，商朝又兴盛起来。但是，每当想到被淹的古都邢地，祖乙都会为受灾的黎民百姓祈祷，并时时感叹天气风云的不测。一个名叫阿衡的大臣，为讨好祖乙，奏称要设天台敬祭天神。祖乙认为有理，便带领百官去祭天，却无济于事。

当时，庇地有个樵夫名字叫万年，

有一天他到丛林深处砍柴，砍罢了就坐在树下休息，眼望着树影出神。不知不觉过了很久，他突然发现地上的树影已悄悄地移动了方位。万年灵机一动，心想，既然时间推移，树影就会发生变化，那么日影的长短是不是可以计算时间呢？回到家后，万年就设计了一个“日晷仪”。可是，一遇上阴雨天，日晷仪又失去效用了。

有一天，万年在泉边喝水，看见崖上的水很有节奏地往下滴，规律的滴水声又启发了他的灵感。回家后，万年就动手做了一个五层的漏壶，利用漏水的方法来计时。这么一来，不管天气阴晴，都可以正确地掌握时间了。有了计时的工具，万年更加用心地观察天时节令的变化。经过长期的归纳，他发现，每隔三百六十多天，天时的长短就会重复一次。只要搞清楚日月运行的规律，就不用担心节令不准了。

后来，万年就带着自制的日晷仪及水漏壶去觐见天子祖乙，说明节令与天神毫不相干。祖乙觉得万年说得很有道理，就把万年留下，在天坛前盖起日晷台、漏壶亭，又派了十二个童子供万年差遣。从此以后，万年得以专心致志地研究时令。

过了一段日子，祖乙派阿衡去了解万年制历的情况。万年拿出自己推算出的初步成果，说：日出日落三百六，周而复始从头来。草木荣枯分四时，一岁月有十二圆。阿衡见此，知道万年的历法已研究成功，心中忐忑不安。他万分惧怕万年因创建历法而得宠，国君会怪罪自己提出祭祀天神的主意。于是，他阴谋策划，派了一个刺客去除掉万年。刺客攀上日月阁，见万年正在阁上观察星斗，便张弓搭箭，准备射死他。谁知，刺客被卫士发现，当场缉拿。祖乙知道后，惩处了阿衡，亲自登上日月阁看望万年。万年指着天象，对祖乙说："现在正是十二个月满，旧岁已完，新春复始，祈请国君定个节吧。"祖乙说："春为岁首，就叫春节吧。冬去春来，年复一年。"

后来，万年经过长期观察，精心推算，制定出了准确的太阳历。当他把太阳历呈奉给继任的国君时，已是鹤发银须。国君深为感动，为纪念万年的功绩，便将太阳历命名为"万年历"，封万年为日月寿星。以后，人们在过年时

清朝的赤道式日晷仪

都会挂上寿星图，据说就是为了纪念德高望重的万年。

以上故事只是传说。“万年历”究竟源于何人何地，我们没有找到确切的记载。但可以想象，因为祖乙的迁都，庇地的兴盛，沙丘宫开始登上历史舞台，并为商代历史添上了浓墨重彩的一笔，也为后世发生的一系列或美丽，或传奇的故事奠定了基础。

第二辑

帝王们与沙丘宫的故事

第一任主人商纣王

纣王第一次慕名来到这片土地，宛如置身仙境，从此流连忘返。于是，他收集天下奇花异草、珍禽异兽充斥其中，建成了当时天下最负盛名的沙丘离宫，这是见于史书记载的第一座中国园林和最早的皇家园林。

力斗九牛

公元前1105年，商朝的一座宫殿里，一个男孩呱呱坠地。只见这个婴儿唇红齿白，双目如星，额头隐隐闪过一丝红光，孩子父亲看到后暗暗称奇，认为他天生福相，日后定能有一番作为。

这个婴儿后来取名叫受。受一天天长大了，他有着超人的天赋，不仅天生神力，更有过目不忘的本领。童年的时候，有一天外出玩耍，看到一个人正赶

纣王

着一头公牛在路上走，不知道怎么回事，那头公牛忽然发狂，用力往前一冲，赶牛人一个趔趄摔倒在地。公牛乘机挣脱缰绳，朝着受站的位置狂奔而来。赶牛人吓坏了，顾不得追回公牛，冲着受大声喊道：“小公子，快躲开，牛发狂了，小心踩伤您！”

受一点都不惊慌，等那牛冲到身边后，只见他轻轻一个跳跃，躲过锋利的牛角，一伸手就抓住了牛尾巴。发狂的公牛忽然觉得有人拽住了它的尾巴，生气地四蹄刨地，哞哞怒吼，用尽全身力气想往前跑，却不能前进半步。过了许久，牛的力气用完了，慢慢平静下来。赶牛人这才跑过来，冲着受竖起了大拇指说：“小公子您可真厉害，这头牛的力气少说也有千斤，您单手就把它制服了啊！” 就这样，受单手制服发狂公牛的消息一传十、十传百，很快就在殷都传开了。

后来，受在一帮兄弟的怂恿下做了一个实验，将九头强壮的公牛拴在一起，命人用皮鞭拼命地击打，让它们发狂前奔，而他则从后面攥着拴牛的缰绳。九头公牛被皮鞭打得发了狂，怒吼着拼命向前冲，受双手紧握拴牛的缰绳，立在原地岿然不动。后来，他干脆拉着拴牛的绳子向后走，九头被打得发狂的公牛，竟然硬生生地被拉着倒退着走。

这个叫受的孩子，后来登基做了商王，亦称帝辛，即商纣王。他是一个身手矫健、体魄俊美的美男子。《史记·

殷本纪》记载："(帝辛)资辨捷疾，闻见甚敏，材力过人，手格猛兽。"其他史料中也有"形容俊美"和"帝辛受德有倒拽九牛之威，具抚梁移柱之力"的记述。

纣王新解

一说起纣王，在我们脑海中浮现出来的就是《封神演义》中的暴君。几千年来，在国人心中，商纣王不仅是中国古往今来昏君、暴君的"代言人"，而且已经成为邪恶势力和罪恶人性的象征。那么，纣王的真实形象是什么样的？他真的就像《封神演义》这本小说里描述的那样昏庸无道、一无是处吗？

时间追溯到公元前1075年。这一年，商朝君王帝乙驾崩。帝乙的第三个儿子辛继位。

为什么不是帝乙的长子微子启继位，历史上也有不同的说法。据《吕氏春秋》记载，微子启、微仲与纣王三人同母，但是其母在生微子启和微仲时尚未成为后，所以是庶子，而其母在生辛时已是王后，根据当时的礼法，辛是嫡子，被立为继承人。而据《史记·殷本纪》考证，微子启和辛并不是同一个母亲所生，辛的母亲是王后，所以被立为嗣。《史记·宋微子世家》则直言微子启是“殷帝乙之首子而帝纣之庶兄也”。不论哪种记载，都说明辛是因为嫡出被立为继承者的。

辛即位时，先王留给他的是一个残破的河山和破败的政局。对内，他要面临已经崩溃的经济、不断出现的奴隶起义和来自王室以及其他利益集团的挑战。对外，他要面对从四面八方涌入的外族入侵。即位后，在老臣的辅佐下，他进行了大刀阔斧的改革：废除贵族的世袭权利并收回他们的领地，强化了王权；选贤任能，开辟在平民而非贵族中选拔官员的先河；整顿国内经济，鼓励生产，减少赋税和劳役。当时农田有比较整齐的规划，农作物种类有黎、粟、稻、麦，还发明了中耕；有蚕桑经营，纺织业有所发展；除有六畜外，还驯养了象，畜牧业相当发达。由于商业的发达，商王朝与周边国家经济贸易往来也愈加频繁，据说今天“商人”一词，就源自当时周边国家对商朝国人的称谓。

帝辛还大大地扩张了商朝的疆土，他先是集中兵力向一直进犯的西北鬼方、土方各部展开进攻，接着就挥师向东，全力进攻东夷，打退了东夷向中原的扩张，守住了商朝的疆土。进而又向东南扩张，击退淮夷。至此，商的版图达到顶点。今天中国的山西北部、湖北北部、陕西北部、甘肃西南部、山东半岛、浙江、江苏、淮河下游和长江流域就是在纣王时期并入中国版图的。纣王的争战有力地促进了中原地区先进文明在中华各地的传播，也促进了中华民族的大融合和多民族国家的形成，对中国版图和中华民族的形成和发展具有划时代的伟大意义。所有这些都是商纣王对中华民族作出的不朽贡献。

从古至今，多位学者曾为纣王正名。据《论语·子张篇》记载，早在春秋时期，孔子的得意弟子子贡就在探讨纣王时说，商纣王虽坏，但决不像传说中那样严重，他之所以名声不好，是因为人们把天下所有恶事都算到他的头上了。较早为纣王翻案的历史考古学家郭沫若曾高度地评价纣王，他在《驳说儒》中也说：“像纣王这个人，对于我们民族发展上的功劳倒是不可淹没的。”一代伟人毛泽东在点评二十四史时曾对纣王统一中原地区、促进交流给予了很高的评价：“把纣王、秦始皇、曹操看作坏人是错误的。其实纣王是个很有本事，能文能武的人。他经营东南，把东夷和中原的统一巩固起来，在历史上是有功的。”

随着商朝的灭亡和纣王的殉国，他对中华民族发展所作出的贡献，几乎被后人全部抹杀。但像“好酒淫乐，嬖於妇人”“以酒为池，以肉为林”“重刑辟，有炮烙”的劣迹却比比皆是。

学者罗泌在《桀纣事多失实论》中指出：“帝辛大造宫殿，建造酒池肉林，宠信女色，囚禁贤人，残害忠良等罪恶，与夏桀的罪恶如出一辙，凡桀的罪，就是纣的罪，桀纣不分，这些都是出于模仿。”罗泌这样说是有根据的。例如：令人发指的“炮烙”酷刑，本来是夏王桀的发明“专利”，却被人们张冠李戴在纣王头上。学者顾颉刚曾在《纣恶七十事的发生次第》指出，纣的罪恶在周人的《尚书》中只有六点，战国书中添加了二十七事，西汉书中添加了二十三事，东汉时添加了一事，东晋时添加了十三事，于是商纣就变成了亘古未有的残忍暴君了。

作为当时世界超级大国的国君，商

纣王同历代亡国之君一样，固然有淫逸奢侈、骄狂拒谏、横征暴敛的昏暴一面，但这些缺点并不能掩盖其雄才大略、英明神武的主流方面。正是由于纣王在位期间对外进行的近三十年的争战，奠定了今天中国主要疆域以及多民族国家的地位。而商纣王在胜利后所犯下的灾难性错误，导致国家在极盛时期骤然灭亡，也值得后人永远铭记和思考。

第一座皇家园林

纵观中国历代封建王朝，我们会发现，帝王在取得政权以后，总要大兴土木，营建都城宫殿，以象征封建皇权和用来临朝听政，同时构筑离宫别馆，兴造园林，供出宫时居留享乐。帝辛也不例外。

在多次战争中，作为商王朝最高统治者和军队最高统帅的帝辛每次都身披铠甲，亲自驾驭他那辆镶嵌有黄金宝石的战车，挥舞青铜长戈冲在最前线。几次御驾亲征的经历，大大增长了纣王的见识，提高了纣王的威望，同时也暗暗滋长了他骄横与逸乐的情绪。在东伐的途中，纣王俘获了历史上有名的美人妲己，更是为纣王日后的骄奢淫逸埋下了伏笔。《晋语》记载："殷辛伐有苏，有苏氏以妲己女焉。"据史书记载的时间推算，帝辛很可能是在征伐东夷的战争中，路过有苏氏部落掳获了妲己。

战争的胜利，使一批批战俘不断地拥向朝歌。这些成十万、成百万的战俘，都变成了商王朝的奴隶。由于纣王对东经营，中原文化也逐渐发展到东南，促进了江淮地区文化的发展；同时也由于战俘的不断增加，大大促进了商王朝农业、牧业和手工业的发展，提高了奴隶主贵族的生活水平。

商王朝的这种“中兴气象”，滋长了帝辛对自身价值的再认识，他志得意满，认为原来的都城已经无法与他巨大的功绩相匹配，便决定扩建沫都，并因城西的朝歌山，改沫都为朝歌，取意“喜迎朝阳，高奏凯歌”。同时，在城内修建空前富丽堂皇的宫殿“鹿台”，并在沙丘扩建离宫苑台，饲养了从全国各地搜罗的珍禽异兽，和宠妃苏妲己整日在此饮酒作乐。据《古本竹书纪年辑证》记载，“自盘庚徙殷，至纣之灭，七百七十三年更不徙都。纣时稍大其邑，南距朝歌，北据邯郸及沙丘，皆为离宫别馆。”

实际上，自商祖乙迁都于庇地，经祖乙、祖辛、沃甲、祖丁、南庚几代，到了南庚时，再次将都城迁到奄地。这之后的几百年，沙丘宫这片地方渐渐变

纣王的荒淫无度

成历任商王的离宫别苑。

据传，一次纣王出游，路过大陆泽沿岸的沙丘离宫，顿时被眼前美景所吸引。此地不仅景色优美，还有着得天独厚的自然条件，森林茂密，湖泊纵横，鸟兽充盈，风光如画，不仅是休憩放松的场所，也是天然的狩猎场。

于是商纣王在原址上修缮扩建了沙丘宫，并命人捕捉大量的野兽飞鸟，放置在里面。还凿了一个大的可以行船的池子，里面灌满了酒，即酒池；并在酒池旁边竖立许多木桩，上面挂着烤得香喷喷的肉，即肉林。纣王和妲己在酒池边上尽情地酗酒，到肉林尽情地吃肉。成语“酒池肉林”即源于此。

据《园林史》研究，沙丘宫是中国古典园林的雏形，不仅是圈养、栽培、通神、望天之处，更是略具园林格局的游览娱乐场所。有休息娱乐的宫殿，有观赏动植物的台榭，以自然景色为主，较少人工开发，但其功能渐增，已向苑囿方向发展。后来有某些研究学者认为，当时的沙丘宫类似于现在的森林公园，除了有宫苑供休憩娱乐外，还有树木园、珍禽野兽园、花草园等各种园林。纣王可以在这里饮酒作乐，也可以狩猎捕鱼，尽情体验各种游乐方式。据《史记·殷本纪》记载：“（纣王）益广沙丘苑台，多取野兽蜚鸟置其中。”这是史书上记载的最早的一座园林，也是最早的皇家园林。

赵襄子重修沙丘宫

沙丘古地春秋战国时期属邢地，历史上赵国有名的国君赵襄子曾在这里留下浓墨重彩的一笔。赵襄子（？—公元前444年），嬴姓，赵氏，名无恤（亦作“毋恤”），春秋末叶晋国大夫，赵氏家族首领，战国时期赵国的实际“创始人”。谥号为“襄”，故史称“赵襄子”。

赵襄子

意想不到的继承者

赵襄子并没有高贵的出身，虽是晋卿赵鞅之子，但是因为其母是从妾，又是翟人之女，所以，他在诸子中属于庶子，而且是地位最低的那类庶子。在他小时候，甚至连赵鞅也看不上他。但是，赵襄子从小就敏而好学，胆识过人，跟其他兄弟们的纨绔性格大相径庭，久而久之，就引起赵氏家臣姑布子卿的注意。子卿善于观察面相，赵鞅对他极其信任。有一天，赵鞅召诸子前来，请子卿看相，子卿趁机举荐了赵襄子，从此，赵鞅才开始关注起了这个儿子。

赵鞅注重对儿子们的教育和培养。他曾将训诫之辞刻在若干竹板上，分别授予自己的儿子们，要求他们认真习读，领悟其要旨，并告诉他们三年之后要逐一考查。然而，儿子们大都没把这些竹板当回事，他们中的大部分人都认为这只不过是父亲心血来潮，用不了几天父亲就会把这件事情忘掉。

三年之期，转瞬而至。出乎这些公子们的意料，赵鞅宣布要考查他们对竹板上训诫的认识。在考查时，他的儿子们，甚至连世子伯鲁，也背诵不出，大部分人连竹板都不知遗失到了何处。赵鞅怒不可遏，正要发作时，发现站在队伍末尾的赵襄子态度谦和，从容而坐。于是问道："无恤，你可还记得为父交付你的训诫？"赵襄子起身施礼，对竹板上的训诫背诵如流。赵鞅十分惊奇，问道："你可是时常温习？"赵襄子回答："儿子始终将竹板携藏于身，经常检点自己。"于是，赵鞅开始相信子卿的话，认为自己的儿子无恤的确是个贤能之人。

赵鞅

时光如梭，赵鞅的儿子们慢慢地长大成人，赵鞅决定对他们进行更深的考察。有一天，他召见儿子们说：

“我将一宝符藏于常山之上，你们去寻找吧，先得者有赏。”他的儿子们听了满心欢喜，争先恐后地骑上快马向着常山狂奔而去，每个人都想第一个寻到宝符。但是，赵襄子却不着急。他认为，既然是宝符，绝不会那么容易寻得，一路狂奔，反而会消耗了体力。等他到了常山，他的哥哥们已经寻找了好长时间，但是都没有寻到宝符。当他们看见赵襄子，突然想起自己的这个弟弟聪敏机警，跟着他说不定能早早地寻找到宝物，于是，三五成群地跟赵襄子走到了一起。赵襄子知道自己这些哥哥们的目的，但是并没有戳破他们，大方地与他们一同寻找，诸位公子对这位弟弟的印象一下子好了起来。

寻找了大半个时辰，谁也没有发现

宝符在哪儿。慢慢地越来越多的人失去了寻宝的热情，开始变得垂头丧气，一种绝望的空气在他们之中蔓延开来。甚至有的人开始想，这会不会是父亲的一个玩笑，其实就是想让他们活动一下筋骨。临近中午的时候，越来越多的人选择了打道回府，只有赵襄子还在持之以恒地寻找。

日已过午，赵襄子又累又渴，他环顾四周，发现常山地势险拔陡峭，易守难攻，凭高远眺，看到山下的代国一马平川，景色宜人，顿时看呆了。此时，一个念头猛然掠过，他自信地站起身，自言自语：“我找到了宝符”。回到府中，看到父亲脸色阴沉，哥哥们一个个垂头丧气，他踱步向前对赵鞅说：“父亲，我找到了宝符。”父亲脸上划过一丝惊喜，但立刻恢复如初，问道：“宝在何处？”赵襄子回答说：“凭常山之险攻代，代国即可归赵所有。”赵鞅听罢高兴异常，顿觉只有赵襄子明白自己的良苦用心，是赵氏大业难得的继承人。于是废掉了世子赵伯鲁，破例立赵襄子为世子。

迁都于邢

要说赵襄子与沙丘宫的关系，还要从他迁都于邢说起。

智伯

赵鞅死后，晋国正卿由智伯瑶取而代之。智伯竭力发展自家势力，很快成为智氏、赵氏、韩氏、魏氏等卿大夫中，权力最大、实力最强的门阀。

权力的膨胀，助长了智伯独吞晋国之心。公元前455年，智伯

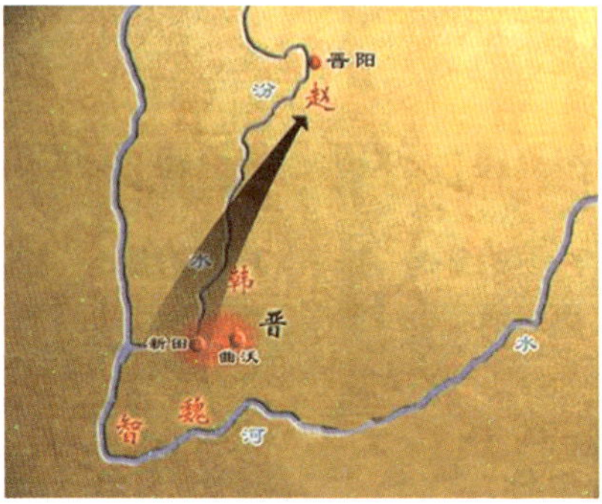

智伯率智韩魏联军进攻赵氏

假借晋侯之命，巧以恢复晋国霸业为由，向赵、韩、魏三卿各家索取领地一百里。韩康子、魏桓子明知这是智伯意在削弱别家，但不敢与之争锋，如数交出。而赵襄子却不愿俯首任智伯摆布，加之往日与智伯有隙，便非常坚决地回绝智伯使者：“土地是先人的产业，哪能随意送与他人？”智伯见韩、魏两卿拱手献地，而赵襄子竟敢抗命，勃然大怒，加上新仇旧恨的催化，遂自己亲任元帅，挟韩、魏两家出兵攻赵。

赵襄子退守晋阳，晋阳之战惨烈爆发。智伯率三家之军将赵襄子围困在晋阳，襄子凭地险与人和的优势，与敌周旋一年有余。这年夏季，智伯借山洪来临，掘晋水汾河之坝，水灌晋阳，城中军民“悬釜而炊，易子而食”，晋阳虽“民无叛意”，但群臣却有动摇之心。就在这关键的时刻，赵襄子命家臣张孟谈趁夜黑风高潜入韩、魏两营，晓之以“唇亡齿寒”的利害，向韩、魏两家说明赵氏的灭亡虽在睫下，但韩、魏应该知赵氏的灭亡对他们意味着什么。说服他们与赵氏结盟，趁智伯胜骄不备之机，内外夹攻消灭智氏，共分其地。赵氏则在赵襄子的领导下，力挽狂澜，消灭了必欲灭己的智伯，壮大了自家的势力。

水灌晋阳

晋阳之战后，赵襄子心中余悸未消，认为晋阳已经不适合再作为都城，于是，在心中萌发了迁都的想法。但是，该迁到哪儿呢？思量再三，他选择了邢台，原因有三：一是古邢台曾是他的采邑（世袭的领地），他很早就生活在这里，对这里的风土人情有着深刻的了解，对这里的一草一木一人一物都有着深厚的感情。二是古邢台背靠太行山，南临黄河，东临平原，地形开阔，物产丰富，已具备了天时地利人和的条件。三是赵韩魏三家分晋后，赵国的地域不断向外扩张，确定了由晋阳城向东太行山东麓邢地一带、向北蒙古一带两个发展走向，从战略上考虑，古邢台居于中心，地理位置上明显优于晋阳城。于是在约赵襄子六年（前451年），赵襄子正式将都城自晋阳迁于邢台。

定都邢台三十余年，赵襄子与邢台结下了不解之缘，在邢台，赵襄子的故事代代相传，经久不衰，很多地名都跟他有着密切的联系，在这其中，有一个是太子井。

《邢台县地名志》记载：太子井分为两村，原通称太尝井，此地常年干旱。公元前453年，还是太子的赵襄子带人到此打猎，因为是盛夏，烈日炎炎，不大一会儿，队伍所带的水就喝光了。附近又没有河流、水井，一行人干渴难行。这时，赵襄子对天长叹：此时，若能有大雨倾盆，岂不妙哉！不大一会儿，乌云密布，下起大雨，人马得以饱饮，解除了干渴之苦。队伍中有一个老臣认为太子有灵气，立即下马向赵襄子

被填埋的太子井

跪拜，说道："太子得天意，而今此地大旱，请太子向苍天祈雨，为百姓赐水。"赵襄子答应了他的请求。

附近的百姓听闻此事后，纷纷前来助阵。赵襄子便搭弓射箭，并说，箭落之地会出泉水。人们就在落箭之地挖井，果然挖出泉水。后来人们依井而居，井旁出现两个村庄，为纪念赵襄子，就将村庄命名为东、西太子井村。

苏醒的行宫

春秋战国时有"方丘祭地"之礼，

方丘为古代祭祀“地祇”的神坛。据民间传说，地祇就是属于地面上所有自然物的神化者，包涵土地神、社稷神、山岳、河海、五祀神，以及百物之神。方丘祭地正祭时间是每年夏至之日，地点在国之北水泽（大陆泽）中方丘，以牲畜及其他祭品埋入土中，以敬大地。

这年，赵襄子依照惯例带领随从到大陆泽祭拜，看到大陆泽九水同归，有汪洋千顷之势，泽中波光粼粼，鱼龙吞吐，又有杨柳倚畔，渔舟唱晚，一派祥和之象，内心非常向往。于是有意在此处建一座宫苑作为祭礼后休憩之所。但想到每每举千人之力而行至此，礼毕不日即归朝，宫苑仅作一时之用却要耗费财力物力人力修建，岂不可惜。

这时，老相国建议，此地曾有一商

都别苑，可以改造扩建，重现往日神采。为了不因大兴土木而劳民伤财，赵襄子决定只对沙丘宫进行修葺，另在宫旁建两个小别馆，主体不动。并昭告百姓，修葺邢台都城，同时修葺沙丘宫，如此一来，百姓也无怨言。

数月之后，修缮后的沙丘宫又恢复了往日的气势。此后，每年举行祭礼，赵襄子都要在此地休憩。民间传说，沙丘行宫还曾经让他避过一场刺杀。

豫让是春秋晋国人，曾经在范氏、中行氏手下，并没有受到重视；后来投靠智伯，智伯非常看重他。赵襄子与智伯之间有极深的仇怨，赵襄子联合韩、魏二家，消灭智伯，并将他的头

豫让

骨拿来当酒杯。豫让认为“士为知己者死，女为悦己者容”，下定决心为智伯复仇。但因为宫禁森严，他谋划多次都无从下手。后来，他决定从宫外下手。

于是，他改变姓名，冒充罪犯，混进沙丘行宫。一天，他得知赵襄子行至沙丘宫，在此休憩，就企图借整修厕所的机会，以匕首刺杀赵襄子。可是赵襄子在上厕所时，突然有所警觉，命令手下将豫让搜捕出来。赵襄子的左右随从原想杀他，赵襄子却认为豫让肯为故主报仇，是个有义之人，便将他释放。

后来，豫让又不惜在全身涂抹上油漆、口里吞下煤炭，乔装成乞丐，事先埋伏在一座桥下，准备在赵襄子过桥的时候刺杀他。赵襄子的马却突然惊跳起来，使得豫让的计划又再次失败。赵襄

豫让桥

子虽感叹于豫让的忠心，但不能一再二再而三的释放豫让。豫让知道这一次是非死不可，于是就恳求赵襄子：希望你能完成我最后一个心愿，将你的衣服脱下来，让我刺穿，这样，我即使是死了，也不会有遗憾。赵襄子答应这样的要求，豫让拔剑，连刺了衣服三次，然后就自杀了。因豫让血流桥下，因此后人将那座桥命名为赤桥，亦称豫让桥。

这段故事，在《史记·刺客列传》里是有记载的，是不是真的跟沙丘宫有关，我们不得而知。但从这个传说中，我们可以看出，民间对沙丘宫寄予了很多美好的希望和想象。

赵武灵王的不解之缘

赵武灵王的一生都与神秘的沙丘宫结下了不解之缘：在赵国国力鼎盛时期，赵武灵王得到了自己梦中的美人，重修了沙丘宫，与王后孟姚长年居住于此，尽情享乐，经历人生最得意的时刻；也是在这里，他运筹帷幄，谋求创新，定下“改革”大计；还是在这里，他一时糊涂，引发政变，留给后人无尽浩叹……

年幼继位的英武君主

赵武灵王（约公元前340年—前295年），嬴姓，赵氏，名雍，赵肃侯之子。

公元前326年，赵国的君主赵肃侯突发疾病去世。其子赵雍，年方十五岁就匆匆继位。当时，天下正处在战国中后期，列国之间战争频繁发生，兼并之势愈演愈烈。赵肃侯在位时虽然留下了不错的基础，但赵国西有强秦、东有燕齐、南有韩魏、北有胡人，再加上一个中山国深入腹地，连年征战，不得安宁，国力明显弱于楚魏秦齐。

赵雍年幼即位，等到可以独立处理政事时，他勤理政务，爱护百姓。先向先王重臣肥义问政，从善如流，增加其俸禄；后发布政令，统计国内年过八旬的老人，每月向他们发放物品以示敬老之意。当时赵国与邻国韩国一直相安无事，但与魏国关系不太好。据《史记·赵世家》记载，公元前322年，赵雍与韩王会盟。第二年，

赵武灵王雕像

赵雍娶韩国的公主为妻。此后，魏国忌惮赵韩实力，便有所收敛。

在稳定住南方后，赵雍便致力于拓疆扩土。燕国处于赵国东北方，公元前315年，燕国发生内乱，国君让位于国相子之，引发燕国朝局动荡。赵雍插手燕国内政，派人去找到正在韩国做人质的燕公子职，把他送回燕国去做了新的燕王即燕昭王，由此赵燕两家和平共处多年。燕国本已被齐国控制，齐国见赵国插手燕国的事情，心中不满，发兵攻燕赵，赵雍自称实力不济，收兵避战，让燕王找他的外公秦惠王求救，秦国发兵打败了齐，齐秦实力都受损，赵国的东西两面也暂时平静。

几年后，先是赵国的西邻秦国发生内乱，赵国西渡黄河，夺取了秦国北境的榆中地区。之后南方的第一大国楚国灭掉了第二大国越国，楚齐接壤成为邻居，齐国为了应付楚国的入侵不得不放弃与赵国为敌。于是赵国东西边境彻底安宁。

“改革”一词由此而来

1903年，梁启超发表《黄帝以后的第一伟人——赵武灵王传》一文，曾评论赵武灵王是黄帝以后的第一伟人，是少数可以取得对北方游牧民族战争胜利的人之一。

赵武灵王眼光长远，胆识过人，在赵国眼看着被别国兼并之时，他想方设法要把国家革新一番。根据《史记》记载，赵武灵王召肥义与议天下，大朝五日后决定进行胡服改革，“十九年正月,大朝信宫，召肥义与议天下，五日而毕。”

公元前 302 年的一天，赵武灵王对其臣子楼缓说：“咱们东边有齐国、中山，北边有燕国、东胡，西边有秦国、韩国和楼烦（古部落名）。我们如果再不发奋图强，随时会被其他国家灭亡。我觉得咱们穿的服装，长袍大褂，干活打仗，都不方便，不如胡人（泛指北方的少数民族）短衣窄袖，脚上穿皮靴，灵活得多。我打算仿照胡人的风俗，把服装改一改，你们看怎么样？”

楼缓听了很赞成，说：“咱们仿照胡人的穿着，也能学习他们打仗的本领了，是不是？”

赵武灵王说：“对啊！咱们打仗全靠步兵，或者用马拉车，但是不会骑马打仗。我们学胡人的穿着，就是要学胡人那样骑马射箭。”

这个议论一传开去，就有不少大臣反对。赵武灵王又跟他的重臣肥义商量：“我想用胡服骑射来改革咱们国家的风俗，可是大家反对，怎么办。”

肥义说：“要办大事不能犹豫，犹豫就办不成大事。大王既然认为这样做对国家有利，何必怕大家讥笑？”

赵武灵王听了很高兴，说：“我看讥笑我的是些蠢人，明理的人都会赞成我。”

第二天上朝的时候，赵武灵王首先穿着胡人的服装出来。大臣们见到他短衣窄袖的穿着，都吓了一跳。赵武灵王把改胡服的事向大家讲了，可是大臣们总觉得这件事太丢脸，不愿这样办。赵武灵王有个叔叔公子成，在赵国是一个很有影响的老臣，头脑十分顽固。他听到赵武灵王要改服装，就干脆装病不上朝。

赵武灵王下了决心，非实行改革不可。他知道要推行这个新办法，首先要打通叔叔的思想，就亲自登门拜访赵成，跟他反复地讲穿胡服、学骑射的好处。最终，公子成被说服了。赵武灵王立即赏给他一套胡服。

大臣们一见公子成也穿起胡服来，只好跟着改了。赵武灵王见条件成熟，就立即颁布改革命令。不久，赵国百姓不论贫富贵贱，都穿了起胡服。

接着，赵武灵王又号令大家学习骑马射箭。不到一年，就训练了一支强大的骑兵队伍。这种新式骑兵待遇优厚，吸引了北方戎狄入伍，使原本经常骚扰赵国的敌对力量成了赵国的战斗主力。

在实行胡服骑射的第七年，中山、林胡、楼烦都被收服。赵国又修筑长城，置军戍守，并且实行相对缓和的民族和睦政策，使边地免除了胡骑的侵扰，保护了边地人民的生产和生活，巩固了北方边疆，为后来秦汉统一北方边疆奠定了基础。

赵武灵王改变胡服是出于骑射的客观要求，但事实上，胡服不仅只适应于作战的需要，它比中原的衣冠更便于人们的生产劳动与其他社会活动。通过胡服骑射，不仅使赵国军队的战斗力迅猛提升，还调

赵武灵王胡服骑射

和了国内的宗室贵族和有戎狄背景的外族大臣两大派系之间的矛盾，加强了中央政府对地方的掌控。

胡服骑射对于此后中国的战争与交通也有很大的影响。春秋以前，中原地区的作战交通方式主要是战车。骑射的推行，推动了整个中原骑兵发展，标志着战车时代进入了骑兵时代，这在中国军事史上有着划时代的意义。随着骑射的发展，马逐渐用于日常交通，大大加强了各地区间的交往与联系，促进了各地间，尤其是中原汉族与边地各少数民族间的经济、文化交流，对中华民族文化的发展起了积极的推动作用。

值得一提的是，因胡人服饰多为动物毛发皮革所制，故而有“改革”一词，意为变革，革新。之后改革之事亦频繁出现，不过这一般都是习俗改革、政体法令改革之类。著名历史学家翦伯赞同志曾赋诗《登大青山访赵长城遗址》称颂赵武灵王的胡服改革：

骑射胡服捍北疆，英雄不愧武灵王。
邯郸歌舞终消歇，河曲风光旧莽苍。
望断云中无鹄起，飞来天外有鹰扬，
两千几百年前事，只剩蓬蒿伴土墙。

英雄有时也糊涂

“胡服骑射”，这场惊天动地的变革，让赵国在随后的几年中逐胡千里，灭中山国，直到成为一方霸主。此时，赵国已经具备了与秦国一争高下的军事实力和政治资本，然而就在人们瞩目赵国如何进一步强大的时候，一世的英明神武竟毁于一场废长立幼的风波。

故事还得从公元前310年说起。传

说，这一年赵武灵王游大陵(在今山西境内)。一天，他梦见一位少女鼓琴而歌，梦醒后对少女念念不忘。在一次酒宴的时候，他把这个梦向大家说了，还具体描绘了少女的形象。他的手下吴广听后，觉得这少女和自己的女儿孟姚非常像，就把孟姚献给了赵武灵王。

此时的赵武灵王国力强盛，又得到了自己梦中的美人，正值人生娱心悦目之时。他又想到美丽的沙丘宫。当时的沙丘宫坐落在赵国王宫东北一百余里，赵武灵王每每出巡途经此地，都被这里的美景所吸引。于是他一道圣旨，征用各地能工巧匠对沙丘宫进行重新修缮。

重修之后的沙丘宫，台高接天，榭耸凌云，九曲栏杆，饰玉雕金。赵武灵王封孟姚为王后，与她长年居住于此，夜夜笙歌，尽情享乐。没过几年，孟姚就生下了王子何（也就是日后的赵惠文王）。可惜红颜薄命，没多久，孟姚逝世，她在短暂的一生里为赵雍带来了很多快乐，但从没有求过他任何事，死前，她提了唯一的一个要求：立赵何为太子。

赵雍也很喜欢赵何，于是就废了太子赵章，改立赵何为太子，并于公元前299年就将王位传给了赵何，另将赵章封于代地，称为安阳君。他让曾经辅佐自己立足王位的国相肥义，教导扶助次子赵何。天赋聪敏的赵何，在肥义的帮助下很快进入了君王的角色，领会了一套治理国家的本领。

转眼三年过去了，作为太上王的赵武灵王无所事事之时，常常想起无辜被废的公子章。他看着被废的公子章大度无私一如既往地孝敬自己，后悔自己当时的一时冲动，废了太子又让了王位。在深感内疚的同时，计划着一个弥补公子赵章的办法。

据史书记载，惠文王四年（前295年）主父与惠文王游沙丘离宫。赵雍打算把赵国一分为二，把赵国最北面的代郡分封给公子章，让公子章做代郡王，赵王何和代郡王两王并行。这个计划遭到宰相肥义的明确反对，肥义把赵武灵王的想法告诉了赵王何，并一块商议对策。赵何意识到了问题的危急性，便召集他信任的几个大

影视作品中的赵惠文王

臣赵成、赵豹、李兑、信期、肥义，一起商量对策，并控制了军队，以防事态起变。赵武灵王见肥义不同意，就把此事告诉了公子章和大臣田不礼。安静的沙丘宫里风云骤变……

当天晚上，赵章借用赵雍的令符请赵何到赵雍的宫室议事。肥义感觉不对，便代替赵何前去赴约，让赵何与信期加强防卫，如果他不回去就是发生了政变。同时命令信使准备，如果一旦发生变乱，立即通知赵成与李兑发兵勤王。

肥义到了赵雍的宫室后，果然觉得气氛不对，没有见到赵雍，却见到了赵章和田不礼，知道自己肯定回不去了。赵章与田不礼见以太上王赵雍的名义

田不礼

都调不动赵何，知道赵何已有所准备。赵章与田不礼杀了肥义后，再派人去召赵何，如果赵何不来，就立即派武士刺杀。

赵何看到肥义没有回来，而又有使者来召他，知道发生变乱。信期逼问使者，得知肥义果然被杀。信期怒斩使者，并率军包围了赵雍和赵章住的宫室，与赵章和田不礼的党徒展开激战。李兑与赵成很快也率军赶到沙丘，参与平叛。

赵何的军队很快就控制了局面，赵章与田不礼战败，退守到宫内。信期、李兑、赵成围住宫室。李兑想向赵何请示如何处置，被赵成制止了。赵成说，以当前之势，如果请示赵何，赵何很难下达赶尽杀绝的命令，亲口批准诛杀他的父亲和哥哥。这样一来，诛杀赵章的罪名就会落在他们三个人的头上，最后他们三个人会成为替罪羊，难逃一死。而如果不请示赵何，自己处置，赵何也一定会接受这个结果，不会加罪于他们。

李兑与信期觉得赵成说的很有道理，于是派兵攻入宫室，杀了赵章、田不礼及其党羽，赵雍也没能制止。赵成把赵雍宫里的人全部赶出来，只不许赵雍出宫，把他围困在里面，但也不杀他，因为没有人敢担刺杀太上王的罪名。

李兑

赵雍被围困的内宫本无存粮，一些日常的瓜果点心没过几天就被吃光了，赵雍实在饥饿难耐，就捉那些刚出生的雏鸟生吃。赵成把赵雍困在宫里，断粮断水前后达三个月之久，赵雍被活活饿死。赵成在确定赵雍必死之后，才打开内宫，为赵雍收尸。

《史记》记载：是时王少，成、兑专政，畏诛，故围主父。主父初以长子章为太子，后得吴娃，爱之，为不出者数岁，生子何，乃废太子章而立何为王。吴娃死，爱弛，怜故太子，欲两王之，犹豫未决，故乱起，以至父子俱死，为天下笑，岂不痛乎！

赵武灵王，这位曾经名扬天下的一代英主，终因太过多情，优柔寡断，在风景如画的沙丘宫里演绎了一场风云突变的传奇故事，宛若一颗绚烂流星，消失在战国时代的夜空，徒留下后人无尽的嗟叹……

秦始皇梦中遇仙境

自称“始皇帝”的秦王嬴政，吞并六国，一统天下，推行“车同轨、书同文”，统一了度量衡，建造了万里长城，自诩功绩高于三皇五帝。为了炫示他不可一世的赫赫皇威，又为了寻仙访道，他“亲巡天下，同览四方”，一生五次东巡，三次邂逅沙丘宫……

钜鹿美景在沙丘

公元前221年，秦始皇兼并六国统一中国，分天下为三十六郡，其中的钜鹿郡，郡治就在今平乡县平乡镇。民间传说，此后，秦始皇曾先后五次沿驿道出巡全国，其中有三次经过钜鹿郡，住在沙丘宫。

秦始皇雕像

当时的钜鹿郡不仅是

军事要地，更是风景优美的宜人所在。春秋战国初期，黄河水已不再流经大陆泽而北奔入海，这样就使得大陆泽水质清澈，林荫茂盛，平波漫衍，一波千顷。无论是一年四季之美景，还是晨雾晚霞之幻影，都令人流连忘返。

围绕郡治有十余里的护城堤，每当春日，堤上百草丛生，蒙蒙茸茸，翠绿如茵，接地连天，是人们春游的必去之地。有诗写道：长堤如带草如茵，碧色芊绵几度春。我欲寻芳劳屐齿，一年一作踏青人。

夏天，树木生长得格外苍翠茂盛，滏阳河绵延贯穿于郡内，沿河两岸种植大量的柳树，交枝叠叶，遮天蔽日，接连不断。人们在浓浓的柳荫下，吹着清爽的河风，听着耳畔的鸟鸣蝉声，简直忘了这是赤日炎炎的夏天。

秋风吹过，落叶纷纷。郡治周围有水池环绕，整体地势以西北方为最低，每到秋天河水盛涨，人们便开挖沟渠将滏阳河水引入城边的水池，使其终年积存，以护城利民。水引入池后，水势逐渐趋于平缓，而城西门桥以北的池水此时便涨溢而出，一直漫延至护城西堤。水边长满芦苇和荻蓼一类的水草，野鸭和白鹭出没嬉戏其间。蓼红荻黄，芦花似雪，人们在水边或小船上垂钓撒网，悠然自得。此情此景宛如江南水乡。古人吴增荣有诗赞曰：西郭人家傍水居，粼粼秋水乍添初，芦花晴扑半滩雪，小立溪桥看打鱼。

冬日，一切都变得静悄悄，钜鹿郡也美得低调。一场大雪过后,柳树上挂满

沙丘树色

银条，长堤铺上了白毯，整个城变成粉妆玉砌的世界。

而沙丘宫更是美得引人入胜，最著名的是被后人称为“沙丘树色”的秀丽景色。《平乡县志》记载，环绕王固岗数里，枣树杏树连片成林，椿树槐树挺拔高耸。秋季天高气爽，每当凉风吹起，林间便飒然作响，或淅沥以萧飒，或奔腾而澎湃，如波涛之夜惊，似风雨之骤至，好像在诉说沙丘台历史的沧桑。清代平乡县令苏性的诗也可作为佐证：“沙丘曾筑苑，远事溯殷商。当日林悬肉，只今树绕岗。鸟声歌管杂，花气酒池香。抚景徘徊久，繁阴送夕阳。”

从祖乙迁都至庇，在沙丘修建宫殿，到商纣王修缮扩建，再到赵襄子重修沙丘宫，沙丘宫的美景吸引历代帝王流连忘返。

东巡路上的小憩

秦始皇设钜鹿郡后，派大将章邯在此镇守。章邯到任后，也深深为这里的

钜鹿郡城墙复原雕塑

天齐庙大钟及重修西廊庙记拓片

美景所吸引，又看到这里地势辽阔，一马平川，物产丰富，交通方便，觉得是块难得的风水宝地。于是，在秦始皇东巡时，他上奏折说，钜鹿有沙丘苑，风光秀丽，世上少有；郡内还有座古庙（天齐庙），庙内有口宝钟，响一下能听两郡四县五洲头，请秦始皇来此一游。

秦始皇听了很好奇，就转道钜鹿郡短暂休息。当秦始皇站到古钟前，见到的钟却远没有想象中的雄伟高大；声音虽洪亮，但也远不似传说中的“可听两郡四县五洲头”。他非常失望。见龙颜不悦，众人慌忙跪下。这时观内方士连忙解释说，钟声可听“两郡四县五洲头”是因为此地位于两个郡、四个县的交界处，并且，道观周围有五个“三洲村”。虽然在民间传诵中，钟被无形夸大，但这也正好表达了当地百姓对宫观的敬仰之情。听到这里，秦始皇的脸色才稍稍有所缓和。

章邯

章邯又带秦始皇沿郡治周围视察。当走到滏阳河畔时，秦始皇表现得非常惊喜。原来，秦始皇统一六国后，为达到“驰道于天下，东穷齐燕，南极五楚，江湖之上，濒海之观毕至”的目的，倾心游历，常常行走于繁华闹市，遍访名山大川，还曾在夜间微服巡行。据说他曾经几次梦见自己走到一个烟柳成阵、落英缤纷的河畔，微风吹来，花香四溢，沁人心脾。醒来回味无穷。

这次驾临滏阳河畔，看到河水澄澈透亮，两岸绿柳成荫，野花芳菲，彩蝶相逐，仿佛梦中的情景再现，所以很是惊喜。秦始皇漫步河岸，尽情徜徉。随从的大臣跟在他后面，走了很久，个个都是一脸的欢欣、陶醉，秦始皇却频频叹息。大臣们不解其故，问道："这里风景如画，令人恍入仙境，吾皇为何还要叹气？"秦始皇长叹一声，说："此地景色秀美，无奈不能久留。"宰相李斯献媚道："吾皇不必烦心，待天下大治之后，臣等愿意侍奉吾皇长住此地，颐养天年。"秦始皇听后龙心大悦。

平乡民间传说，这一次秦始皇巡视钜鹿郡，住进沙丘宫。见沙丘宫很漂亮，回到都城咸阳后，按照沙丘宫的样式，建筑宫殿多处。其中在渭河南边修建的“阿房宫”规格最高，规模宏大，役使七十多万人。

如愿以偿留沙丘

《史记·秦始皇本纪》载，公元前211年，一连发生了三起让秦始皇非常郁闷的事件。

第一件事是“荧惑守心”。这种现象其实是火星运行到天蝎座三颗星的附近，并在那个地方停留上一段时间。可古人认为，天蝎座的三颗星，中间最亮的一颗代表皇帝，旁边两颗，代表太子、庶子。“荧惑守心”的出现，意味着轻则天子失位，重则皇帝死亡。

第二件事是陨石事件。一颗流星坠落到了东郡，有人发现陨石上面竟然刻着“始皇帝死而地分”的字迹。

第三件事是沉璧事件。这年秋天，一位使者夜过华阴县，突然有个人手持玉璧将其拦住，请使者替他把这块玉璧送给滈（hào，音浩）池君，还说“今年祖龙死”。秦始皇认为这句话中的“祖龙”指的是自己。最怕祸不单行，何况一年之中连续发生了三件怪事！秦始皇震惊不已，为这些事专门举行了占卜，得出的结果是，只有出巡才能避凶趋吉。

于是，这年十月，四十九岁的秦始皇开始了一生中的第五次大巡游。

这次出巡，随他前往的有丞相李斯和中车府令兼行符玺令事赵高。秦始皇有二十多个儿子，小儿子胡亥很受宠爱，在

李斯

出行前提出随行，始皇帝答应了。当时长子扶苏因为多次直言劝谏皇帝，惹得始皇帝不悦，始皇便派他到上郡监督军队，故而陪始皇出巡的皇子只有胡亥一个。

第二年七月，因长途车马劳顿，秦始皇旧疾复发在归途中病倒了。御医尝试了各种方法都没有用，他的病情越来越重，大臣们束手无策，个个心急如焚。秦始皇预感到自己大限将至，又想到了那个梦，想到了风景宜人的滏阳河岸，于是降旨移驾沙丘宫。秦始皇到达沙丘，已经病入膏肓，但是因为秦始皇很避讳谈论“死”，群臣中没有人敢提这个话题，更不用说后事的安排了。

扶苏

后来，待他病势更加沉重时，趁着一时的清醒，给远在边疆的扶苏留下遗书“把军队交给蒙恬，赶快到咸阳参加葬礼，灵柩到咸阳后安葬。”书信都已封好，只是还没交给使者，秦始皇就去世了。书信和印玺就搁置在赵高手里，给他留下了空子。

当时皇帝驾崩，李斯认为皇帝在外面去世，并没有确立太子，唯恐各位皇子及天下发生什么变故，于是就秘不发丧。如同往常一样，每到一处官员奏事与进献饮食用品，均由宦官假托皇帝从车中接受并批阅上奏的事。只有胡亥、赵高及五六个亲信的宦官知道皇帝去世的消息。

赵高本身是太监，地位并不高，秦始皇去世后，虽然书信和印玺都在赵高手中，但他并没有号召力，于是他便劝说胡亥谋取政权。

胡亥

一天傍晚，车队停下住宿。赵高觉得时机已到，便拿着被他截留下的遗诏去见胡亥，劝他取而代之，让他诈称始皇遗诏命杀掉扶苏，立胡亥为太子。胡亥早就梦想能够登上皇帝的宝座，只是碍于忠孝仁义而不敢轻举妄动。听赵高一番贴心之语，虽有动心，但仍还有些犹豫，叹息道："父皇病逝的消息还没有诏示天下，怎么好就去麻烦丞相呢？"赵高胸有成竹地说："公子不必再瞻前顾后，机不可失，失不再来。这事没有丞相的支持不行，臣愿替公子去与丞相谋划。"胡亥立即答应了。

李斯是秦朝开国元老之一，跟随始

皇帝多年，协助始皇帝统一天下，治理国家，因而在朝中享有很高的声望。赵高知道能否争取到李斯，对篡位之事能否成功起到了决定性的作用。为此，他颇费了一番心计。

赵高了解到李斯本出身布衣，正是因为不堪卑贱穷困才效命于秦始皇，而今虽然位居三公，享尽荣华富贵，但依然时时为自己的未来担忧，唯恐有一天眼前的一切会化为泡影。于是，他决定从李斯这个性格弱点发动进攻。

赵高塑像

赵高径直找到李斯，对他直言道："皇上驾崩的事情，外人并不知道，给大公子扶苏的诏书及符玺也在我那里，诏书内容外人并不知道，想定谁为太子，就在丞相和我一句话的事，丞相有什么想法呢？”

李斯大惊，听出了他想篡诏改立的意图。当下断然拒绝，义正词严地对赵高说：“我们作为臣子的怎么可以议论这种事情呢，这些话是大逆不道的！我本来出身低微，幸得皇上提拔，才有今日的显贵。皇上现今将天下存亡安危托付给你我，怎么能够辜负他呢！”

赵高见正面游说无效，便一转话锋，问道：“丞相，依你之见，在才能、功绩、谋略、取信天下以及扶苏的信任程度这几方面，你与蒙恬将军谁强呢？”李斯沉默半晌，黯然地说：“我恐怕不如蒙恬将军。”赵高进一步试探道：“丞相是个聪明人，其中的利害关系恐怕比赵高看得更清楚。大公子一旦即位，肯定任命蒙恬为丞相之职，到时候，你还能得善终吗？胡亥公子仁慈敦厚，才是我们辅佐的最佳人选，希望丞相好好想想。”

李斯此刻已心乱如麻，经过激烈的思想斗争，他终于向赵高妥协。赵高知计已成，欣喜若狂，马上与李斯合谋，假托始皇帝之命，立胡亥为太子；又另外炮制一份诏书送往上郡，诈称接受了始皇帝的遗诏，立胡亥为太子，又篡改始皇帝给扶苏的诏书，指斥他多年来不能开辟疆土、创立功业，却使士卒大量伤亡，并且数次上书，直言诽谤父皇，日日夜夜地抱怨不能获准解除监军职务，返归咸阳当太子；而将军蒙恬不纠正扶苏的过失，并参与和了解扶苏的图谋。因此命他们自杀，将兵权移交给副将王离。

扶苏接到诏书后，如晴天霹雳，他失声大哭，转身回到帐中就要拔剑自杀。蒙恬与始皇素日相交甚厚，对这份意外的诏书产生了怀疑，便劝阻扶苏不要轻易相信。扶苏虽然早已看出赵高的假诏书。但是，仍然认为其父责备于他，心灰意冷，便挥剑自杀。蒙恬不肯不明不白地就死，使者便将他囚禁在阳周（今陕西子长县北），兵权移交给副将王离，又安排李斯的亲信为护军，这才回去复命。

赵高见篡位的障碍已除，就建议胡亥赶快回去继承皇位。由于气候炎热，始皇帝的尸体已开始腐烂，一阵阵恶臭从车中传出。为掩人耳目，赵高便命人买来大批鲍鱼将臭味盖住，一行人浩浩荡荡回到了咸阳，这才发丧，公告天下，不久举行了空前隆重的葬礼。太子胡亥称帝，是为秦二世。赵高被封郎中令，成为了胡亥最亲信的决策者。

据《史记·秦始皇本纪》记载："至平原津而病。始皇恶言死，群臣莫敢言死事。上病益甚。七月丙寅，始皇崩于沙丘平台。丞相斯为上崩在外，恐诸公子及天下有变，乃秘之，不发丧。令车载鲍鱼以乱其臭。"

从某种意义上讲，这次出巡，实现了秦始皇永留沙丘的愿望，这一次，他辉煌的一生与沙丘宫永远系在了一起……

卫灵公的归宿

卫灵公是历史上著名的“双面国君”：一方面，他喜好男宠，多猜忌，且脾气暴躁，留下了不好的史学评价；另一方面，他擅长识人，知人善任，使得卫国的国家机器运行正常。这里要讲的是卫灵公与沙丘宫的一段渊源……

双面国君

卫国是周朝分封的一个姬姓诸侯国，立国前后共计907年，是存在时间最长的周代诸侯国之一。在卫国九百余年的历史中，出现了多位有作为的国君，如获封建立卫国的康叔，统帅殷八师南征北战保卫西周安全的诸侯之长康伯，还有中兴之君卫文公、卫武公。但也有治国取得巨大成功，却因自身某些缺点而被忽视功绩，没有被后人准确定位的国君。卫灵公就是其中之一。

卫灵公是春秋时期卫国的第二十八代国君，姓姬，名元。生于公元前540年，卒于公元前493年。

卫灵公的一生，极具神秘色彩。《史记》的说法较为简明，《史记·卫康叔世家》记载，卫灵公是卫康叔选择的继承人。《春秋左氏传》的说法就比较神奇些了，说卫灵公不仅是卫康叔的选择，也是上天的选择，还是卜筮的选择：卫襄公死后，嫡夫人姜氏无子，宠姬婤姶（zhōu è）生有两个儿子，孟挚和元，但长子孟挚有残疾（跛脚）。关于百年之后谁来继承君

卫灵公

位，卫国大臣孔成子和史朝都做了一个同样的梦，梦见卫国始祖康叔说要他们立次子元为国君。但废长立幼毕竟不合于礼制，于是这两位大臣就卜筮来求上天的旨意，结果两次卦象都显示立“元”为国君比较吉利，因此孔成子立元为国君，就是卫灵公。

提起卫灵公，有一部分人认为他荒淫无道，但有学者经过研究更倾向于认为卫灵公是被抹黑的，因为说卫灵公“无道”的事大多是以讹传讹，无据可考。而他为卫国做的事和取得的成绩，却都有史书记载。

《论语》中记载，孔子和弟子们说卫灵公无道，季康子便问他，“既然如此，为什么他没有败亡呢？”孔子说：“因为他有仲叔圉（yǔ）接待宾客，祝鮀（tuó）管理宗庙祭祀，王孙贾统率军队，有这样的贤人帮助他，怎么会败亡呢？”可见，孔夫子虽然认为卫灵公在某些方面“无道”，但也肯定了他治国用人的成绩。他继位后打击大夫势力，成为真正的执政者；他知人善任、任人唯贤，保证了国家机器的顺利运转；他还多次在外交场合中维护了卫国的尊严和地位。由此可见，这位由康叔选择的继承人是一个合格的君主。

卫灵公经典故事

十八平乱

《左传·昭公二十年》中记载，是年六月二十九日，齐豹、北宫喜、褚师圃、公子朝四家发动叛乱，杀死了卫灵公的哥哥孟縶，拿箭射中卫灵公叔叔南楚。

当时卫灵公在平寿，得知叛乱的消息，迅速返回都城，但时局已经失控，他命人驱车离开国都，却不离开卫国的国境。当时齐公孙青（齐顷公的孙子，字子石）正要聘卫（到卫国访问），闻讯后急忙请示齐景公，齐景公说："只要还没出卫国的国境，灵公就还是卫国的国君。"于是公孙青继续聘卫，并"亲执铎"为灵公警戒。

六月三十日，北宫喜的家宰攻杀齐豹，灵公当晚即赶回国都与北宫氏盟约，第二天又跟国人盟誓，迅速稳定了局势，然后才开始追究责任。闰八月十二，灵公杀了叛乱根源之一的宣姜，彻底稳定了卫国内部局势。

四夫之乱，是卫灵公在位的四十二年中遇到的最严峻的考验。危急关头，卫灵公显示出了他超强的应变能力和把握大局的能力。在生死攸关的时刻，众大臣的追随也体现出了卫灵公深得大臣之心。而齐国公孙青也正是因为卫灵公没有出境，才受命于齐侯，不但继续完成聘卫的使命，而且晚上亲自举着火把、敲着铜铃为灵公作警卫。

在对叛臣的处理上，卫灵公对不可挽救的褚师圃、公子朝不加赦免，对助其平乱的大臣不吝封赏，之后又向曾给予援助的齐国宣告事件平息，并对齐国的使者公孙青大加赞赏，既收揽了人心，又巩固了与齐国的关系。自此之后二十九年内卫国再无此类内乱，而灵公当时只有十八岁。

余威二十年

定公九年，为支援齐景公，灵公带

兵车五百乘欲过中牟，当时晋国有兵车千乘在中牟，所以灵公令人占卜（这在当时很重要，凡事均需谋之于天，得到指令后再定行止，《孔子家语》载孔子亦喜此道）。但占卜的人不知是过于激动还是业务不精，竟将占卜用的龟甲烧焦了。没有了道具当然就无法与上天沟通了，就在他诚恐诚惶的时候，灵公却豪情万丈地说："可以前进，我们卫国的兵车有中牟的一半，我本人也可以抵他们的另一半，加起来正好和他们的兵力匹敌！"

卫灵公此言非虚。当时，中牟兵力比灵公多一倍，且有近水楼台的便利，早已虎视眈眈，胜券在握。可逃亡在中牟的褚师圃却说："卫国的兵力虽少，但卫灵公在那儿，是不可战胜的，还不如打齐国的军队。”中牟果然因此没有攻打灵公而去打了齐军，结果缴获了齐国的战车五百乘。

时隔二十多年，褚师圃仍畏灵公如虎，可见灵公当年平叛时手段之高超。

虚心纳谏

关于卫灵公虚心纳谏、心胸宽广，有一个叫作“天寒凿池”的典故。

在一个很冷的冬天，卫灵公突然想挖一个池子。但是，池子刚刚开挖，他的大臣苑春就站出来反对了。苑春对卫灵公说：“天寒地冻的，让百姓服劳役很伤民啊！”卫灵公问道：“现在很冷吗？”苑春听了又说道：“您坐着熊皮，穿着狐皮大衣，屋里又有火炉，当然不觉得冷，而小老百姓衣不蔽体，穿着破鞋，能不冷吗？”卫灵公觉得苑春说得对，就下令停止挖池子。

卫灵公的近侍对卫灵公说："大王您挖池子，是因为不知道天冷的缘故。如今您因为苑春的一席话就停止挖池子，人们将会感谢苑春，而把怨恨归于您呐！"卫灵公不以为然，说道："苑春本来只是鲁国的一介平民，是我启用了他。从前百姓对他不了解，现在正好让百姓通过此事了解他。苑春做的好事就像我自己做的好事一样，苑春做的好事不就是我做的好事吗？"卫灵公的此番话也为人称道。

识人用人

对于卫灵公的善于识人用人，《论语》中论证的最多。《宪政篇》中说，卫国对外有仲叔圉，治内有祝鮀，治军有王孙贾，用此三人保证了卫国的稳定，是孔子对卫灵公在识才用才上的肯定。

《孔子家语》第十三《贤君》记载：鲁哀公问孔子："现在的诸侯国国君中，谁最贤？"孔子回答说："最贤的我还没见过，相比之下应该是卫灵公吧？"鲁哀公不服，说："我听说卫灵公闺门之内无别，你怎么说他是贤君呢？"孔子答："我说的是他的朝政，不是他的家事。"并给鲁哀公解释说，"卫灵公手下的大臣中，弥子瑕很有才

影视作品中的卫灵公

干，智信兼备，灵公‘爱而任之’；林国和庆足一个‘见贤必进’，一个‘有大事则起而治之，无事则退而容贤’，灵公对这两个人也是‘贤而尊之’‘悦而敬之’；还有个大夫叫史鰌，因为道不能实行而离开卫国。卫灵公在郊外住了三天，不弹奏琴瑟，一定要等到史鰌回国，而后他才敢回去。能用这些有才华的人物辅佐朝政，可见卫灵公并不昏聩。”孔子对卫灵公的评价不谓不高。

卫灵公虽限于国势未能称霸，但其所作所为丝毫不逊于齐桓、晋文、楚庄、秦穆那些霸主们，为一代诸侯之佼佼者。他统治期间，卫国很富庶，还在诸侯国中赢得了“卫多君子”的美誉。

卜卦得沙丘

人百年之后葬在何处，中国人非常

重视这个问题。特别是历代王室墓地的选择，更是慎之又慎。因此，能够作为国君百年之后长眠之处的，定是风光秀美并且泽被后世的好地方。所以，沙丘这片土地才进入一个又一个统治者的视野。

《史记》载：“四十二年（公元前493年）夏，灵公卒。”关于卫灵公的葬地，现在有许多不同的说法。《广舆记》说，灵公墓在山东观城。研究人士认为，按春秋时的国界划分，观城属齐国，不属卫国，岂有卫国国君死去，葬在齐地的道理？山东省高青县的卫灵公村村北有一座古墓，传为卫灵公墓，该村也因此墓被称为卫灵公村。但春秋战国时，该地也属齐国，距卫国都城（今河南濮阳）约300公里，卫灵公墓因何葬此，史无记载。

《庄子·杂篇·则阳篇》是这样记录的："公死，卜葬于故墓不吉，卜葬于沙丘而吉。掘地得石椁，有铭曰：不冯其子，灵公夺而埋之。"这种说法不无根据。卜葬的传统由来已久，至汉代时由于择吉术的繁盛和择吉习俗的流行，还出现了专门用于选葬吉日的专著——《葬历》。

根据上面的记载，灵公死后，按照习俗"卜葬于故墓"，认为故墓"不吉"，所以没有葬在其家族原来的墓地里，而是葬在一个叫"沙丘"的地方。

沙丘本属邢国，公元前635年为卫国所灭，后属赵，然而具体时间失考。按照《庄子·杂篇·则阳》所载，当在公元前493年以后（即卫灵公去世之后），沙丘属卫，故卫灵公墓因占卜决定葬在沙丘当属可信。且庄子生活的年代和卫灵公时代仅相差一百余年，更何况该文明确记载这是孔子等人在聊天的时候说出来的，而孔子多次见过卫灵公，他们是同一个时期的人物，那么这则记载就非常可信。

《平乡县志》也记载，卫灵公墓在平乡县南五里柴口村前。相传地裂见石门，题曰“卫灵公墓”，中有绿水溢出，寒气逼人，不可入。

项羽筑观封爵

在自商纣王至秦始皇的一千多年里，无数王侯将相和沙丘宫这片土地有着或美丽，或悲怆，或感人至深，或惊心动魄的传奇故事，它见证了朝代的兴衰和更替。但到了秦朝末年，沙丘宫便从史书上消失，无迹可寻。传说，它的消失和西楚霸王项羽有着千丝万缕的联系。

吴中少年楚霸王

项羽（公元前232年—前202年），名籍，字羽，下相（今江苏宿迁西南）人。据《史记·项羽本纪》记载，项羽是原楚国的将门后裔，楚亡后，他随叔父项梁流亡吴中（今江苏苏州）。

项羽

项羽小时候，学习认

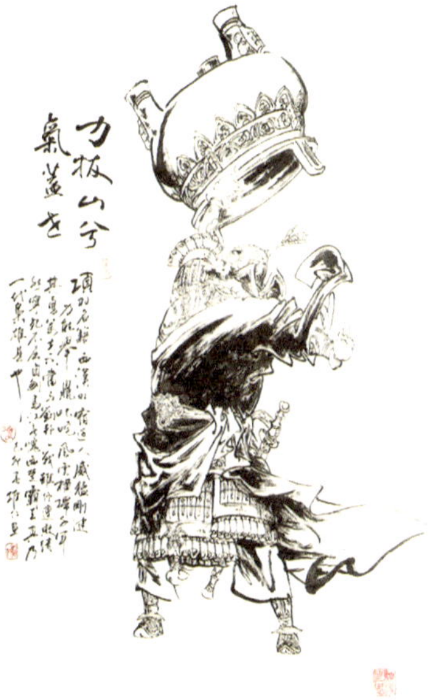

力能扛鼎

字写字，没有学成。后改学击剑，又没有学成，项梁十分生气。项羽却对他叔父说：“字只不过用来记记姓名而已，剑也只能御敌一人，不值得学，我要学就学能抵抗万人的。”于是项梁就教项羽研习兵法，项羽非常高兴，在粗略地知道了兵法大意后，又不肯认真学完，研习兵法之事也无疾而终。

项羽身高八尺，力能举鼎，年轻时志向远大。一次秦始皇巡游会稽，渡过浙江（今钱塘江），项梁和项羽一同去观看。项羽见其车马仪仗威风凛凛，便脱口而出："彼可取而代也。"项羽轻蔑的态度、掷地有声的话语，初步展示出了他的勃勃野心和初生牛犊不怕虎的风发意气，也暗示了他惊天动地的一生。

公元前209年（秦二世元年）七月，陈胜、吴广在大泽乡揭竿而起。同年九月，会稽太守殷通对项梁说："江西人全都造反，这是上天要亡秦的时刻。我听说先发制人，后发为人所制，我准备发兵，想要用你和桓楚为将。"当时桓楚在大泽逃亡，项梁说："桓楚在逃亡，不知道他人在哪里，只有项羽知道。"于是项梁出去嘱咐项羽持剑在外面等候，然后又进来跟殷通一起坐下，说："把项羽召来，让他奉命去找桓楚。"殷通同意召其进来。项羽进去后在项梁的指示下将殷通杀死。

项梁手里提着殷通的头，佩戴殷通的官印走出来，殷通部下大为惊慌，一片混乱。项羽连杀将士近百人，整个郡府上下都吓得趴倒在地，没有一个人敢起来。项梁召集原先所熟悉的豪强官吏，向他们说明起事反秦的道理，于是就发动吴中之兵起事。项梁派人去接收吴中郡下属各县，共得精兵八千人。又部署郡中豪杰，派他们分别做校尉、候、司马。项梁做了会稽太守，项羽为裨将，去巡行占领下属各县。

此后，项羽在军事上的能力逐渐发挥到了极致，钜鹿之战、彭城之战、鸿门宴这些典故传唱后世，经久不衰。

纵览项羽的一生，可见他是一位能征善战，豪气盖世，叱咤风云的军事统帅。钜鹿之战中，项羽破釜沉舟，以寡击众，全歼秦军主力，客观上为刘邦进入咸阳、推翻秦朝创造了条件。楚汉战争中，破田荣，救彭城，救荥阳，夺成皋，一生大战数十次，多获胜利。所以，古人称他“有百战百胜之才”。

然而，项羽性格中的弱点又注定了他是一位悲剧式的英雄。秦朝灭亡后，他自称霸王，忙于分封诸侯，扶持六国贵族的残余势力，违背了人民要求统一的愿望，造成了混乱割据的局面。他性格残暴，坑杀秦降卒二十万余，入关后火烧秦宫，烧杀掳掠，皆违背了人民的意志，这也是导致他失败的根本原因。他自恃武功以威慑诸侯，不争取同盟，又妒贤嫉能，不纳贤良，招致众叛亲离，军心涣散。所以，虽然项羽骁勇善

兵败垓下

战、一往无前、拥有慷慨激昂的传奇人生，让无数人歌颂，但他性格中优柔寡断、刚愎自用、目光短浅的弱点也让他难逃最终的悲剧命运，令人扼腕。宋代词人李清照曾作《夏日绝句》缅怀一代霸王的凛然风骨和浩然正气：“生当作人杰，死亦为鬼雄。至今思项羽，不肯过江东。”

钜鹿之战

钜鹿之战之所以在此篇着重叙述，是因为其发生在今平乡县平乡镇，是历史上著名的以少胜多的战役之一，且为后文项羽筑观封爵奠定了基础。

秦朝末年，因秦二世的残暴统治，

以陈胜吴广起义为开端，全国各地掀起了反抗暴秦的浪潮。据《史记·项羽本纪》载，秦二世三年（公元前207年），为镇压反抗，秦君派章邯率兵北渡黄河，攻打起义抗秦的赵国，大破赵军，将赵王赵歇、将领陈馀、丞相张耳都逼进了钜鹿城。章邯命令王离、涉间围攻钜鹿，自己领兵驻扎在钜鹿南，陈馀统率士卒数万人驻扎在钜鹿的北面，两军驻地相距七里，呈犄角之势，合围钜鹿。中间筑有甬道运送粮草，南北呼应，相互增援。

赵王被困，内无粮草，外无救兵，情势岌岌可危，无奈之下，便派使者连夜向楚怀王求救。有人向楚怀王推荐懂军事的宋义，召见宋义之后，楚怀王和他相谈甚悦，因此委任宋义为上将军，项羽为鲁公，担任次将，范增为末将，去援救赵国。各路别将都统属于宋义，宋义号为卿子冠军。齐、燕、魏等援军闻讯也前来救赵，在赵军驻地安营扎寨，筑有多个营垒，却都不敢出兵迎战。

宋义听说秦军势力强大，也被秦军的气焰吓住了，走到安阳，便令军队在此驻扎，停留了四十六天也不前进，欲等秦赵相斗，两败俱伤时坐收渔翁之利。项羽主战，多次催促宋义，宋义不从，依然停留不进。适逢当时天降大雨，天气非常寒冷，士兵们食不果腹，又冷又饥。宋义不但不体恤士兵，还自己设宴大会宾客。项羽十分愤怒，一

影视作品中的项羽

天早晨，趁参见上将军的时候，在宋义的帐幕中割下了他的脑袋，出来发令军中说："宋义和齐国阴谋反楚，楚王秘密命令我杀死他。"这时，将领们因为恐惧屈服，没有人敢抗拒，都说："创建楚国的，是将军您一家。现在又是将军处死了叛乱的人。"之后，项羽又命人杀掉了宋义的儿子，以绝后患。将领们共同推立项羽为上将军。项羽派桓楚向楚怀王报告，楚怀王就让项羽做上将军，当阳君、蒲将军都归项羽节制。

项羽杀了卿子冠军，威震楚国，名闻诸侯，便派遣当阳君、蒲将军带领两万人为先锋，渡过漳河，先封绝章邯所筑的运粮通道，中断了王离的粮草供给。战事稍有胜利，陈馀又向项羽请求救兵。项羽就率领全军渡河，楚军全部渡过漳河以后，项羽让士兵们饱饱地吃了一顿饭，并命每人再带三天干粮，然后让士兵把渡河的船（古代称舟）凿穿沉入河里，把做饭用的锅（古代称釜）砸个粉碎，把居住的营舍也放火烧掉了。项羽用这一举动来表示他有进无退、一定要夺取胜利的决心。这也是成语“破釜沉舟”的由来。《史记·项羽本纪》记载：“项羽乃悉引兵渡河，皆

破釜沉舟

沉船，破釜甑，烧庐舍，持三日粮，以示士卒必死，无一还心”。楚军兵将无路可退，“不战胜毋宁死”，不得不战，在强烈的求生意念和推翻暴秦统治的愿望下，他们以一当十，以十当百，杀声震天，殊死奋战，拼命地向秦军冲杀过去，其他的各诸侯将领却都在营垒上观战而不参战。《史记·项羽本纪》记载：“及楚击秦，诸将皆从壁上观。”后人用成语“作壁上观”比喻只在一旁看着，不出手帮助。

项羽以迅雷不及掩耳之势，带领楚军连续地快速出击，使敌人来不及抗拒，进而各个击破，分而歼之。经过连续九次冲锋，截断了秦军的甬道，把秦军打得大败，杀了苏角，俘虏了王离。秦将涉间不向楚军投降，自焚而死。打垮秦军后，项羽召见各诸侯将领，他们进入辕门，无不膝行而前，不敢抬头仰视。项羽从此成为诸侯军的上将军，各路诸侯隶属于他。

钜鹿之战是秦末农民战争所取得的一场巨大胜利。它基本上摧毁了秦军的主力，扭转了整个战局，奠定了反秦斗争胜利的基础，经此一战，秦朝已名存实亡。而项羽在各诸侯军龟缩于壁垒中时带头以楚军猛攻秦军，其破釜沉舟的决心和最后的成功令后世无数人对其充满了景仰，并做“有志者，事竟成，破釜沉舟，百二秦关终属楚”自勉，激励人们要有志气，最后必能取得成功。

沙丘宫和封爵观

钜鹿大战项羽战胜王离之后，与章邯两军相持，没有交战。章邯驻扎在棘原，项羽驻扎在漳水南岸。秦军多次退却，秦二世便派人责问章邯。章邯觉得事情不妙，十分恐惧，就派长史司马欣去请示。

司马欣到了咸阳，留在宫外的司马门三天，赵高一直没有接见，有不信任的意思。他心里害怕，急忙逃回军中。又怕有人来追杀，没有敢走原路，赵高果然派人追赶他，但没有追上。司马欣到了军中，向章邯报告说："赵高居中用事，下面的人不可能有所作为。如今仗能打赢，赵高必定嫉妒我们的功劳；仗打不赢，免不了被处死。希望将军深思熟虑。"陈馀也送给章邯一封信说："白起为秦将，向南攻拔鄢、郢，向北坑杀马服，攻城略地，不可胜数，而最后竟然被赐死。蒙恬为秦将，北逐匈奴，开辟榆中几千里的地域，最终竟然被斩于阳周。为什么呢？功劳太多，秦不能按功行封，因此捏造罪名来杀死他们。现在将军为秦将三年了，所损失的士卒以十万计，而诸侯军同时并起，越来越多。赵高一向谄谀，眼下形势危急，也怕二世杀他，所以打算找个机会杀死将军，借以推卸责任，再另外找人替代将军，以此来摆脱祸患。将军在外时日已久，朝廷中很多人与你有隔阂，有功也是被杀，无功也是被杀。况且天要亡秦，无论是愚笨的人还是聪明的人全都知道。如今将军在内不能直言规谏，在外为即将灭亡的国家的将领，自身孤立而想长期存在，岂不可哀！将军何不倒戈与各路诸侯联合，签订和约，共同攻秦，割地为王，南向而坐，称孤道寡；这同自己伏砧受戮，妻子被杀，哪个比较好一些呢？”

章邯犹豫不决，暗中派军候始成到项羽营中，想要签署和约。和约没有商妥，项羽让蒲将军昼夜领兵渡过三户津，扎营漳水南岸，与秦军交战，又一次打败了秦军。章邯便再派人去见项羽，商议订立和约。项羽召集军吏商量说：“军中粮少，想允许他签订和约。”军吏都说：“好。”项羽就与章邯订期在洹水南岸殷墟相见。缔结了盟约后，章邯见到项羽，涕泪交下，向项羽诉说赵高的种种行径。

项羽击败秦军后，英名远播，威震六国，为表彰和他一起在钜鹿之战中出生入死、大败秦军的有功将士，他拆掉了历代帝王的行宫——沙丘宫，并用拆下类的材料在钜鹿郡建造了一座“封爵观”，对立功将士论功行赏。并封已归顺的原秦军将领章邯为雍王，司马欣为上将，命他们率领秦军为先行部队。封爵观落成之日召见诸侯国将军，诸侯国将军对项羽畏惧恭维之情溢于言表，都尊项羽为上将军，统领诸侯国军队抗击强秦。

清乾隆十五年版《顺德府志》记载：“封爵观，见宋郡志。项羽救钜鹿大破秦师，筑封爵观于平乡，行封爵赏。今失考其处。”这一记载说明封爵观建于平乡县，因年代久远遗址无存，但历代文人墨客来此探幽访古者络绎不绝。有后人孔庆銈作五言古诗《封爵观》进行缅怀：“破釜沉船人，九战章邯破。诸侯壁上观，膝行前祝贺。叱咤上将军，千古英声播。首论救赵功，筑观爵封大。遗址不可寻，吊古诗重和。”

据当地人传说，项羽在封爵观对将领们封爵行赏，将士们向项羽进谏，“沙丘宫自商乃皇帝行宫，帝王常到此驻跸，此处风景优美，备俱焉，将军何不就此据地称王，成就霸业？”项羽却答：“秦世未灭，大业未成，不足以论当今之功。”遂命人挥师西进破咸阳。

也有人提出，沙丘宫被毁并不是在钜鹿之战胜利之后，而是在双方的交战过程中。他们认为，沙丘宫是当时钜鹿郡城中的一个制高点，在这里能够看到方圆数十里的军队调动情况。故秦军一部分人驻扎在沙丘，一是制约北方诸军，二是随时观察诸侯军队的动向以向王离和章邯报告。最终，沙丘宫在双方交战中被摧毁。

考虑到项羽文化程度不高，和他性格中残暴的一面，阿房宫都被他付之一炬，而沙丘宫作为秦始皇暴毙之处、二世立身之地，项羽不放过将之摧毁也不无可能。但究竟是不是项羽毁掉了沙丘宫，是何原因让他摧毁了沙丘宫，没有足够的证据，我们不能妄下断言。目前我们掌握的事实是，沙丘宫，这个自商纣王兴起至秦二世灭亡，辉煌了一千多年，繁华无比的庞大宫殿群，到了秦末战争之后，几乎瞬间消失在了历史的长河中，史书中再无记载。

泽被千年的福地

虽然在历史记载中，沙丘宫起于殷商，消于秦汉，但事实上，在自殷商至明清3500年的历史间，沙丘这个地方，巡游途经的、慕名而来的、流连忘返的、征战崛起的帝王将相、达官显贵数不胜数，民间流传着这样一种说法：“常到平乡走一走，好运就会有”。

追溯历史，我们不难看出，人们之所以这样说，有两个原因。一方面是因为沙丘这片土地，风景优美，是有名的福地宝地。

当时的沙丘，位于大陆泽畔，东有一马平川的沃野，西傍澄净如练的碧波，风光秀丽，气候宜人，可以说是“领日精月华之川野，济皇天厚土之沃壤”。何况，泽畔又有美轮美奂的沙丘离宫，水波荡漾环绕宫墙，五步一楼，十步一阁，亭台楼阁错落有致，雕梁画栋，金碧辉煌。此情此景，当然令人心驰神往。

秦汉以后，这片土地又进入了历代方家术士和大德高僧的视野，他们在这里修寺庙、弘佛道，至今还留有东岳天齐庙和兴固寺两个声名远播的寺庙。据说，当年老子来到这个地方，看到这里有九条大河从四面八方向一处汇聚，又似九条巨龙向远方奔腾而去，欣喜万分，认为这是天地灵气汇聚的地方，就是传说中的“九龙口”，有助于成仙悟道。于是，他留了下来，筑茅庐而居，在此讲经布道。后来，他传道的地方建成一座寺庙，就是东岳天齐庙。西汉时，佛图澄又在这里建造了兴固寺，这也是极富盛名的寺院，当时与“天竺白马”齐名，明清时享有“京南第一寺”的美誉。

之所以说“常到平乡走一走，好运就会有”，还因为这片土地历史悠久，战略位置重要，是兵家必争之地，也是历代帝王争相幸临的地方。

自商祖乙迁都于此，仅商朝在此地就经历了祖乙、祖辛、沃甲、祖丁、南庚、纣六王，后又有赵襄子、赵武灵王、赵惠文王、秦始皇、秦二世、卫灵公、西楚霸王项羽等在这里演绎了或柔情万丈，或慷慨激昂，或惊心动魄的历史传奇。秦汉之后，虽然沙丘宫不再在历史记载中出现，但它所在的平乡这片土地，因为曾是钜鹿郡治所在地，又因其“福地宝地”的赞誉，依然备受历代帝王关注。根据记载，光武帝刘秀、唐太宗李世民、明成祖朱棣等后世统治者都曾经幸临此地，并留下了许多美丽的故事。

这些都是历史记载中有稽可查的，至于那些没有记载的，我们也可以推测一二。试想，作为当时天下最富盛名的离宫，在它存在期间，有哪个帝王不想亲自驾临，一睹风采呢？即使后来沙丘宫消失了，但作为秦三十六郡之一的钜鹿郡郡治，秦始皇出巡五次、三次途经之地，又有哪朝哪代的君主不对这里关注有加，推崇备至呢？所以，民间都说，中国历史上的800多位帝王中，有400多位都到过平乡。试想，连皇帝都争着来的地方，怎么可能不是一块风水宝地？

而关于秦汉之后那些统治者与这片土地的故事，在历史记载与平乡民间传说中也比比皆是……

光武帝刘秀从这里崛起

《后汉书·光武纪》载：更始二年（公元24年），刘秀与王郎交战，率部进攻邯郸。可邯郸城久攻不下，刘秀决定从钜鹿打开缺口，双方在南繺（luán）摆开了战场。刘秀令突骑军作为预备队隐藏在丛林之中，令步兵为先锋迎战，他自领少量亲兵，勒马高岗观战指挥。

一开始，王郎气势极盛，刘秀的步兵顶不住对方的冲击，伤亡惨重。危急时刻，刘秀急令突骑支援。只见高岗上令旗一挥，不远处的后方传来急促的马蹄声，一支威武雄壮的骑军风驰电掣般飞奔而来，犹如猛虎下山直取敌军侧翼。王郎军大败溃逃，从此一蹶不振。

南繺之战后，刘秀意气风发，一鼓作气，横扫河北，迫降了数十万铜马军，“跨州据土，带甲百万”。一年后，刘秀建都洛阳，年号“建武”。

南繺就是现在的平乡。

平乡民间还流传这一个“蝲蛄救刘秀”的故事。传说，当年刘秀被王郎的骑兵追到了平乡一片前不着村，后不见店的旷野上。当时秋收已过，田野一马平川，无处藏身。

千钧一发之际，刘秀一抬头，看到不远处有个人在耕地。他赶忙奔了过去，滚鞍下马，冲着耕地的老者鞠躬道：“老人家，我是刘秀，被贼兵追赶至此，无处藏身，望老人家搭救一命！”耕地老者把耕马拉住，说：“早听说你的军队对百姓秋毫无犯，怎么而今一人落难于此？我倒是想救你，可我匹马单人，手无寸铁，怎么能抵挡住那么多追兵呢？”刘秀说：“我和我的部下失散了，今一人一骑到此，也好掩藏。我趴在墒沟里，你用犁土把我掩埋就行了。”

老者一听这倒是个好主意，于是，吆喝着耕马把刘秀刚刚埋好，王郎的骑兵就追上来了。

这些人见刘秀瞬间不见了踪影，很是纳闷，心想，这个犁地的老头一定看见了，便逼问老者。老者赶紧说：“我看见一个骑马的人往南奔过去了，南边是柳坡地，野草又高，兴许到那儿去了。”

此时，刘秀觉得鼻孔前一拱一拱直动弹，非常痒。他很生气，就抓住那个东西就把它的脑袋揪下来了。

王郎的骑兵走了，刘秀从土里钻出来，拍拍身上的土，向老人家深鞠一躬说：“谢谢老人家救命之恩！”老人家赶忙说：“不要谢我，你要谢谢它。”说完扒开土，拿出一个已经断为两截的蝲蛄。老者说:“将军，这是我放在土里让它给你松松土好喘气。”刘秀一听非常内疚，赶忙从地上捡起一根硬刺，把蝲蛄的脑袋和身子用刺穿起来，说也奇怪，这个蝲蛄立即就活了。刘秀对蝲蛄说：“我对不起你，今后你碱地就拱。”不料，蝲蛄听成了“见地就拱”。因为刘秀是天子之命，金口玉言，于是此后它见地就拱，成了庄稼人痛恨的害虫。

虽然这个故事很有神话色彩，但刘秀在平乡艾村战王郎的故事史书有记载，因此老百姓都说，这是一片福地，这片土地保护了刘秀，也是他的崛起之地。

刘备征战于此

平乡这片地方三国时属魏，民间传说，曹操父子曾在此巡游，刘备也曾在此征战。

东汉中平元年（184年），张角三兄弟在平乡一带发起了著名的黄巾起义，用自己短暂而辉煌的一生，谱写了一曲轰轰烈烈的英雄壮歌。

传说，刘备带领关羽、张飞征讨黄巾军，曾在滏阳河岸堵截运送给养的船队。张飞眼见缴获车辆无望，伸出丈八蛇矛向车上的袋子狠刺，袋子里的盐洒落一地，遇到大风，被吹得漫天遍野。这些盐溶进土里，解放后，这些地方的人们还一度以炼制私盐为生。

民间传说，因为这次征讨，平乡老百姓一度对刘关张非常不满，后世家家户户不供“关爷”。到了明代，因山西洪洞移民迁到此地，相互通婚，慢慢被同化，才开始供奉。

这些故事和传说也从侧面印证了刘关张与此地千丝万缕的联系。

唐太宗李世民御驾亲征

唐武德五年（公元622年），罗成（即罗士信）随李世民征讨刘黑闼，两军在平乡这片地方交战。刘黑闼攻城，罗成孤军无援，最终战死在淤泥河（位于今平乡县田付村乡艾村村西）。

罗成死于非命，魂遗平乡。李世民闻讯痛哭流涕、几欲昏厥。为了给爱将报仇雪恨，他亲率大军猛攻刘黑闼，将小城团团围住，双方展开数十次的拉锯战。相峙两个月后，刘黑闼粮草已尽，李世民率精骑践踏其步兵万余，刘黑闼大溃，秦王军队平定了河北。李世民派人将罗成尸骨打捞上来，在艾村村西白马寺停灵，并葬在附近，至今艾村村西还有罗成墓遗址存在。

罗成雕像

民间传说，后来李世民派大将尉迟敬德在此修庙立碑，祭奠亡灵，后世又有唐朝公主在我县东岳天齐庙修道。人们还说，因唐太宗李世民曾在此大败刘黑闼，成就“战神”威名，而李氏唐朝祖籍尧山（今河北隆尧），当时与平乡在同一个辖区治下，所以唐朝君主回乡祭祖都会专程到平乡的庙宇降香祈福。

燕王朱棣与平乡“冯马”

平乡县丰州镇有个村庄叫“冯马”，据说村名来历跟燕王朱棣有关。

明洪武三十一年（1399年），建文帝朱允炆登基后，开始削藩，燕王朱棣起兵反抗，从北京一路打到南京，这就是历史上的“靖难之役”，在民间叫“燕王扫北”。

民间传说，一天燕王部队抵达平乡这里的一个村寨，镇守寨子的将官为防止马踏联营，在寨子路口放鹿角、设丫杈。见此情形，燕王的军师僧道衍命令士兵用战袍和棉被将战马的肚腹裹住，靠着夜色的掩护，发兵攻城，城池很快被攻克，虽然采取了防护措施，但有很多战马的肚子仍被划出了大口子，鲜血直流。

僧道衍入京前曾在这里的兴固寺借宿，便和燕王朱棣来到寺院，让寺里的僧人为战马治伤。老和尚按照给人治病的方法，将马的伤口一一缝合，并从香炉中取一些香灰和草药渣混合后敷上，包扎起来。在后来的战争中，燕王的军队攻无不克、战无不胜，特别是那些缝过伤口的战马，犹如神助一般，一路飞奔，直捣南京。

后来，由于燕王的军队在兴固寺缝过战马，老百姓就叫它“缝马寺”，这个寨子也就成了缝马村，后逐渐演变为“冯马”。直到今天，当地的百姓还习惯的称兴固寺为“冯马寺”。

说到兴固寺，这里还要说一下另外三个跟它有关、到过平乡的帝王。

兴固寺在佛教史上一直占据着举足轻重的地位。据说后赵君主石勒多次亲临降香，并为兴固寺赐名。兴固寺自古以来就高僧云集，名僧辈出，一些朝廷大员，甚至王公贵族都经常到兴固寺找高僧谈禅论道、释疑解惑。据说，元世祖忽必烈之所以重用汉臣、推行汉治，实现邢州大治，其灵感就来自兴固寺的一次谈禅。后来，邢台人刘秉忠奉忽必烈之命兴建都城，就是仿照了兴固寺的样式，至今民间还有“先有兴固寺，后有北京城”的说法。老百姓还传说，乾隆皇帝听说北京城是依照兴固寺样式所建，微服私访来到寺中，还拨巨资建了一座舍利殿，专门供奉寺内的三颗释迦牟尼佛骨舍利……

此外，在平乡民间，隋文帝杨广巡河、明太祖朱元璋乞讨、后周太祖郭威巡游、唐朝名相魏征谈禅等关于历代帝王将相、名人贤士与这片土地之间的故事林林总总，不胜枚举。

虽然那些留下名字的，没有留下名字的过客们，已经如繁星散落于历史的长空，但我们脚下的这片土地，是万千目光的汇聚之地，是数千年来政治、经济、文化光芒的交相辉映之地，是历朝历代百姓们口口相传的福地宝地，历史的辉煌与灿烂，都积淀在其中，历史中所有人物的音容足迹，都融化在其中。

第三辑

跟着诗词游沙丘

沙丘宫作为重要的历史事件发生地，它的影响和余韵，依然在民间广泛传播，吸引着无数文人墨客前来凭吊瞻仰，抒发怀古之幽情，因此留下许多相关的诗文。笔者搜集了古代文人以及官员们关于沙丘宫的一部分诗文，按作者生活的年代顺序摘录于此，从中可以再现诗人们游历沙丘宫时的场景。

追忆篇

《沙丘城下寄杜甫》

唐朝　李白

我来竟何事，高卧沙丘城？
城边有古树，日夕连秋声。
鲁酒不可醉，齐歌空复情。
思君若汶水，浩荡寄南征。

李白（701年—762年），字太白，

号青莲居士，又号“谪仙人”，是唐代伟大的浪漫主义诗人，被后人誉为“诗仙”，与杜甫并称为“李杜”，其人爽朗大方，爱饮酒作诗，喜交友。

这首诗是李白寓居沙丘怀念杜甫时所作。全诗流畅自然，而又含蓄蕴藉；感情极苦，而又不失豪放本色；情深意长，凄怆感人，深刻地表现了两位伟大诗人的真挚友谊。

《咏史诗·沙丘》

唐朝 胡曾

年年游览不曾停，天下山川欲遍经。

堪笑沙丘才过处，銮舆风过鲍鱼腥。

胡曾，唐代诗人，邵阳（今属湖南）人。生卒年、字号不详（约840—？）。胡曾十分爱好游历，以《咏史诗》著称，共150首，皆七绝。每首以地名为题，评咏当地历史人物和历史事件。

诗人经过沙丘遗址，不免想到了秦始皇——这位建立了统一六国的功业的一代雄主，到生命快要尘埃落定的时候，怀着长生不老的梦想和渴望，在他创建的庞大国家绕了一大圈，生命最终定格在向往之地——沙丘。由于儿子们的权力争斗，盛夏天气里秘不发丧，尸首臭不可闻，乃车载一石更臭的鲍鱼，以搅乱其臭，北上通过井陉穿越太行山运回咸阳。

《沙丘怀古》（其一）

清朝　苏性

帝制王模可尽违，轩辕仙术愿遵依。

怜君到此将瞑目，尚盼蓬莱使早归。

苏性，字禾材，广西灵川人，咸丰三年（1853年）中举人。他出身贫寒，

9岁丧父，母亲靠种地、织布供其读书。太平天国运动兴起时，苏性率乡人练兵自卫，被当时广西巡抚劳崇光保举为知县，授直平乡县知县。到任后，苏性询问百姓疾苦，开井驱，兴水利，设堡砦，还修复了平乡书院，录取生徒，资助膏火，聘请山长评论诗文。辞官归里后，苏性受聘主讲宣城书院数年，所选士多知名显达。其中，光绪十八年（1892年）中状元的刘福姚为其最得意门生，因此获“状元之师”美名。

《平台古寺》

清朝　吴百礼

鱼分龙臭曾此台，野寺清钟入夜衰。

却忆咸阳宫苑好，西风吹散楚人灰。

《凭吊沙丘》

清朝　吴存礼

闲来凭吊数春秋，阅尽沧桑土一抔。

本籍兵争百战得，却同瓦解片时休。

祖龙霸业车中恨，主父雄心宫里愁。

唯有朦胧沙上月，至今犹自照荒丘！

吴存礼，字谦让，号立庵。陕西三韩县人，贡生出身。康熙二十三年（1684年）出任顺德府广宗县（今邢台市广宗县）知县。任上主持修筑漳河东岸堤坝，百姓因此为吴树碑纪功。又捐俸倡修义学，购置学田，解决各项办学资金，曾著《为平乡张君建义学题额小记》。

依据上文可见，清代时的沙丘附近还是有一些建筑的。

《平台怀古》

清朝　乔承龙

草暗荒台绀宇边，祖龙车驾幸何年。

海船不载长生诀，游鼬磷火起暮烟。

绀宇：佛寺之别称。

磷火：人或动物尸体腐烂分解出磷化氢，能自燃。夜间野地里有时出现白色带蓝绿色的火焰，就是磷火。

鼬：俗称“黄鼠狼”。

由此可见，写这首诗时，沙丘遗址肯定已经荒芜了。

《沙丘怀古》（其二）

清朝　吴曾荣

古道曾经秦辇游，谁知遗谶应沙丘。

祖龙到此堪回首，是否神仙果可求？

吴曾荣，字沛生，河北霸州人，拔贡，同治五年（1866年）担任平乡县的儒学教谕，与苏性同朝为官。曾参与编写《平乡县志》。

秦辇：秦始皇的车子。秦始皇第三次东巡，登芝罘（fú）求仙药，射巨鱼，在西返咸阳途中，经过平乡沙丘。

遗谶：即“祖龙今年死”之谶。谶：迷信的人指将要应验的预言、预兆。

神仙果可求：据《史记·秦始皇本纪》记载，公元前215年秦始皇东巡至秦皇岛，在北戴河海滨碣石山拜海求仙，并先后派卢生、候公、韩终等两批方士携童男童女入海求仙，寻求长生不老药。

美景篇

《咏平邑八景　沙丘树色》（其一）

清朝　苏性

沙丘曾筑苑，远事溯殷商。
当日林悬肉，只今树绕风。
鸟声歌管杂，花气酒池香。
抚景徘徊久，繁阴送夕阳。

《咏平邑八景　沙丘树色》（其二）

清朝　吴曾荣

参差树色远烟生，极目沙丘暮霭平。
一自谪仙诗咏后，犹疑耳畔作歌声。

暮霭：指黄昏时的云雾。

谪仙：原指神仙被贬入凡间后的一种状态，引申为才情高超、清越脱俗的道家人物，有如自天上被谪居人世的仙人。此处指李白。谪仙题咏，指李白所做《沙丘城下寄杜甫》。

这首诗的创作时间应该是在傍晚。沙丘遗址在平乡县古城东北，即现今的王固村一带。那时环绕王固岗数十里，枣树杏树连片成林，椿树槐树遮天蔽日，郁郁葱葱连绵数十里。秋高气爽，晚风吹拂，林间娑然作响，或轻弹慢拨如琴瑟和鸣，或咆哮崩碎如惊涛澎湃。

《封州怀古》

清朝　李开业

何处遗墟草又生，天涯风物远含情。
空台秦月明沙苑，故国襄云下废城。
从昔漳流烦砥驻，只今滏水自澄清。
早春笑索梅花赋，百里相思有广平。

李开业：字磁林，福建闽县人，担任过平乡县知事，是平乡县令李时宪的父亲。

封州：即平乡。唐高祖武德元年

（618年），以襄国郡为邢州，置平乡为封州，武德四年州废，复为平乡县，属邢州。

沙苑：即沙丘宫。

漳流：指平乡县境内漳河。

滏水：为平乡县境内滏阳河。

梅花赋：是唐代名相宋璟（邢台市南和县人）尚未步入仕途时写的一篇咏梅小赋。乾隆皇帝对宋璟的品德和他的《梅花赋》推崇之至。在此用以赞颂宋璟是位忠心为国的前贤。

公元618年，唐建立封州，治领平乡县。滏阳河、老漳河千年流淌，孕育了平乡极为独特的民俗风情,这首诗涉及到了“沙苑”“漳流”“滏水”，由此可见沙苑在古封州即现在的平乡境内。

典故篇

《沙丘台》

元朝　王恽

一从奇货落韦机，秦自庄襄统已非。

大宝前依王命论，牛马当后一何为？

高壁投来谶已真，沙丘台上泣功臣。

事机说到还远处，造物于中太戏人。

王恽，字仲谋，号秋涧，卫州路汲县（今河南卫辉市）人。元朝著名学者、诗人、政治家，一生仕宦，刚直不阿，清贫守职，好学善文。为元世祖忽必烈、裕宗皇太子真金和成宗皇帝铁木真三代的谏臣。从这首诗的内容可以推测，此诗似乎作于尚有相当规模的平台之上。

《探雀宫月》

清朝　王悃

武灵遗恨满沙丘，赵氏英名于此休。

月去月来春寂寞，故宫雀鼠尚含羞。

故宫雀鼠尚含羞：赵武灵王晚年因太子章的事情被赵惠文王围困沙丘，无物可食，不得已而以鸟雀鼠类为食物。

《寻项王封爵观不可得因赋》

清朝　郑广绪

项王遗观在何处，我亦劳劳起壮游。
盖代雄风云易散，凌霄杰构月空俟。
祖龙势失黄沙苑，金雀影翔绿水洲。
烟草茫茫同一碧，无端兴废使人愁。

郑广绪：字坤裳，河北枣强人，乾隆十一年（1746年）担任过平乡县教谕，多所建树，曾参与编写《平乡县志》。

劳劳：惆怅若失的样子《孔雀东南飞》“举手长劳劳，二情同依依。

盖代雄风：指项羽的雄姿。项羽有

《垓下歌》曰："力拔山兮气盖世,时不利兮骓不逝。骓不逝兮可奈何！虞兮虞兮奈若何！"

杰构：佳作。

祖龙：指秦始皇。

金雀：即后周太祖郭威，外号儿郭雀儿。由于他脖子上刺了一只飞雀，所以人们又叫他"郭雀儿"。《平乡县志》记载，古平乡境内有金雀王墓。

《吊唐国郑罗工塚》

清朝　郑广绪

郑国孤城死守时，唐家将相未曾知。
血心空洒河边水，荒塚愁看陇上犁。
日角神明应早定，天涯雨雪意何居？
周西坡外频回首，烟满沙丘有所思。

郑国罗公：即罗士信。《新唐书》说，罗士信是齐州历城人，十四岁即在齐郡通守张须拖部下领兵打仗，英勇非常。后归李密，又事王世充，后投唐高祖李渊，屡建战功，封郯国公。

日角：额骨中央部分隆起，形状如日。旧时相术家认为是大贵之相。

《封州野眺》

清朝　郑广绪

古意萧疏烟火稠，高怀凭眺立沙丘。

项王遗观迷丰草，郯国荒邗起暮愁。

环境堤思开府烈，绕城泉会滏阳流。

太平乡内停骖问，谁继清风第一俦。

项王遗观：即封爵观。

郯国荒邗（hán）：指唐郯国公罗士信中箭而死之淤泥河，在平乡县艾村西。

开府：古代指高级官员（如三公、大将军、将军等）建立府署并自选僚属之意。此诗开府是指平乡县令唐泽。明代弘治年间，知县唐泽组织县民先后修起均长达几十里的安东堤、镇西堤、奠中堤以防水患。这些堤既是平乡县利县护民的水利设施，也是平乡县的一大名胜。知县唐泽也随之青史留名。

太平乡：平乡县旧地名，在县东北三十里处。元至正十一年（1351年）碑记有“崇教、仁风、善化、太平”四乡，后名县为平乡。

[后　记]

后 记

平乡县历史悠久，人文丰厚，越挖掘，越感觉可看、可感、可写、可赞的太多太多；越了解，越觉得自己所能做的还很少很少。

整理这些资料，就是为了让更多的人了解平乡，关注平乡。但由于时间关系和水平有限，虽倾力而为，仍时有走马观花、挂一漏万之感。加之很多内容都是在群众叙述下记录整理而成，在语言推敲、故事阐述方面难免会有诸多不妥之处，敬请海涵指正。

史说平乡系列丛书

自行车之都

赋平 著

方志出版社

从最初的『翻新自行车』
建立传统行商
到培育酝酿开拓海外市场
再向电商跨越顺应时代走向
车都的魅力总是会让人好奇
就让我们一起走进《自行车之都》
去探究它筚路蓝缕的发展传奇
……

图书在版编目（CIP）数据

中国平乡自行车之都 / 赋平著. -- 北京：方志出版社，2017.11
（史说平乡系列丛书. 三）
ISBN 978-7-5144-2776-9

Ⅰ. ①中… Ⅱ. ①赋… Ⅲ. ①自行车运动 – 体育运动史 – 平乡县 Ⅳ. ①G872.392

中国版本图书馆CIP数据核字（2017）第 297435 号

史说平乡系列丛书（三）

中国平乡自行车之都

著　　者：赋　平
责任编辑：冯　松
出 版 人：冀祥德
出 版 者：方志出版社
地址　北京市朝阳区潘家园东里9号（国家方志馆4层）
邮编　100021
网址　http://www.fzph.org
发　　行：方志出版社图书经销中心
电话（010）67110500
经　　销：各地新华书店
印　　刷：河北省地勘局第十一地质大队印刷厂
开　　本：787 × 1092　　1/16
印　　张：14.25
字　　数：50 千
版　　次：2017 年 11 月第 1 版　2017 年 11 月第 1 次印刷
印　　数：0001 – 1500 册
ISBN　978 – 7 – 5144 – 2776 – 9　　四册定价：160.00 元

[序]

序

诗云“人间正道是沧桑”。今天我们的故事要讲的就是车都平乡，曾经的它也会在国家级贫困县里彷徨，现在的它值得每一个人去向往。正如它的名字所讲，它的魅力就在自行车上。从最初的“翻新自行车”，建立传统行商；到培育酝酿，开拓海外市场；再向电商跨越，顺应时代走向。在这里，一座座自行车工厂，承载着一个个梦想；一项项基尼斯纪录，挺起了一条条脊梁。它从不为人知，到走向世界，这一跃腾飞的背后，是不容易与不简单的较量。这是一群平凡的人们，在苦难中创造的辉煌。

车都的魅力总是会让人好奇，就让我们一起走进《自行车之都》，去探究它筚路蓝缕的发展传奇……

[目 录]

目 录

[引　言]

自行车的海洋

自行车情结

大多数中国人，对自行车都有一种很深的情结。二十世纪七八十年代，在宽阔的街道上，除了偶尔经过的公共汽车、十分罕见的小汽车、少的可怜的农用拖拉机，繁忙的交通就主要体现在自行车的两个轮子上了。当时世界上所有人都知道，看到自行车的海洋就看到了中国。

当时，自行车是主要交通工具，骑自行车是一种潮流，是时尚的风向标，大街上成群成片的自行车队，大多是永久、凤凰和飞鸽。当然，这些都是名牌，是富裕和潮流的象征，买的人多，款式却差不多，颜色更是相似，成百上千的自行车放在一起，整齐划一，构成一道独特的风景线。对于平乡人来说，自行车更是有着深刻而丰富的含义，它承载着喜怒哀乐，分享着苦辣酸甜，见证着坎坷与成长。

那个年代，在平乡人的记忆里，自行车总是跟商贩的吆喝声联系在一起，从早到晚，一辆辆自行车游走在街道，穿梭在村庄，一声声吆喝时而响起。有的车子两边，一边一个大桶，吆喝着“酱油醋……”；有的车子，前边一个大锣，后座带一个铁簸箩，一声悠长的

“铛……”，吆喝着“糖糕…果子…”。当然对于孩子们来说最诱人的当属卖冰糕的吆喝声，炎炎的烈日下，卖冰糕的商贩，骑着一辆黑色28自行车，车子上驮着三四个暖瓶，一声高亢悠长的“冰糕……”，就能勾起孩子们肚子里的馋虫，这也是我们童年记忆中最美好的片段。

时间再往前，在20世纪60年代，那时自行车还是稀罕物，作为“三转一

20世纪60年代的自行车

那时候结婚是这样子的

响”之首，是类似奢侈品的存在，要凭票购买，是衡量一个家庭是否富有的象征，也是那个年代体面的彩礼必备。但是，当时的平乡一无矿产、二无产业，一句平乡顺口溜“穷平乡，平乡穷，灯不明，路不平，庄稼不收年年种，盐碱地里长碱蓬”，道出了平乡的尴尬，说出了平乡人的无奈。但是，日子还得过，婚还得结，彩礼还得送。

平乡人穷志不穷，困而思变，平乡

的一些农民开始自己动手组装自行车。刚开始组装的自行车，虽说水平不高，质量参差，但至少已经可以满足日常需要，而且有的人已经可以自己加工生产一些简单的零部件，拿到集市上出售。对于依靠自行车发展起来的平乡人来说，自行车代表了成长和强盛，代表了岁月和征程。

迅猛崛起的车城

现在的平乡是迅猛崛起的“车城”，富起来的平乡人最难以割舍的还是自行车情怀。在城南，有世界上最大的自行车雕塑，挥舞着这座小城前进的火炬；在城东，有省级的自行车研究院，宣示着这个行业的发言权；在城北，有华北地区最大的自行车产业集散地，迸发出企业发展的力量；在城中央，当夜幕降临，一路以自行车为主题的霓虹，散发着车城人的骄傲和自信。漫步在这座小城，你会发现自行车的气息无处不在，自行车主题公园、自行车主题餐厅，当然还有平乡特色的自行车主题婚礼。来此参观的一名外宾曾风趣地说：“我时常在想你们平乡人，在梦里是不是也骑着自行车。”自行车就是一种情结，渗透于我们的衣食住行，无处不在。

第一辑

当时只道是寻常

平乡人从一个个小零件开始，以其智慧和勇气，『无中生有』，『有中生新』，像骆驼一样刻苦耐劳，百折不屈，千里行商，苦苦打拼。他们白天是老板，晚上睡地板，创造了一个个『点石成金』的行内奇迹。今天的我们，不再会有过去那代人的苦难，父辈的积累为我们提供了幸福的生活。但过去的不易，我们不应该忘记，可以不受苦难，但对那些苦难所体现出来的精神却一定要铭记。

在苦难中辉煌

平乡县是典型的黑龙港流域贫困县。平乡东南部多低洼盐碱地，常年旱涝灾害严重、无矿产资源支撑、工业基础薄弱、城市化水平低、经济欠发达，温饱都是大问题。但就是在这种锅中无饭、身无衣穿的情况下，平乡人硬生生闯出一条属于自己的特色产业。

在穷得叮当响的20世纪60年代，三年自然灾害刚刚结束，消息极其闭塞。处在受灾区域中的平乡人，饿怕了，穷怕了，开始千方百计寻找挣钱的门路，有的外出拉大锯，有的刮碱土，有的织土布……在平乡县城东的梁里马和霍洪村有人想出了自己谋生的点子。他们致富的门路就是翻新自行车，然后贩卖。那个时候，自行车是个稀罕物，在某种程度上，还是身份的象征，因为当时自行车产量极少，一般人有钱也买不到。发现这种情况后，他们认为这是个商机，于是开始四处搜寻破旧的自行车，越破越好，越破收购的成本越低，最好是不卖只能是一堆破烂的那种，集市上、村子里、废品收购处，哪儿有就往哪儿去。这些“破烂”买来之后，他们就开始加工制作了，架子、叉子断了，找地方焊焊，焊好以后结结实实的；车漆掉了，刷上油漆，再加上鞋油打磨一下，打磨以后油光锃亮；车座子、车轴没了，找来木工，做一个木头的，做好以后漂漂亮亮的。最后，再拿砂纸把整车统一打磨，规规整整，跟新的一样，依然是抢手货。一辆翻新好的自行车能卖到三至五块，这在当时可是巨资。

到了20世纪70年代后期，“文化大革命”刚刚结束，人们经商创业的意识重新开始萌芽觉醒。对于当时人们生活必不可少的三大件，自行车依然占据着首位。当时的平乡人不再仅仅满足于翻新自行车，头脑灵活的人开始自己购买零件攒车。他们去县城、市区，甚至更远的天津、北京购买自行车零件，而且交通工具就是自行车。他们购来飞轮、链条、鞍座等一些零部件，然后开始组装自行车，因为这种自行车没有牌子，

20世纪70年代的自行车

人们便戏称其为“黑老虎”。起初有些人攒车是为了给自己当彩礼用的，后来，他们发现组装的自行车大有市场，这时“黑老虎”就渐渐开始出售，一辆自行车能赚上个二三十元，就当时而言可是小成本大利润了，就此“黑老虎”自行车开始风行。在平乡，很多大企业的老板都是在这个时候淘到了事业的“第一桶金”。

载着幸福前行

缘来是彩礼

彩礼是中国婚礼上不可或缺的重要组成部分。在20世纪70年代末，社会上结婚嫁娶的彩礼讲究的是“三转一响”，怎么个“三转一响”呢？“三转”指的就是自行车、缝纫机和手表，“一响”指的就是收音机。而在这四样东西里尤以自行车最受欢迎。但是，在那个生产力欠发达的年代，自行车产量极少，并且要凭票购买，没有“自行车票”，你出双倍的价，商店也不会卖给

20世纪70年代的彩礼四大件

自行车券

你。这么一来就出现了一种“狼多肉少”的局面。因为在彩礼中没自行车，临近结婚又说吹了的，不在少数。对于勤劳的小伙子们来说，钱不是大问题，但是这“自行车票”可不是说有就有的，这可把广大男青年给愁坏了，田禾村的马小雷就是其中一个。

要说各方面条件，小马没得挑，一米八的大个儿，浓眉大眼，五官端正，在当村当片也算得上是一个俊后生，而且，身强力壮，干活还是一把好手。可奇怪的是，二十大几岁的他，一直也没有找到结婚的对象，就是因为他家里没自行车，也没“自行车票”。要说小马愁，父母更愁。小马妈托这个找那个的给儿子说亲，可没这“三转一响”人家都不愿意。有一天说媒的人又来了，提出一个条件，彩礼中“三转一响”不要全也行，但至少要有一辆自行车。

自行车是合影的『主角』

到了晚上，小马睡不着了，躺在床上寻思着办法。“实在不行，就自己造一个，可是车圈咋弄，车链子咋弄，车轴咋弄……”一沓子问题像洪水似的冲得他头昏脑涨，就这么昏昏沉沉的一直到天亮。

为了宽慰儿子，老父亲让他跟着刚退伍的叔叔去天津散散心，顺便长长见识。路上，叔叔告诉小马，他是来天津探望战友的，战友在天津的一家大型废品收购站工作。到了天津，叔叔只顾和老战友热聊，小马闲得无聊四处转悠。只见这个收购站很大，里面五花八门什么东西都有，而且有的还没坏，只是有些旧。这时，一个想法在小马脑子里闪现出来："这有没有破旧的自行车呢，在这里不用车票应该就可以购买吧？"想到这里，小马有些激动，迅速地找了起来，他瞪大了眼睛，生怕错过一丁点线索。但找了老半天，只找到一个脚蹬子，没有找到完整的旧自行车。小马苦笑，但还是不舍得放弃希望，于是回屋求助叔叔的战友："叔，您这儿有破自行车吗？坏的也没事。"老兵叔叔呵呵一笑："傻小子，自行车那么少，谁舍得扔啊，坏了人家修修也不舍得卖。”这个回答像一盆冷水，给小马浇了一个透心凉，小马失落极了。但当他扭头想走时，老兵叔叔说道：“不过，有一个自行车加工厂总把一些废料、残次零件往我这儿放，你看看那儿有你想要的吗？”犹如绝处逢生，这番话又点起了小马的希望。

说去就去，在老战友的带领下，很快找到了废料存放地，看到那些残次品，小马比看到金子还兴奋。小马立即

废品收购站

挑了起来，经过一番“海底捞针”式的搜索，大部分零件算是找齐了，就差一个车座轴。不过，对小马来说，这已经足够了。他找了一个编织袋把零件都装了起来，交给老兵叔叔清点数量后，只收了个成本价，小马很是欣慰。剩下的时间里，小马归心似箭，一个劲儿地催着叔叔回家。

回到家，小马把东西往地上一放，开始认真地找着每一个零件，还专门找了一个碗来装一些小螺丝之类的小东西。每一个螺丝、螺母，他都拧了一遍又一遍，一下午的功夫，自行车竟然组装了起来，就差一个车轴，咋整？小马的父亲想出来一个好办法，他把铁锹把锯了一截，做成车轴，按了上去。看着安装好的自行车，老父亲嘀咕：“还差点啥？”小马也觉得不对劲，仔细一瞧，瞧出了毛病，这个车子由于是拼凑的，都不是一个色调。于是父子俩就对自行车进行油漆，等车子都上好色后，再用抹布一擦，看起来新崭崭的。

看着收拾好的车子，这下结婚的彩礼有了着落。过了没多久，小马就结婚了。而小马找零件拼自行车这事儿，渐渐传开了。村里的年轻人纷纷效仿，甚至有人在这里发现了商机。随着第一批去天津买零件，回来加工组装销售人群的产生，平乡自行车产业就此萌芽。

甜蜜

小人物的大梦想

马小雷等人从天津废品站买回了自行车零件后，尝到了甜头。故事就迅速传开了，很多人跃跃欲试。但当时温饱都是问题，要想在这方面投资，不仅得倾尽所有，还需要有“置之死地而后生”的魄力。于是，一些再普通不过的“小人物”，粜了粮食，甚至卖了家里所有值钱的家当，东拼西凑，开始了北上之路。

开弓没有回头箭，当时只能往前进，没有退路，也没有给自己留退路，怀揣豁出去的勇气，带着必赢的决心，开始了他们首次经商之路。这批创业者，大多都是十七八岁的样子，骑上一辆自行车，背上几个馒头，渴了在小河里找点凉水喝，到了晚上就住最便宜的大通铺，一路颠簸着到了天津。到天津以后，一路打听，被指引到城南一处废品收购站，那儿有成批卖自行车零件的，但是要挂号。挂到了号，接下来就是等了，前边长龙似的队伍，甚至到工作人员下班的时间，还没轮到自己。那么，第二天接着按今天的号来排。其中艰苦，不言而喻。

在经过漫长的等待，腿也酸了，脚

20世纪60年代的自行车商店

也麻了，也终于排到了，然后凭票付钱领货。但因为来一趟不易，排一次号买到的零件又是有限的（一次只能买多少，是有规定的），所以他们有的时候会循环排队，连续排上几天，这样每次领一些，加起来就会有不少的货物。可是领的零件多了，一辆单薄的自行车，又如何把它们运回去呢？这可是个技术活儿。

但是，办法都是敢想的人想出来的。车后架驮一袋，车前梁放一袋，车把上再挂两袋，既要驮得了，又要平衡稳定。把所有的货物都放上去，自己却上不了车子了，只能找个靠墙的地方，旁边还得有个石墩。让车子靠着墙，自己踩着石墩把腿跷上去，一个猛助力，车子就动了起来。沉归沉，但却是满满的幸福。回家的路程，漫长但充满喜悦和期待，想着回去就能变成银子，顿时浑身就有了劲儿，急速往前蹬。一位本地知名企业创始人告诉我们，有一次，因为车上载的货太沉，天也黑了看不清路，走到半路上，一不小心，连人带车栽进了水坑里。十冬腊月，天寒地冻，溪水结冰，一路上都看不见任何活着的鸟兽。但就是这样，一个人脱了鞋光着脚，在满是冰碴子的水沟里打捞掉进去的零件，一件件地在水里摸，一个个地捞起来。当时一点也不知道冷，就是想着千万别被水冲走了，千万别看不见，生怕有一件遗落。打捞起货物，裹着身上的湿衣，就往家继续奔去。虽然经历了几十年的逝水流长，但是当年的艰辛在脑海中依然清晰无比，贫苦年代的创业之路实在不易。不过，不抚摸过去的苦难，就无以理解今天的幸福。

不管怎么说，货是运回来了，接下来的几天，就是在家翻新零件了。待翻新完，找个地儿进行兜售，便可小挣一笔。但是，计划经济时代经营模式不同于市场经济时代，一切产品均由国家统一下达生产、购销指标，自由市场是被禁止的非法的。所以，不能光明正大进行交易。

这时，这些致力于靠双手“摆脱贫

致力于摆脱贫困的人们

困”的他们，开始绞尽脑汁，终于独辟蹊径，自成模式，启蒙了邓桥市场。为什么选择邓桥来作为交易市场？因为，这里是平乡县和广宗县的交界线。在桥头上进行交易，一旦有平乡政府来查，就迅速跑到河东广宗地界，广宗政府来查，就快速跑往平乡。他们就这样搬着自己的“家当”来回跑，当地的人们戏称之为“游击队战术”。两界交处，管理起来比较困难，正是钻了这一管理上的空子，邓桥市场就此形成。

为了生计，他们和政府打起了游击，也吃尽了苦头。他们总是趁天不亮，戴上口罩，推着零件，去向邓桥的桥头上，蹲在桥边，远远的望去只能看到一个个的小黑影。不能吆喝，不能叫卖，买卖双方用手势议价。因为都戴着

那时候的市场都没有棚子

口罩，有些熟人相见也不相识。等天快亮时，就收摊回家了。回到家也不能歇着，继续开始翻新工作。就这样，通宵达旦，日不停息地忙碌，还要提心吊胆、惴惴不安地兜售。

他们都是一些最底层的小人物，却反映出了平乡人创业图强，不惧困难的精神。他们创造了最初的市场，虽然是以摊点交易的形式展现在人们面前。但正是这些不屈服于命运安排的“小人物”点亮了平乡自行车的未来。

露水市场

20世纪70年代末，河古庙当地有很多人也开始倒卖自行车零件，并在集会上兜售。1981年，河古庙自行车零件市场已初具规模，零售点达100多个，吸引了许多外地人前来购买。但到1987年，由于县里打击组装、倒卖自行车，这个市场陷入萧条的窘境之中。可是不久，一个新的自行车零件聚集地又冒了出来。

天还不亮，大概是四五点钟的样子，平乡县孟冯马的村东就已静悄悄地聚满了人。对于夏天而言，这个时候天空刚露出鱼肚白，若是在冬天，还黑漆漆一片。平乡的自行车零件经营户们，带着自家的样品聚集到这里来售卖。虽然来的人很多，但市场却是静悄悄的，和买家们谈价格大多是耳语或手势，定好品种、数量，达成一致后，也得等到晚上的时候才能开始派货、送货。这样新颖的方式和以往的地摊市场截然不同，区别于那种庙会上人们自发摆摊出售的形式。然而，这一独特的销售方式，会随着太阳从东方刚刚探出一点点的头时，神奇地销声匿迹（这跟最早的邓桥市场极其相似）。人群涌动的市场也就变成了一块再普通不过，鲜有人问津的空地。这个市场就如我们所说的露水，夜晚或清晨存在，太阳一出来，就被蒸发了。露水一干集就散，所以它被称为“露水市场”。

这天，李双柱闷头坐在自家炕沿上，嘴里吧嗒着他的大烟袋锅子，一口一口地嘬个不停，狭窄的屋子里弥漫着浓浓的烟雾。最近买卖大不如前，因为没有了市场，加工出来的飞轮堆在家里卖不出去。看到一筹莫展的父亲，儿子李文星放下了手里的碗筷，也是愁丝万千，思忖着解决的办法，后来决定去传闻中的“露水市场”冒一冒险。没有更好的办法，只能放手一搏。第二天，外边还一片黑漆漆的时候，李文星就带着自家的飞轮样品出发了。

踏入市场，初来乍到的小李看得眼花缭乱，只见两个人手对手，用袖子遮住，在袖子里比划过来比划过去，两人还时不时地摇头，然后再在袖子里比划一番，直到两人相视一笑，交易就达成了。小李想起父亲以前卖牛的时候也是这样讨价还价的，父亲还说这叫“袖里乾坤”。观察了一会，小李找了个空闲的地方将自家的样品摆出来，不大一会儿就来了前来询问的买家，他忐忑不安又充满期待地学着在袖子里讨价还价，在经过一番“袖里乾坤”后，他们成交了一笔30件的飞轮。小李几乎是飞奔着回到家把喜讯告诉了父亲，老李一听瞬间喜上眉梢，连声称赞,但也有些担忧，毕竟是见不得光的交易。但，这是当前“解决困难”唯一的出路。接下来的日子，父子二人热火朝天地开始了飞轮加

20世纪70年代末，平乡县河古庙一些有商品意识的农民在地摊经营自行车零部件。

工，那几天大家看到老李头每天都是哼着小曲，乐悠悠地干着活，父子二人几乎连饭都顾不得吃。经过几天的加班加点，几十件飞轮终于赶制了出来。他们将货物收拾妥当，等天黑再送到买主的家中，自此小李开始了他“露水市场”的征途。当然也是因为这市场扭转了他们家贫瘠的局面，打开了致富的路子。

俗语说甘蔗没有两头甜，露水市场带来了巨大利润，随之而来的是一些不法商贩的投机倒把，他们以次充好、鱼目混珠，严重扰乱了市场。这引起了工商部门的重视，随即对露水市场进行了严查，露水市场就此开始走向萧条。但不久，在梁里马村和霍洪村的一片空地上，市场又如火如荼地开张了。可是数月时间这里也不复存在。

显然，在当时的背景下，如果不遏制住假冒伪劣这股歪风的话，平乡现在繁华的自行车景象也就无从谈起。但这也委实是“创客们”的无奈之举。

微瑕之憾

回望平乡的自行车历史，有一段道路我们不得不提，这段道路我们称之为劫难也好，经验也罢，现在看来都是成长的代价。不过也稍有遗憾，毕竟它在我们自行车的发展史上留下了一点白璧微瑕。

20世纪80年代初，一些自行车小作坊从南方购买“永久”“凤凰”牌商标贴到自己组装的自行车上，有的为了降低成本，甚至用锤子敲出个商标来贴到自行车上。这些自行车堂而皇之地成为“永久”

大批量组装自行车

“凤凰”“飞鸽”等名牌自行车销往外地，利润倍增。从此，平乡出现假冒自行车并蔓延开来。这些假冒自行车用的零部件都是残次品，质量低劣。当时南方人都称平乡的自行车商人为“河北佬”，这些自行车企业以极低的利润进入南方市场，将市场秩序打乱，留下了平乡自行车质量不好、是便宜货的印象。在利润驱使下，“山寨版”的自行车越来越多，严重影响了平乡自行车市场的发展，政府不得不拿出壮士断腕的决心，凝神聚力在“打假”上。

县里成立了打击假冒自行车指挥部，各执法部门人员组成“打假”队，各乡镇也成立了“打假”小分队，深入农村查处生产冒牌自行车的黑作坊。县乡村领导全部都奋战在“打假”第一线上，当时的平乡到处上演着“警察抓小偷”的场面。但在利润的驱使下，好多小作坊开始利用晚上的时间偷偷生产，使得政府的“打假”任务更加艰巨，“打假”队只能昼夜二十四小时不间断的工作。甚至为了“打假”，政府还一度关停本县所有的自行车零部件生产企业和市场。当时的平乡可谓是谈“车”色变，到处都笼罩着“打假”的气氛。对于当时的“打假”而言，广大群众更多的是不理解，认为这是在断他们的财路，堵他们的后路，有的甚至跟政府人员起冲突，使得“打假”工作难以为继。但是再难也得扭转局面，毕竟，错误的道路是走不远的。县里忍痛割爱，加大力度，相关部门通力合作，终于有效地净化了平乡自行车市场。

但是由于关闭了大批的企业，导致自行车产业发展趋于停滞，萧条的自行车市场使得改革迫在眉睫。在开拓市场的过程中，平乡自行车产业艰难地重新起步。据老一辈的自行车从业者讲：平乡生产的自行车在外界的印象是“便宜货”，“便宜货”成了平乡自行车的代名词。当时的县领导班子为此也是忧心忡忡，打破这样的窘境势在必行。他们认为自行车既然能够在平乡生根发芽是有深层次原因的，这与一直以来被穷日子吓怕的广大群众盼致富，想致富的愿望密不可分，因此一味地打压是行不通的，但生产假冒伪劣产品也是绝对不可行的。县里提出一方面继续严厉打击假冒伪劣，另一方面给予正确引导。他们认为只要给点春风，给点机会，这片土地上的老百姓，凭着他们的睿智和勤奋，就不会再穷下去。就这样，边打击边指引，为群众出谋划策，并结对帮扶。渐渐地群众明白了，政府不是在断他们的财路，而是引领他们走向真正的阳光大道。

这是我们发展中走弯了的一段路，虽然曾经被错误绊倒，但没有一蹶不振，丧失再去探索的勇气，而是勇敢地去面对失败，吸取教训，最终找到了自行车发展的康庄大道。

第二辑

吹尽狂沙始到金

『穷平乡，平乡穷，灯不明，路不平，庄稼不收年年种，盐碱地里长碱蓬』曾经的平乡就是这句顺口溜里的景象。但也正是这个不靠山不临海的农业县创造了一个传奇，那就是异军突起的自行车产业。上世纪90年代以来涅槃重生的自行车产业，已经铺洒在这个县的角角落落。

满地开花的小作坊

小天地不再小

“咔咔咔…当当当…”走进赵江华的厂里，机器的轰鸣声淹没了说话的声音。赵江华是自行车行业里的“老战士”了，“20年前我就开始干这个啦。”他边摆弄着车圈边说，“那会儿大家都跑件我也跟着跑，因为货太多，后来干脆就把自己家当成了仓库，渐渐地家就变成了现在的厂子。”就在说话的功夫，他已打包好一辆自行车。“20年前可没有这么多的机器，全都是我们自己干活，当然厂子的规模也没有这么大。”赵江华的自豪感溢于言表。的确，在平乡，这样的景象很是普遍，以家为厂或者是在一片空地上搭建简易的厂房，人们称之为小作坊、小工厂。

20世纪70年代末，农民在简陋的作坊里加工自行车弹簧

如今，赵江华的小作坊已经成了极具规模的大企业。

上世纪90年代的平乡，“噌噌刺啦刺啦”的声音随处都能听到，工人们用砂纸打磨着生锈的车架子再将其喷上漆，架子就变得焕然一新。“这些架子放的时间有点长了，得认真打磨一下上边的铁锈，要不不好喷漆！”李建国边干活边嘱咐着，妻子低着头有点不耐烦。“现在干这行的越来越多了，咱们要是不注重细节，质量不高，谁还买咱们的货？”李建国表现得异常严肃。

自行车产业，给平乡人民带来了物质上的富裕和精神上的富足。一个村一个村都是做自行车零件的，聚集效应在这里体现得淋漓尽致。李建国继续对妻子说：“咱县里像咱们这样的厂子越来越多，几乎是遍地开花，要想买卖做下去，工序上可马虎不得，稍有差池丢的就是自己的饭碗。”确实，在当时的平

20世纪80年代初，河古庙农民在家庭作坊生产自行车链条配件

乡像李建国这样的人，不胜枚举。上世纪90年代中期随着自行车零件业的发展，越来越多的老百姓投入到这个行业里。尤其是那些先期富裕起来的人们开始考虑购入设备，生产零件。你家造飞轮，我家产鞍座，他家产辐条，家家户户都是围着自行车转，一派欣欣向荣的景象。正是由于这些小作坊的冉冉升起，才有了自行车128个零件，平乡如今都可以自行生产的奇迹。

正如过来人所言：以前的小作坊就是自己的一片小天地，现在小天地发展起来了，而且越来越大，小天地迸发出了大能量。

雪中送炭来

从手工作坊里走出的平乡自行车产业不断地发展着，但前途是光明的，道路是坎坷的。成长的过程，也正面临着转型升级的困境。

自行车市场由卖方市场演变成了买方市场，利润也随之降到冰点，这对自行车生产商和经营者来说无异于沉痛一击。看着堆积如山的飞轮卖不了好价钱，冯马村的张有善一脸的愁容。老板愁工人更愁，工人们原指望着靠这个行当让生活好转起来，唯恐化为泡影。几乎所有的小作坊小厂房都在勉强苦撑，进退失据。当时，栖身于产业链底端的小作坊，没有技术突围的念想，只是抱残守缺，等待“时来运转”的侥幸，这完全受限于当时所处的环境。

整个市场的萧条引起了县里的重视，改变现状迫在眉睫。咣当当，咣当当……张有善厂子里干活的声音听起来都那么有气无力，整个人都变得无精打采，这时听到外面有人喊他，老张探出头去，看到一院子的人有点不知所措。原来是政府给请过来的专家，专门为厂子来把脉问诊。只见专家走进车间，拿起一个飞轮认真地研究着，然后又看了看老张的生产工具，说道："这些工艺都太粗糙，机器也太陈旧了……"专家边看边讲解，说话的功夫还从包里拿出一沓纸递给老张："这是飞轮详细的图纸，按这个生产才能保质保量出来好产品。"老张如获至宝。专家带来的不仅是丰富的经验还有先进的技术，曾经沉寂的小作坊又恢复了往日的忙碌，现在的老张又神采奕奕了。这种请国内专家把脉会诊的方式改变了以往闭门造车的局面，为小作坊的发展开拓了一条新的路子。

先进技术加上专家的指导，像张有善这样的小作坊又兴盛起来了，这时的他们已经不再满足于在本地发展，走出去的念头越来越强烈。在田禾村的郭玉山家中，工人们正在打包着自行车，这是要到上海展销会去参展。“当时自己的决定是遭到家人反对的，认为是瞎折腾，浪费时间。”郭玉山说。但他认为这是一个千载难逢的机会，而且毫无风险，就连拉货的车都是政府给找的，在上海的摊位也是政府出资的，真是天上掉下个大馅饼的好事。正如

预期的那样，因为参展上海的展销会，郭玉山收到了来自四面八方的订单，生意越做越远，越做越火。在当地像郭玉山这样的人不计其数，这都得力于当时政府的支持，出资搭桥，并帮助厂家在上海、天津、广州租展位，帮企业把产品运至博览会、展销会现场，并安排企业家专门组团到德、意、法等自行车强国学习“换脑”。

放眼现在的平乡，所到之处都是自行车产业的影子，走进一个村庄总会被机器的轰鸣声振奋，以前的小作坊都发展成了现在的大企业，曾经人们称之为的小天地，现在凝聚起来，已经占据平乡产业的半壁江山。但起初，远不是这样，那时的卖车之路漫漫修远且艰辛。

漫漫卖车路

“小小车轮向前转，不畏艰辛不畏难，翻山越岭到处跑，唯求盈利好过年。”这是当时平乡人兜卖自行车的真实写照。

自行车在上世纪80年代末，90年代初的平乡，已然算得上产量可观。产的多，但销售渠道却很单一，所以，必须得走出去进行兜售。俗话说：“少年不知愁滋味”，几个年轻人一人骑着一辆自行车，一边奋力蹬着车子，一边在欢快地聊着天，这是一帮南下邯郸、河南去卖车子的小伙子。雪后初晴，眼前是一片白茫茫的世界，小伙子们边骑着车子边打着滑，撒了欢儿的往前飞驰着。“我们每人骑一辆，车架子上再驮一辆，这就是我们这一趟的任务，每人卖

青春在旋转的自行车上律动

出去两辆车子，赚个百八十块的，就算圆满完成任务了。”江援朝笑眼盈盈地在脑海里搜寻着记忆。

现在的老江，那时候还是小江，十七八岁的样子。他告诉我们，一般都是到冬季才会频繁地出去卖车子，因为平时在家得侍弄庄稼，组装车子的同时也得种地，只有到冬季，才会放下手中的锄头、犁耙，也相对消停些，就蹬着车子出发了。他说，当时最远骑着车子到过河南的安阳，就这样一路走一路卖，卖不了就一直南下，走街串巷，翻山越岭，吃过很多苦，也遭过很多罪。“有一件事，至今想起来都笑中带泪。”说到这里，老江眼睛里泛起了泪花。有一年的冬天，他们几个年纪相仿的少年骑着车子一路到了河南，才得以把车子卖完，这时就要折返了。但是，卖一趟车子也挣不了几个钱，所以，回去的时候也不舍得花钱坐车，一般会求助过路车辆搭载，搭载个五六段，再加上步行，折腾上两天也就到家了。但这次，等了半天却没有等到一个好心的车辆搭载，正在焦急地等待时，迎面来了一个大卡车，他们急中生智，相互使了个眼色，说是急那是快，纵身一跃便扒上了卡车。就这样，在车主不知情的情况下，偷偷扒上了车，紧紧趴在车的地板上，生怕被车主察觉。由于卡车后车厢是敞篷的，大冬天寒风凛冽，几个人紧紧地挤在一起，依然被风吹得瑟瑟发抖。

他们一直往北搭载了百里地，突然车主转换了方向，要往东走。他们意识到不能再搭车，要不就偏离了，几个人便等待时机往下跳，眼看车速减了，三个少年跳了下去，但剩下了老江，还在车上。看到伙伴都下去了，这时老江慌了神儿，眼睛一闭，就往下跳，突然眼前一黑，没有了知觉。原来，跳的时候太过急切，没找对时机，磕到了石头上，整个人晕死了过去。同伴儿赶紧背起他，跑往附近的医院，最后人是醒了过来，但门牙被磕掉了，后来换成了“金牙”。老江一边说着，一边露出了他的门牙。“要不是同伴儿，要不是我还算幸运，可能我的命也就没了，所以我很感恩。”老江脸上写满了知足。这就是那个闭塞时代“走出去”的营销方式，其中的艰辛，一言难尽。但实际上，当时能够出门卖车子谋生的人，都是一些精英们。他们有胆有谋，不畏艰辛不畏难，对待生活，本着“吃苦也幸福”的信念，犹如向日葵一般，朝着太阳奋力张开。

随着时间不断进步，平乡人结束了那个闭塞的营销时代，开始考虑如何迎来新的发展？都说“花若盛开，蝴蝶自来”，如何让自己的牌子在坊间传开，被称作“名牌”，成为平乡人心中最重要的问题。

走出去攀“亲”

河古庙自行车零件城，在20世纪90年代，形成规模，宽阔的柏油马路，耸立的楼房摊位，都彰显着它的卓越不凡。夏庆国就是零件城里的一员，地道的“钉子户”。他的自行车买卖是和零件城一同成长起来的，起初他看到的只是自行车零件带来的高额利润，只求价廉，不重质量，更多的是在打价格战。“市场上数我的最便宜”是他引以为傲的一句话，但随着零件城的迅速崛起，他的这点优势荡然无存，还因为他所谓的“价格优势”使自己垮了台，市场上再也听不到他高声吆喝的声音。但夏庆国不服输，他决定去成功商户家“偷师”，于是打工当起了学徒。在那里他发现，这些工人们都严格按照图纸干活，一丝不苟，稍有差池，成品就会被剔除，当做废品处理掉。在那里，他领悟到“质量是商家的生命线”。为了更好地发展，他几次去石家庄，聘请来了“诸葛先生”给自己的厂子当质量总监，还办了生产许可证，敲锣打鼓重开张。

在以后的日子里，人们总会看到夏庆国在车间里一丝不苟的检验着产品，“这个不行，别说差一厘米，一毫米都不行!”功夫不负有心人，经过学习和改良，产品开始热销，甚至供不应求，但他对质量从不敢有半点马虎，还挑选了事业心强、技术好的人担任质检员，对每道工序严格把关，还设立了质量奖，严格兑现奖惩。出厂的产品，如有质量问题，不仅包退换，还负责往返运费。

这些举措都彻底颠覆了他以往的运营策略，以质量和信誉求生存，使夏庆国的买卖又活了起来，也火了起来。

除了注重质量外，他们开始打破传统艰难的营销方式，思忖着与一些名牌厂家挂钩，实施产品“联姻”，打出自己的牌子。在平乡的东马延有这样的三个年轻人，他们不甘于自己的产品就这样屈居人下，默默无闻。从质量上看，产品过得硬，一点不比名牌产品差；从价格上看，又比名牌产品要低很多，可是却不为人知，销量不温不火，这让三个小伙子犯了难，同时开始谋划起了对策。三个臭皮匠赛过诸葛亮，他们摆问题想法子找路子，拿着笔写，在地图上画，把自己的问题列出来，把成功的名牌厂家一个个勾画出来，进行对比。但就目前的状况，资金和规模都有限，想让自己的品牌一下子成为“名牌”，是不可能的。但可以找到依托，那就是和名牌厂家“攀亲家”，这个想法让他们豁然开朗。于是，他们开始了攀亲之旅。

然而，事情并不是一帆风顺的，初次踏入大都市的他们眼花缭乱，被眼下灯红酒绿的街景惊住了，他们不知道该往哪里去？三个人先住了下来，挤在一

来到繁华的大城市『攀亲』

间房里从长计议。在接下来的日子里，他们不断地寻找大公司，同时，也不断地吃闭门羹。无论他们用多么诚恳的态度，无论他们展示着多么优秀的产品，那些大公司始终不正眼瞧他们这些“乡巴佬”。这千辛万苦的“攀亲路”，苦和累自不待言，要命的是被人看不起的感觉，深深的挫伤了小伙子们的锐气，第一次他们无功而返。

虽然失败一时挫伤了他们的锐气，但没有浇灭心中的希望，希望还是满满的。于是，在沉寂了一段时间以后，三个青年又踏上了去上海的列车，喧嚣的车厢，干巴巴的馒头，有时候买不到座位，一站二十多个小时，腿脚都水肿了。就这样来来往往，在以后的五年时间里他们坚持不懈，锲而不舍，最终功夫不负有心人，终于与上海的一家大公司攀上了“亲戚”。他们联营创建的自行车内胎厂，打出了自己的品牌，产品供不应求，有的客户甚至是预交款排队催货。

在平乡，这样的故事有很多。这三个人只是众多典范的一个缩影，他们不畏艰苦，不怕吃闭门羹，凭着那股向上而生的劲头，不断探索不断创新。

河古庙里故事多

河古庙，平乡县自行车产业最具代表性的乡镇，因其坐落漳河畔，镇里有一千年古庙而得名。当然，现在的它更为人所熟知的是自行车产业的规模和令人惊叹的经济发展势头。宝剑锋从磨砺出，梅花香自苦寒来，如今的成就离不开一段段泪水与汗水交织的岁月，正是一幕幕壮怀激烈、至纯至美的故事，才铸就了如今的辉煌。

敢想就会有舞台

随着新千年的到来，平乡的自行车产业也呈现出了全新的姿态，以往的小作坊生产逐渐被遍地开花的自行车厂所取代，作为平乡县自行车领头军的河古庙镇更是如此。几百家企业、上万的从业人员、过亿的产值，这些成绩乍一看还好，但是，慢慢地人们总觉得好像哪里有些不对劲，可是，具体是哪儿不对劲也说不出来。时间一长，政府和从业者咂摸出味儿来了，自行车产业规模太小，而且布局分散，集中度太低，产业链条短，配套能力弱，物流、仓储等等服务资源短缺，而且配置不合理。于是，2007年5月，以自行车产业为主的河古庙镇率先扛起改革的大旗，决定在漳河的西岸建设一个以自行车产业为主的工业区，名字就叫河西工业区。这就是现在规模庞大的河古庙自行车高新区的雏形。当时的河西工业区，还远远没有现在的规模，但是，便利的基础设施，初具规模的集聚效应等一系列的有利因素，还是吸引了企业纷纷入驻，因为企业越来越多，在2008年河西工业区升级成为平乡县自行车产业集中区。

河西工业园区

大好的形势，让政府和企业备受鼓舞。但是，面对成绩，有些人还是保持了清醒的头脑，他们认为现有的成绩还不足以沾沾自喜。万里长征第一步，要走的路还很长。这其中就有一位河古庙镇的干部。在那一段时间，一个大胆的想法在他的心里冒了出来，在原有的产业集中区的基础上，申请省级经济开发区，这个想法让他坐立不安。他甚至问自己，这是不是痴人说梦？但是，这个想法一旦落实，对于河古庙，乃至整个平乡自行车产业的长远发展都有极其深远的意义。思量再三，他决定向上级汇报。领导认为，平乡自行车产业需要由分散型向集中型转变，这对平乡自行车产业，乃至整体经济实现质的飞跃都有着深远的意义。但是，这个想法可行吗？一个经济发展水平还不算靠前的县申请省级的经济开发区会成功吗？“我觉得我们应该争取一下，毕竟我县的自行车发展是有很大的潜力的。”看着眼前满腔热忱的年轻人，主管领导深受感染。

县里围绕这一提议进行了会议讨论，大家一致认为值得一试，而且应该一试。主管领导和这位镇干部，决定趁热打铁，立即付诸行动。经过收集资料、整理文件、咨询业务等一系列的工作后，他俩满怀激情地到了省厅。把准备的资料、文件、数据上交以后，却得到了一个毁灭性的答复：别说河古庙了，就算平乡县的经济总量加起来在省里也排不上号，怎么能申请省级的经济开发区呢？俩人一下傻眼了，满怀憧憬的心变得无比失落，如果说有晴天霹雳，这应该算是一个。如果，事情就这么结束，那么今天河古庙高新区的风采也就无从谈起了。在回来的路上，一段沉默以后，这两个不服输的人重新打起了精神，认为事情不能就这么结束，应该有其他的路可走。回到县里以后，经过多方打听和信息搜寻，一条河北省决定发展一批省级百强园区的消息吸引了他俩的注意。虽然我县距离省级开发区的标准，还有不足，但省级百强园区的标准，我们已经达到了。不能一条死胡同走到黑，可以换个路径争取属于自己的荣誉。想法有了，那就开始干。主管领导亲自把办公室搬到了省里的一家小宾馆里，就在石家庄督战，并从各个单位抽取精干力量，随时准备所需材料。

自行车零件城开业当天万人空巷

在几个月里，领导一线指挥，所有人干劲十足，激情无限，谁也不讲待遇，不说辛苦，累了都能坚持，病了没人吭声，就在这样的氛围里，大家向着同一个目标不停地努力着。终于，好消息来了，在经过严格审核后，河古庙各方面条件均达标，符合省级百强园区的标准，平乡县自行车产业集中区就此升级为省级园区。

到2016年，由于经济指标的快速提升和经济总量的飞跃增长，河古庙省级园区再一次升级为省级高新区。平乡人又一次用实际行动告诉世界，只要敢想，就会有绽放光彩的舞台。

爱拼才会赢

省级园区申请下来了，整个平乡都为此欢欣鼓舞。但是，高兴的同时，新的问题又来了。找项目，建园区，该做的事还有很多。

先说项目，环顾园区，那么大一片地方，就没几个成规模的企业，严峻的形势让高兴的气氛一扫而光。面对这种局势，镇领导班子坐下来合计了一番，决定让镇长在单位坐镇，其他领导亲自去跑项目。听说了这种情况后，县主要领导非常重视，亲赴园区，给同志们鼓劲加油。同志们看到了决心，企业老板看到了信心，工作热火朝天，项目一个接一个地来。当时的园区办公室主任现在回忆起来，还是显得有些激动和兴奋："当时的那种劲头，那种激情，深深地感染了每一个人，大家都想往前冲，再加上后来县里的招商激励，项目一个接一个，有的时候一天都能俩仨项目落地，你看这园区千余亩地，现在有一个闲地方吗？"

如果说，项目是园区建设的软件，那厂房、道路、卫生等一些基础设施就是园区建设的硬件了。当时对于仅有一条正儿八经道路的园区，万事犹如从零做起。都说万事开头难，在当时那种情况下，可以说是难上加难。但

一丝不苟的车间工人

精密的自行车测量仪器

是，平乡人不怕难，平乡的干部更不怕难。撸起袖子加油干，这句共产党人的话，就是当时干部的常态。为了更快地搞好环境卫生，干部群众白天不间断，晚上再加班，白天累点还好说，到了晚上，路灯没修好，什么都看不见，怎么办呢？把车灯打开，依然可以干得热火朝天。攒动的人影，金黄的车灯，漫天的尘土，很是壮观。那时候不知道疲惫，每个人发了疯似地投入到工作中。有一年雪后结冰，但又害怕大雪压坏了厂房，一位领导不顾道路艰险，找到一辆破吉普，硬是从县城开到了园区，到了园区已经有几个同志到达那里。二三十里路，谁也顾不得什么危险，就想着尽快赶到园区，去保护来之不易的建设成果。那段岁月给一位园区干部留下了深刻印象，当时，他刚从学校毕业，因为在学校里养成的习惯，每天西装革履，俨然是一个白净的大男生。但就是这么一个爱讲卫生的大男孩，为了让园区里修好路，每天都跟拉土车打交道，因为要记住拉土的数量，他要为每辆拉土车作登记。满载沙和土的车子一辆接着一辆在他的跟前经过，一天下来灰头土脸的他跟身

上那套西装显得极不搭调，但就是那“拼命三郎”一样的工作氛围，给刚进社会的他，上了生动的一课。

园区一点点地建了起来，园区的人也是换了一批又一批，但在每个老园区人的心里，都已经碾压出了园区情结。直到现在，他们中还会有很多人时不时地回到那里，不为找人，不为办事，就是觉得那里是自己的一个“孩子”，在那里转一转，看一看，心里踏实。

请来王明玺

园区创建之初，县里制定了以自行车文化提升平乡自行车品牌的方针，通过修建自行车竞技公园、建全国首家自行车博物馆和自行车童车展示馆来塑造对外形象，以此提高园区的整体规格。

其中最难以忘怀的，就是为建设自行车博物馆而与著名的自行车收藏家王明玺老先生结缘的故事。

王明玺，被誉为“中国自行车收藏大王”，历年收藏各类珍品自行车200余辆，其中最为名贵的是一辆英国1915年生产的“白金人”，曾有外国收藏家想以1辆劳斯莱斯交换，他都没有答应。这是自行车界的一位“达人”，平乡自行车博物馆的建设离不开他。可是怎样才

王明玺老先生的『白金』自行车

能请来老先生呢?

当时园区上下将此事作为重中之重，派去几拨儿人到北京多方打探，终于找到了王明玺老先生。这一天，天空飘着鹅毛大雪，园区派去的人冒雪来到老先生的家，说明了来意。老先生一听说是为自行车而来，觉得遇到了知音，老怀大慰，亲自带来人去参观了他的地下收藏室，为他们讲述每一辆自行车的来历。我们派去的工作人员完全被震撼到了，惊叹不已，在征得老先生同意后，将藏品拍照带回展示。从老先生那里回来以后，工作人员兴奋极了，讲述着他们的所见所闻，并马不停蹄地将照片冲洗出来，进行梳理、展示。看到这些照片，大家都对老先生的藏品啧啧赞叹，也有人感到遗憾，认为单纯的照片效果并不好，要是有实实在在的车子在这儿摆着就好了。

将老先生收藏的展品珍藏到平乡自行车博物馆，成为了园区领导大胆的设想。当然，说是大胆，一点都不为过，让老先生的收藏之物公布于众，并搬到平乡来，其难度可想而知。于是，园区主要领导挂帅，第二次踏上了北上之路，再次来到老先生家中。共同的爱好让彼此一见如故，在攀谈中园区领导将此行的目的告知了老先生，表明了平乡大力发展自行车文化的决心以及现在遇到的瓶颈，希望老先生能够将他珍藏的自行车放到平乡展示。老先生听说要把自己的藏品拿走展示，脸上顿生不悦，虽然推广自行车文化是老先生的夙愿，但老先生既不舍得这些藏品，也不放心外人保管，因此拒绝了请求。

“但是，这并没有让我们灰心丧气，因为我们理解老先生的心情，对他的不舍更是感同身受。而且已经做好了打持久战的准备，搁谁谁也不会轻易同意的，毕竟当时我们还没有取得老先生的足够信任。”当年参与此事的工作人员如是说。但为了平乡自行车博物馆的顺利建成，他们还是决定留下来，希望能够在接触中，以诚挚打动人，渐渐取得老先生的信任。当时，老先生与女儿女婿同住，女儿女婿不懂自行车收藏，但是很支持老先生的爱好，为人也知书达理。“他们见我们时不时就过来看望老先生，陪伴老先生，还帮着老先生保养那些藏品，心里也过意不去，慢慢熟络起来后，也帮着劝说老先生。”工作人员继续回忆着。精诚所至，金石为开，在一段时间的接触后，老先生在某一天突然同意将自己的60余件藏品在平乡自行车博物馆展出并保存，并且分文不取。

其实，园区的领导并没有想到老先生会同意，这完全是突如其来的惊喜，以至于先前连车子都没有备好。临时，又匆忙联系车辆，找来一个大货车，将车子包裹严实，送到了车上。当时参与

王明玺老先生与他的自行车

其事的园区领导告诉我们："拉回来的路上，我们叮嘱大货车要开得稳，多慢都没事。我们的车子就一直跟在大货车后面，小心翼翼地尾随着这些珍贵的藏品，不敢有丝毫懈怠，生怕一不留神就会有什么闪失，记得那天到家都是后半夜了。"

平乡人和老先生就此结下了不解之缘，平乡大力发展自行车文化的决心让老人有了来看一看的打算。"我们听到这个消息，高兴极了，迅速安排车辆，接来了老先生。并带着老先生参观了园区，以及博物馆展厅。老先生看到了平乡发展自行车文化的决心，看到了平乡自行车产业蓬勃发展的势头，也看到了他那些藏品的好归宿。当老先生看到自己的照片悬挂在平乡自行车博物馆最显眼的地方时，非常感动，并同意将‘白金人’这样的珍品拍照展示”工作人员说到此处，还是有些激动。机缘就是这般巧合，在后来召开的上海自行车博览会上，当时县里的领导再次见到了王明玺老先生，并诚邀他做平乡自行车文化发展的总顾问。此后，老先生每年都会来平乡走一走，看一看，并为平乡自行车文化发展献言献策。

第三辑

扶摇直上九万里

埋藏在泥土深处的种子，都怀着参天的志气，俯卧在茧的毛毛虫，都会长出梦想的翅膀。新的时代、新的契机，平乡县终于不负众望，破茧成蝶。万丈高楼平地起，厚积薄发听惊雷，平乡人秉承『诚实守信，百折不挠』的平乡精神，创业图强，改革崛起，顺应时代趋势，闯出了中国自行车发展的一片新天地。

平乡自行车一跃腾飞起

日新月异的平乡

崛起的“淘宝”村

平乡县有十几个远近闻名的淘宝村。在十多年以前这些村庄还是典型的以传统种植业为主的农村，但是，随着商品经济的快速发展，越来越多的年轻人放弃了田间地头的劳作，他们中有的去经商，有的去打工。前沿的科技，全新的理念，带给他们无限的憧憬和期待。这些年轻人是平乡电商产业风起云涌的中坚力量。

万事开头难

李灿的淘宝店在霍洪村诸多做淘宝店中是成功案例之一。他的淘宝店主营自行车和童车业务，在2016年，仅“双11”一天的成交额就达到了500多万元。“一是政策好，二是运气好”，当被问到成功的秘诀，这个90后的大男生羞涩地挠了挠头咧着嘴说。

李灿的父亲是做自行车零配件生意的，因为感受到了平乡自行车发展的巨大潜力，所以早早就有了“子承父业”的念头。2009年，作为李灿的成年礼，他的父亲为他盘下了一家与自己有业务往来，但已经濒临倒闭的自行车加工厂。年轻气盛的小李意气风发，两杯小酒下肚，就拍着胸脯给自己的父亲承诺，不出一年就让自己的厂子扭亏为盈，甚至成为村里最大的自行车加工厂。小李的父亲不以为意，他知道孩子肯定得遇挫折，摔跟头，但年轻人有志气是好事，得鼓励，于是拍着小李的脊梁，说了句“好小子，好好干”，别的啥也没说。那个时候，平乡的自行车行业已经进入快速发展期，发展势头正足，竞争也异常激烈。初次下海的小李一来没什么经验，二来没什么资金，价格没优势，市场没优势，在线下根本无力与当地老牌传统大企业抗衡。无情的现实正如滔天巨浪，把小李结结实实地拍回到了沙滩上。

心有灵犀

眼前的困难给了小李重重的一巴掌，但是，倔强的他很快就振作了起来，开始反思自己失败的原因，四处找人取经，作为“90后”这么一个新新人类，他试图从网上找答案。机缘巧合之下，他加了一个“天津自行车产业加工集群”，在与群里的企业家网友们聊天的时候，小李第一次接触到了网商这个概念。在那一刻，他嗅到了商机，更大的机遇在向他招手。但是，吃一堑长一智，这回小李学乖了，他抑制住自己激动的心情，决定先做一次调研。经过一段时间的调查了解之后，他发现自行车产业如此壮大的平乡竟然没有一家做自行车网店的。没错，这就是一个巨大的商机，于是，他毅然决定暂时关闭工厂，在家里拉上网线，购置电脑，万事俱备，他要去开辟新的阵地。

坎坷电商路

按照小李的设想，自己的网商之路肯定会遇到困难，但必定成功。这个想法不错，但是，他没有想到自己将会遇到那么多的困难。

刚一着手开网店，小李就遇到了一堆难题，网站美工、产品推广、产品设计、产品包装等，这一系列专业的问题对于纯业余网络爱好者小李来说，难如登天。但是，小李就是有这么一股子冲劲，自己选择的路，再难也要走下去。他上网查，打电话问专家，慢慢自学，不管怎么说，这关小李还是对付过去了。现在的小李回想起以前的网上作品，一是可笑，二是感慨。

一波未平，一波又起。物流成为小李遇到的又一个大难题。因为当时平乡的网商数量极少，所以，像当前这样的物流需求根本没有。收到订单的他，不得不抽时间自己开车拉上货，去县城的物流公司贴单发货。订单多一点，还好说，但是，如果只需要发一件货物呢？这油钱都不够啊，不过为了信誉和网店形象，小李总是坚持第一时间发货，哪怕这件货只是一个价值一两元的车铃铛。

政策的春风

自助者天助之。自主创业的小李得到了县里的帮助和扶持，他的网店越办越好，在他的周围产生了“明星”效应，越来越多的人开始效仿。后来，这些人有的坚持了下来，有的很可惜，选择了放弃。县里也注意到了这一新兴事物，经过一段时间的考察和调研，并请来专家会诊把脉，整体规划，手把手教学。专门成立了电子商务办公室，给予创业者精神上和政策上双重支持。

于是，有一天，政府的工作人员找到了小李，不仅为他送去了电脑、打印机等设备，还带来了一名专业的网络工程师解决了长期困扰小李的网速问题；后来，小李还收到了县里组织的网商知识集中培训讲座通知书，在那里受到了

平乡电商的蓬勃发展

专业的培训。通过这次培训，小李建立了自己的营销体系。他还发现，在县里的扶持下，物流行业也壮大了起来，每个乡镇都建立起了物流集配中心，到处都有快递收发、物流配送和邮政服务站点。现在的他，根本用不着自己去县城，快递公司自己就来上门收货了。有了县里的帮扶和支持后，小李的事业越来越顺风顺水。2012年底，小李成立了自己的公司，创出了自己的品牌。

丰硕的果实

现在，随着平乡县电子商务势头向

好，大型的老牌企业也开始把业务拓展到网上，这对于小李来说竞争更加激烈了，但是他并无惧色：“我们店铺规模虽小，却是小而精。和老牌企业侧重产品生产不同，我们更侧重于产品营销方面。”以小李网店中自己设计包装的一款儿童电动车为例，去年中秋时他们自己设计的礼盒样式的产品，一经推出特别畅销，新颖的包装款式非常受市场认可。

不过，小李也提到，等到网店的规模再上一个台阶后，他就准备找专人着手研发属于自己的儿童电动车品牌。“在网上打响自己的品牌，才有主动权，才是硬道理。”

“一台电脑一根线，坐在家里把钱赚”“年轻人想致富，电商是个好出路”……这些成了许多平乡县村民的顺口溜。在平乡，像李灿一样的“90后”年轻人依托着自行车产业背景和政策，创造出了一个又一个的商业奇迹、草根传奇，同时他们也点亮了平乡。平乡先后被授予国家级电子商务进农村综合示范县、中国大众电商创业最活跃县50强、网商创业最活跃县25强、全国832个“电商消贫十佳县”榜首等荣誉，目前全县有10个淘宝村1个淘宝镇（2015年4个淘宝村）。平乡电商工作多次受到上

2015年，阿里研究院发布国内首部电商消贫报告，为832个国家级贫困县排出了『电商创富榜』，平乡县位列全国第二。

2016年度全国淘宝村、淘宝镇授牌仪式

级领导肯定，《人民日报》、新华社等主流媒体聚焦平乡电商进行专题报道。就这样，平乡依托电商再一次走进公众视野，收获更多机会，迈向更高平台，并在创新思维的引领下不断强劲前行。

鲶鱼效应

话说，有一条河，里面有很多小鱼，这些小鱼在里面游来游去，互不排挤，和谐安逸。在河边住着的人们，有些心急了，想要去打破它们的安逸，激励它们快速成长，变成大鱼。这时，有人提议，在河里放进一条鲶鱼，来搅动小鱼的生存环境，同时也激活小鱼的求生能力。这就是我们通常所说的鲶鱼效应。平乡正是利用“鲶鱼效应”这一定律，引来了“好孩子”“富士达”……

一石激起千层浪

“上班去吗？”“嗯，上班去，在这儿歇着呢，大娘。”“啊，还在“好孩子”上班吗？”“是的”“那挺好的，我邻居小丽也在好孩子上班，在家门口一个月就能挣好几千呢。”说话的人满脸笑容。如今，在平乡这样的对话很是普遍，人们见面不再只是寒暄，而是探讨谁在哪个厂子里上班。

“乔乔，快点起床吃饭，再磨蹭妈妈上班就要迟到了。”小麦一边喊着赖床的女儿，一边收拾着碗筷，大早起就是一片忙碌的景象。小麦边吃着饭边合计，“厂子里是计件工资，早去一会儿就能够多干点活，这个月就能多领点工资，两个孩子的生活费就有着落了。”想到这里，小麦更是干劲十足。如今越来越多像小麦这样的家庭主妇走向了企业的工作岗位，这得力于像好孩子这样的大型企业的入驻。它为我们提供充足的劳动岗位，很大程度上解决了富余劳动力就业问题。在好孩子工业园区的周边村庄里，常常会看到穿着灰色工装的

好孩子北方工业园

好孩子车间

员工们忙碌的身影，他们奔波在上班的路上，虽然脸上会有倦容，但是从内心迸发出的喜悦是无法掩盖的。

如今的平乡因为好孩子的落户，生活面貌大有改观，忙碌背后都是喜悦，这也不得不使人想起好孩子北方工业园区初建的景象。好孩子集团作为全球婴儿车行业领军者、中国儿童用品行业龙头企业，拥有世界上最先进的生产线。同时，“好孩子”品牌是中国驰名商标，产品远销北美和欧洲地区，市场占有率居世界第一。它能来到平乡，主要原因在于平乡肥沃的文化土壤和雄厚的产业基础，以及政府的深谋和远虑。

犹记得那是初冬时节，走进平乡县“好孩子北方生产基地”项目建设工地，到处是一派忙碌的景象，施工车辆穿梭不断，挖掘机、搅拌机随着轰鸣声不停运转。“虽然现在天气冷了，但项目建设却如火如荼，深夜两点前很少停工，昼夜不停也是常事。”项目负责人说道。目前，一期工程7个车间已有5个全部竣工，生产设备正陆续安装，员工食堂、消防水池、警卫配电室等配套设施也已全部竣工，预计12月底即可试生产。在此期间，上到部门领导，下到普通工人，大家都铆足了劲要干成一番事业。

成立于1989年的好孩子集团，2007年拥有中国驰名商标、中国名牌产品两个国字号头衔，而平乡县整个自行车产业却无一拥有国字号品牌；他们的自行车产业起步比平乡晚15年，但收入却比平乡高出数倍之多。该集团连续数年占据美国市场销量的领先地位，连续14年在国内销量第一；好孩子集团拥有2000多个品种，2000多项中国和海外专利，销售收入34.7亿元，都远远超过平乡全县的总和。而平乡童车起身于家庭土作坊，企业小、摊点多、档次低，有“铺天盖地”没“顶天立地”，为了让平乡企业近距离感受标杆企业的节奏效率和管理质量水平，力促平乡企业在不断对标中奋进追赶，加速产业优化升级，县里决定，不引则罢，要引就引全国最大的，行业第一的，所以，不惜血本也要将好孩子集团引入平乡。

但如何引？怎么引？成为摆在平乡面前的第一道坎。县里积极通过各级自行车协会、省市领导，动员一切可以动员的力量，尽最大努力与好孩子对接。经当时参与招商的领导回忆："第一次下昆山拜访好孩子集团老总王海烨时，等了三天，却只换来15分钟的见面时间，而且在谈话时他的秘书老是提醒别

好孩子北方生产基地奠基仪式

超时，但局面却在这短短的十五分钟被扭转，从完全不看好到开始注意并引起好奇。”就这样，2011年前后11个月的时间内，县里先后有不同层面的党政领导16次南下昆山，与好孩子集团反复切磋，付出了真情实意，也得到了真心回报。终于在2011年3月29日与对方签署了兴建好孩子北方生产基地的投资协议。

说了算，定了干。签约后，快马加鞭。一边从河古庙园区找出最好的厂房，无偿提供给好孩子进行先期生产；一边立项、选址、征地、建厂房，向上跑土地指标，为这一个项目连轴转。仅用七个月时间，就建成5个生产车间和系列配套设施。又边用四个月时间，帮助好孩子在平乡找了2000名工人进行岗前培训，同时选择56家本地企业对接提升，给好孩子搞配套。现在平乡和好孩子已经成为好朋友，想什么时候见面就什么时候见面。再去昆山，好孩子老总王海烨说，现在我的时间都属于你们。

好孩子来平乡后，一石激起千层浪。平乡的本土企业，一开始不以为然，也想跟好孩子比一比、试一试。俗话说："不比不知道，一比吓一跳。""好孩子"无论在生产管理、成本控制还是质量检测、企业文化方面，都要比本地企业胜出很多。不到一个月时间，一些本土企业就主动放下身段，开始向好孩子对标看齐，并开始给人家搞配套合作。大企业一动，其他企业也都坐不住了，纷纷行动起来，平乡童车产业这池子水一下子激活了，同时也进一步坚定了平乡企业达标超标实现跨越发展的雄心壮志。自2011年以来，好孩子的综合投资已达10亿元以上，解决劳动力就业8000人，纳税1亿元，扶持本地供应商150多家。综合考虑邢台市发展环境和企业自身发展“五年双百亿”成长规划，好孩子集团决定在平乡再投资20亿元，将目前的好孩子生产基地升级为好孩子北方总部，同时建设好孩子北方基础工业园项目。

种下梧桐树，引得凤凰来，“好孩子”落户平乡并非偶然，它依托的是平乡自行车的发展前景。当然，好孩子的到来也促进了平乡经济的飞速发展，它给平乡自行车产业带来了更宽广的发展空间，也使得平乡的自行车产业更高速更有质量地向前发展。

再来一个“小巨人”

仿佛一夜之间，在很多大城市的大街小巷，随处可见黄色、绿色、橙色的共享单车，为市民的出行提供了巨大的方便。然而，人们可能不知道，平乡的富士达是世界上最大的共享单车生产企业，年产ofo小黄车240万辆。共享单车的火爆给平乡传统自行车行业带来了一股春风，带动了自行车产业新一轮繁荣。也使得走在城市的平乡人，看到大街小巷摆放着自家生产的小黄车，而更加自豪。

『小黄车』生产车间

噼里啪啦……此起彼伏的鞭炮声渲染着开业时的热闹场

景，这一天在平乡东部的天空飘洒着无数条彩带，这些彩带预示着繁荣发展的未来。这里的人们脸上都洋溢着收获的笑容，他们在憧憬着，憧憬着作为自行车老字号富士达的到来，期待着它给我们生活带来更多的惊喜。这一天，闲暇了许久的刘胜利来到新开的天津富士达自行车有限公司，希望能够在这里谋得一席之位。

这些年，小刘一直都是围着自行车打转转，所以对这次的面试信心满满，志在必成。初次踏进富士达，他被眼前整齐、高效的流水工作线所震惊，这里坐满了工人，井然有序，没有闲置的岗位，“跟以前上班的小厂子就是不一样，大公司就是大公司。”小刘边看边跟同来的伙伴交流着，同时这也增加了

精益求精的工人

小刘的压力，自己能胜任吗？他在心中开始给自己打起了问号。接待他们的是车间主任，令小刘感到意外的是主任并没有急于了解他们的技术，而是领着他们在车间里边转边介绍着流水线的具体操作，“只要能吃苦，受得了高效的工作，技术我们是可以后期加以辅导的。”主任笑呵呵地说着，看着眼前的工作平台小刘暗暗下定决心要留在这里。结果，小刘如愿以偿成为富士达的一名员工。他每天都干劲十足，村里的熟人看到他都觉耳目一新：“以前吊儿郎当的小刘不见了，这家伙天天跟打鸡血似的拼命干活，就冲这以后也能娶个好媳妇。”每每听到这些带有调侃的表扬，小刘就会呵呵一笑，因为他知道这是一个难得的锻炼自己的平台，自己绝对不能够错过。

“富士达”的到来带动了平乡自行车、童车产业的快速发展，开拓了平乡自行车发展的新征程。正如天津富士达自行车有限公司总经理辛建生所言，随着京津冀一体化进程的不断深入，公司加快战略布局势在必行。选择在平乡投资，不仅是因为这里产业基础完善、发展环境优良，还在于平乡发展思路明确，打造“世界童车之都”的战略构想与天津富士达引领童车生产潮流的发展方向不谋而合。相信随着项目建设的不断推进，政府与企业之间一定会早日实现共赢。

中国北方的大舞台

平乡童车产业近年来发展势头迅猛，大动作接二连三。2014年5月26日，首届中国·平乡国际自行车、童车（玩具）博览会在“车城平乡”开幕，让这个小县城着实火了一把。

中国.平乡第一届国际自行车童车（玩具）博览会

关良是近几年才接手家里的企业，开始做童车的。小关是个“80后”，思想很活跃，有很多创新的点子，并在童车创意中合理地融入文化元素，创造出各色各样的童车，深受孩子喜爱。比如，将汽车文化融入童车，生产出奔驰、宝马、路虎、玛莎拉蒂等外观形状的儿童脚踏车、儿童电动车；融入军事文化，生产出飞机、坦克等形状的儿童电动玩具车。但是，创意是有了，样式也齐全，客户却有限。由于规模还不够大，名声还不够响，知道的人还是太少。“要想销量大，就必须做产品做品牌，把品牌做硬做响。”小关喃喃地说道。但这是需要渠道、需要宣传的，凭小关一己之力，还是远远不够。当然，在平乡像小关这样的情况有很多。

与此同时，县里也发现了这些问题，并开始想方设法。县里自掏腰包，帮助企业在上海、天津、广州等展会上租展位，并租车帮企业把产品运至博览会、展销会现场，通过展会展示平乡童车。起初，很多企业对展会不甚了解，甚至对参加展会有畏难情绪。但后来发现，一些企业在展会上签下了订单，而这些订单有的相当于过去一年的订单总和。慢慢地，企业在展会中尝到了甜头，越来越多的企业自发组团参加展会，小关也是其中一员。

一年两次的上海展会和广州展会，对于平乡的企业来说，是个非常重要的日子。小关说，有次乘坐火车去上海参加展会，在那趟车上竟然碰见了十几个同去参加展会的老乡。一趟车上就碰到这么多平乡人，不约而同，可见会有多少人前去参加。平乡的参展企业越来越多，几乎占到了童车展位的二分之一，成为不可或缺的角色。上海主办方曾专门为平乡提供便利，主动帮忙协调会场，帮助举办“中国自行车创新设计论坛”“中印自行车企业合作交流对接会”等一系列活动。平乡童车企业感觉越来越硬气，越来越有地位。

后来，平乡开始考虑，为啥不能在自家企业门口开展会？让平乡童车的名声更响亮，更多的中小企业的产品也可以走出去，并可以吸引更多外来的客商了解平乡，前来投资，从而带动平乡的经济呢？这个想法一经产生，便迅速落地。本地企业成为展会的主力军，作出了很大贡献。

为了办好这次展会，县里半年前就开始谋划，安排两名常委全权负责，10个小组分工推进，光是大大小小的协调会就开了30多次；请专业团队搞策划、设计；积极邀请国家相关部委和省市有关领导、嘉宾及中央省市多家媒体；向全国各省市童车协会、国内外经销商遍发“英雄帖”。为了安排好来宾，提前预订平乡和周边县的宾馆，甚至连市里的宾馆也都被提前预订一空。对于能否办好这个展会，平乡的领导和工作人员，自始至终都捏着一把汗，他们竭尽全力，只求精益求精、万无一失。

靠着勇于担当的精神，全县上下融成一条心，拧成一股劲，平乡童车人多年梦寐以求的夙愿终于实现了。2014年

第一届展销会上的盛况

5月26日，这一天是平乡童车发展的里程碑。这一天，不光平乡童车人激动，平乡全县人民都很激动。一大早，等候已久的人们以排山倒海之势，涌入开幕式现场。由于人群大量聚集，电话信号都被阻拦，能打出去电话都成了奢侈。想要从人群中走过去，也成了登天般的难事。用人山人海来形容，都体现得不够淋漓尽致。在平乡，从未见过这样的场面，每个人脸上都洋溢着自豪，写满了激动，高涨的热情在那个初夏，异常膨胀。中国自行车行业协会、中国玩具行业协会携70多家会员单位与会，阵势庞大；平乡板块及上海、天津、广东等地300多家企业参展，1.7万平方米的展区，700多个展位，无以虚设。没抢到展位的企业只好沿路展销，排成“十里长廊”；5000家国内采购商、100多家国外采购商及流动客商一万多人参会；中央电视台、《人民日报》、河北电视台、搜狐、凤凰等近50家媒体聚焦报道。如此的大阵容、大场面让我们的领导干部既激动又紧张。激动是因为成功了，紧张是因为人群大量聚集，安保成了大问题。只见公安、交通、城管、消防等执法单位的干部职工，甚至是一把

新华社记者采访参加第四届展会的海外客商

手，都站在人群中指挥、安保。他们挽着袖子，汗流浃背，搀扶前来观看的老人，抱起幼小的孩子，保护着每一个人。

“外国人，妈妈，快来看外国人。”来看热闹的小朋友拉着妈妈的手高兴地喊着。“那是外国的叔叔们来我们这里购买自行车。”年轻的妈妈脸上写满了骄傲。同时，为了方便外国朋友，平乡在后勤服务上创造了两个“第一次”：首创大

收获颇丰国外订单

巴车免费接送模式，安排50辆大巴到江浙、京津等地接送展会经销商；首次从“平乡好人”中筛选组成志愿者队伍，共从中精挑细选了300名“平乡好人”优秀志愿者，为来宾提供指引、翻译等服务。正是依靠大家的凝心聚力、共同付出，在第一届展会上，20个投资项目正式签约，协议总投资215亿元；3天时间签约订单3000余个，交易金额突破50亿元；累计12万人到场参观，享受了这次童车盛宴。平乡出名了，平乡童车走出了国门，走向了世界，平乡企业家心里美开了花儿。这一切的背后正是平乡人对这个产业的无限热爱和艰辛努力。

自2014年5月举办第一届自行车童车博览会以来，目前已经举办了八届，规模一届比一届大。在参加第五届童车自行车博览会时，自行车协会理事长马中超说：“我欣喜地看到,平乡已经展现出了‘中国儿童自行车之都’的风采，经过前四届的成功举办，平乡自行车、童车玩具博览会已成为国内行业非常重要的一个展会的后起之秀。”

其实这事不简单

上海大世界基尼斯以“扬民族之文化、激华夏之豪情、立中国之奇绝、创世界之新最”为宗旨，以“公平、竞争、健康、有益”为导向，对“中国之最”进行客观的评定。它既代表了一种极限，也表明了人类对常规经验一次又一次的超越。因此，它成为业内的至高荣誉，让人们觉得可望而不可即。然而，平乡自行车却创造了业内奇迹，荣获了四项基尼斯之最。

第一站，日升月恒

从平乡县常河镇站口下高速，沿大道一直向北，四五分钟之后，来到城南，你就会发现在正前方矗立着一座巨大的自行车雕塑。这就是世界上最大的自行车主题雕塑“日升月恒”。“日升月恒”的名字出自《诗经·小雅·天保》：“如月之恒，如日之升”。“恒”：音“更”，指的是月上弦。“日升月恒”的意思就是如同太阳刚刚升起，月亮初上弦一般，比喻事物正当兴旺的时候。这正体现了“车城”平乡的自行车事业正在蓬勃发展的强大生命力。

整个雕塑将时尚与传统有机地糅合。一方面，以圆形为设计主体，寓意

全国最大的自行车雕塑——日升月恒

静谧、静好

刚刚升起的太阳；圆形中心设计自行车，突出简约概括的造型元素，展现自行车形态的同时，强化了雕塑的艺术美感；另一方面，通过圆形的结构和方形的地台结合，从而契合了中国传统建筑文化所倡导的“天圆地方”的文化内涵。当然，雕塑本身也极为讲究。它所具有的每一个数据都有着自己的内涵和代表性。比如说：整个雕塑总高20.12米，含2012年建设落成之意，记录了他的出生时间；它所在的自行车主题广场，直径40.6米，内涵平乡县域406平方公里之意，说明了他的出生地点。

走近“日升月恒”，仰望高大的雕塑，心中顿时就会升起一种崇敬之感。看见他，仿佛看见了平乡的成长；走近他，仿佛走进了平乡的历程。如若有时间，你可以对着他伟岸的身躯静静地凝望，某一刻，你会发现，他已经不仅仅是座雕塑，而是一位顶天立地的巨人。他勇敢而坚强，友善而谦和。在这里有讲不尽的故事，说不完的话，他要向世人去讲述他所见到的激情与热泪、智慧与汗水。

第二站，激情环城

对于一个县来说，要举行一场比赛应该并不算太难的事，但是，要举办一场省级且具相当影响力的比赛，就不是一件简单的事了。一方面，你需要有大量的人力、物力、财力支持；另一方面，你要有足够的影响力和号召力。做到第一点，只要肯下功夫，应该也不算太难。但第二点可就不是下不下功夫，努不努力的问题了。号召力和影响力靠的是品牌效应和文化积淀。某种意义上来说，第二点要比第一点重要，而且要重要得多，因为号召力和影响力不是用钱买来的，也不是用物换来的，更不是通过某个人拉来的，它需要时间的检验和历史的衡量。

如果你知道平乡举办了省级的自行车比赛，或许你不会感到惊奇。但如果要告诉你，平乡县是目前世界上所有县级区域里承办省级及以上自行车比赛最多的县呢，你肯定就会惊讶地合不拢嘴。其实，早在2009年，平乡县就已经开始举办自行车赛。当时自行车赛以赞助商的企业名称命名，叫做“强久杯”，参加者也仅限于邢台市的各县市区。后来，随着平乡县自行车业的快速发展，“车城”美名日益远播。全国各

ANGZHOU
Bicycle Team
STANA

胜利的喜悦

GIANT

赛手们脸上洋溢的笑容，在夕阳下映照的格外美好

平乡自行车赛掠影

地的自行车爱好者慕名而来，简单的市级自行车赛已经不能满足参赛者和观众的需求，在2011年9月20日第一届“平乡杯”自行车大赛应运而生，当时它的全称叫作“平乡杯”晋冀鲁豫公路自行车大奖赛。之后，平乡举办的省级自行车比赛一发不可收拾，规模越来越大，参赛选手的范围也从周边市发展至周边省，进而发展为全国各地，甚至有海外选手参加。特别是在2014年，第十九届国际奥委会主席杯全国百城市自行车赛决赛暨全国少年自行车锦标赛于10月25日—27日在平乡举办，吸引了来自北京、吉林、香港、海南、广东、青海等全国27个省市的40个代表队，共有400多名运动员参赛，盛况空前。到目前为止，平乡县的自行车赛继续保持着，平均每年举办1-2次省级乃至国家级比赛的发展态势，并成为这一世界纪录的保持者。

第三站，打气世界

说起自行车，就不得不说另外一样东西——打气筒。随着平乡自行车行业的快速发展，在一定程度上，加大了对打气筒的需求。平乡打气筒的产量不仅能满足国内需求，更是在全世界打开了销量。首先，我们先来看一组数据：2015年全球打气筒产量为5亿只，而中国打气筒的产量为1亿只，作为中国将近3000个县级区中普通的一员，平乡县的打气筒产量是多少呢？是5000万只。竟然占领了中国打气筒总产量的半壁江山，占全世界总产量的10%。

平乡之所以能创造出这样的奇迹，得益于县里一家叫做欧耐的企业。这家企业的发展时间，同平乡其他大的自行车企业的发展时间差不多。当人人都上自行车项目的时候，这家企业却把目光对准了自行车的衍生产品，打气筒就是其中之一。不仅如此，他们早早就有了专利意识。他们生产的打气筒，看似普

河北欧耐机械模具公司

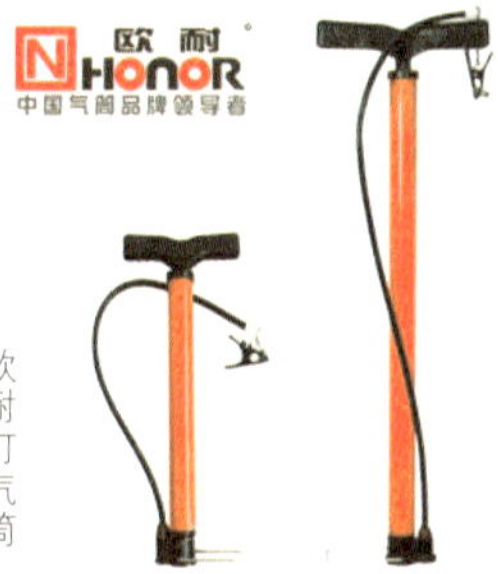

欧耐打气筒

普通通，但却拥有二三十项专利。值得一提的是，这里生产的打气筒，不仅在国内畅销，在国际市场上也占据着很大的份额。但不同于中国其他一些走出去的产品，平乡出口的打气筒能够走出去并不是靠着低廉的价格。以欧耐公司为例，作为河北省中小企业产业集群技术服务中心之一，该企业特别注重同清华大学、哈尔滨工业大学等一些国内知名大学合作，搞技术创新和技术研发。特聘德国、意大利等国家的工程师主持设计，每年有数百款新品在国内和国际市场同步上市。它在国际市场上最畅销的一种打气筒，以价格来说，并不便宜，甚至要比同类产品每只贵出五美元，但硬是凭着十八项专利技术和过硬质量，在欧美、日韩的市场上闯出了一片天。

第四站，童车之都

童车作为儿时最初的代步工具，对于大多数人而言，寓意着美好和幸福。那么，如果告诉你有一个地方是童车之都，相信你立即就会有一种去追寻的冲动。童车之都在哪里?有这样一句话会给我们答案，“世界童车看中国，中国童车看平乡。”如果你连这句话都不知道，那就证明，要么你没有做童车，要么你是个做童车的新手。在2016年4月15日，中国自行车协会正式授予平乡县“中国自行车零配件基地暨儿童自行车之都”称号。

无论在“质”上还是在“量”上，平乡童车的品味和速度足以惊动世人。

在“质”上，平乡的童车精益求精，不仅品类繁多、功能齐全，而且品质优良、造型精美。但今天咱们的主角是平乡童车的另一面，在获得世界吉尼斯称号的“量”上。在2016年的中国·平乡第五届国际自行车、童车玩具博览会的开幕式上，中国官方运营商上海大世界基尼斯认定平乡县为“童车年产量最高的县”的世界纪录。

现在，让我们一起去见识一下这个

井然有序的车间

纪录有多惊人。全县童车行业从业人口近10万人，接近全县总人口的三分之一，也就是说每三个平乡人里就有一个是做童车的；童车年产量超过2000万辆，占全国市场的47%，这就意味着中国每生产2辆童车，其中1辆就是平乡产的。那平乡童车的产量在全球这个大市场能占多少的份额呢？答案是14%，这就是为什么现在那么多的老外来到中国后也会竖着大拇指说：“儿童车，中国，牛！平乡，好！”这种情况在中国北方最大的自行车展会上可略知一二，在展会上数以千计的企业，上万种童车会让你看得眼花缭乱。在这儿还要加以说明的是，这个在中国北方规模最大的展会也是在平乡举办的。想要参加这样的展会，你最好早早地预定好酒店或是宾馆。因为到展会开始的时候，连周边县里的宾馆都会人满为患。展会的规模、影响、效果都超出了你的想象。

他们眼中的平乡

平乡，这里曾经沙丘巍峨傲世，项羽勇猛荡秦，如今在这里，更有河北省最常态化的自行车比赛、中国北方最大的自行车展、最大的自行车雕塑……作为“车城”，平乡越来越为人们所熟知，那么在外人的眼中，平乡又是怎样一种风景，让我们跟随时间的脚步，去倾听他们的声音。

摇头不知出头日

二十世纪五六十年代的平乡，还很贫穷，甚至连它的县城都叫做乞村。解放后，平乡县自然条件恶劣，生产条件

艰难的岁月

落后。“穷平乡，平乡穷，庄稼不收年年种，盐碱地里长碱蓬。”这段民谣，既是当时平乡人的自我调侃，也是他人眼中实实在在的平乡。那个时候，中国自行车年产量共仅有1.5万辆左右，是较为稀少的宠物。邢台都没有多少自行车，更别说当时贫穷落后的平乡了。50年代，平乡出现了自行车，但只是星星点点。自行车经济的出现是在60年代初的时候，经过三年自然灾害的平乡人，饿怕了，穷怕了，四处寻找挣钱的门路，其中便有一些人，收购一些旧自行车，然后再翻新售卖。这是平乡自行车经济最原始的萌芽。不过这萌芽小得可怜，还只是一颗不为人知的小嫩芽。

朦胧之处有人识

二十世纪七十年代，结婚嫁娶有“四大件”，也被叫做“三转一响”，分别指的是自行车、手表，缝纫机和收音机。“四大件”中以自行车为首，在那个时候，结婚的时候要是没有一辆自行车，很可能就会好事难成。但是当时是计划经济，实行的是统购统销政策，自行车产量又是极低，于是，自然而然地就产生了“僧多粥少”的现象。当时的平乡，全县一共18万人口，那每年分配下来的自

20世纪70年代的四大件

行车有多少辆呢？400辆。也就是每450人允许购买一辆自行车，有头有脸的本事人能够弄到车票来购买，一般老百姓就很难说了。但是，俗话说“高手在民间”。平乡的一些地方，比如说：霍洪、田禾、冯马等，有一些慧心巧思的人开始自己组装自行车，他们从五金公司、供销社购买自行车零部件，回家组

承载

装整车，组装出来的自行车因为没有牌子，人们戏称之为“黑老虎”。别小看这“黑老虎”，它解决了大批青年的婚姻问题。在1975年、1976年的时候，组装自行车的人越来越多，到了1978年，在河古庙集会上自发形成了自行车零配件交易市场，而且逐步发展成了零配件加工、生产组装、市场销售一条龙的加工生产体系。吸引了大批周边县、甚至市区的老百姓，那个时候的平乡已经开始进入人们的视野。在当时，若你问旁人，“平乡是个什么地方呢？”他们十有八九会回答你：“卖自行车的。”

芽露枝头风雨骤

二十世纪八十年代，“打假”成为当时平乡人的核心词汇。“打假”，平乡人看到的是“打”，外乡人看到的则

20世纪80代的自行车组装车间

是“假”。这是那一代平乡人都不愿提起的回忆。改革开放了，思想解放的南方人抢在全国人民的前头，在全国各地的厂家采购自行车。平乡的无牌“黑老虎”成本低，来钱快，当他们得知这一信息后，纷纷派业务员前来组织货源。在利益的驱使下，平乡组装自行车的人越来越多。很快，平乡人就发现，那些从本地采购过去的“黑老虎”被贴上了“飞鸽”“永久”等字样的商标，贴标后的价格比采购价格能贵上好几十块钱，利欲熏心，一些人就从温州一带买来名牌自行车的商标，卖给了本地组装自行车的农民。从此，假冒自行车就像病毒一样在平乡蔓延开来。很快，假冒自行车的臭味冒了出来，县里迅速采取行动，开始了为时八年的“打假”之战。痛定思痛，壮士断腕，终于，假冒遏止住了，但是，平乡也为此付出了沉痛的代价，甚至，刚刚萌芽的自行车零配件市场也遭受了巨大冲击，开始向周边县转移，而且，平乡也背上了“假”的恶名，在那个时候，别人眼里的平乡就是卖假冒自行车的地方。

涅槃重生赖众志

二十世纪九十年代初，正在恢复着元气的平乡，开始认真地反思，为什么冒牌自行车有市场，关键还是在于品牌效应，要想走得远，就要拿出自己的优势，创出属于自己的品牌。于是，1988年，平乡县第一个自行车商标“玉龙”横空出世，紧接着“强久”“恒驰”“四星”“欧耐”等自行车零部件品牌一个紧接着一个问世。1992年，邓小平在视察南方重要讲话后，平乡重新开放了河古庙自行车零件市场。风停雨过，树种巢成，平乡将飞出去的凤凰鸟又请了回来，从此平乡自行车产业进入了快速发展时期。仅1994年一年，自行车行业的总产值就达到了1.8亿元。原来以街为市、以路为集的市场早已不能满足自行车产业飞快发展的速度。于是，全国规模最大的自行车零件城拔地而起。国家级领导、省级领导的到来，更

河古庙自行车零件城

是让平乡人精神振奋。在90年代，平乡人没有舔着伤口黯然自怜，而是冷静了头脑、鼓足了精神，重振旗鼓，在90年代末的时候，产品开始销往全国24个省、市、自治区，甚至出口到了东南亚地区和俄罗斯、古巴等国家。平乡已经看到了外面的世界，外面的世界也看到了平乡，在更多人的眼里，平乡又站了起来。平乡是什么地方？是自行车零件生产最多的地方。

中国车城拔地起

新千年到了，平乡的自行车产业在平平稳稳地发展着。慢慢地平乡人发现不对劲，哪儿不对劲呢？觉得车子生产的不少，挣到手里的钱不多。时间一长，平乡人咂摸出了滋味，原来，平乡的自行车还是粗放型，怎么个粗放型呢？一来高档产品少；二来高端市场少，大部分都是不发达地区和农村；三来知名度低；四来技术含量低。怎么办呢？产业升级。平乡人又一次忙了起来，一时间热闹非凡。政府组织企业老板们去上海、天津、南京去参加展销会、博览会，这一出去不得了，老板们看到了外面的世界，“原来自行车还能这么高端”“原来自行车还能这么卖”“原来还有这样的自行车”……这些企业再也不沾沾自喜，固步自封。而且，县里经过深思熟虑做出了一个大胆的决定——建园区，不再打游击，要集聚产业打阵地战，打规模战。而且，还鼓励企业上品牌、上档次。规定出一项专利，奖5万元；出一个知名商标，奖10万元。重赏之下，各企业的质量突飞猛进、一路凯歌。同时，各种称号和名誉纷至沓来，如“中国自行车及零部件生产基地”“自行车名县”等，平乡人变

自行车已成为平乡文化，而不单单是一种产业

自行车车技表演

得更加牛气起来。在别人的眼里，平乡已经不再是单纯的自行车大县，而更愿意称呼它为自行车强县，别说买辆普通的自行车，就算要买辆高大上的自行车，平乡一样满足你！

车都佳话人皆知

都，寓意着富饶。当它被念作“dou”,即是所有、全部之义；当它被念作“du”，即是物极繁华之地。在2010年后，平乡被称为“自行车之都”，足以证明它在人们心中的份量。

经过了50多年的曲折发展历程，平乡的自行车产业已破茧成蝶，迎来了辉煌。平乡的自行车行业无论是对于平乡人，还是对于外人来说，已不单单是一种产业，更是一种文化。提起自行车，人们自然而然地想起平乡；而提起平乡，人们也会自然而然地想起自行车，两者互为代名词。当前，平乡自行车产业已经成为河北省十大文化产业之一，整个平乡县拥有自行车企业3000多家，产品涵盖自行车、童车、电动车、儿童玩具等千余种品类。平乡已经成为全国自行车产业的第四大板块，也是最大的童车制造基地。不仅它的自行车、童车博览会名满天下，而且也创造了“四项”大世界基尼斯纪录的斐然成绩。

很多人惊讶：“它是如何成长为这样一个规模庞大的自行车、童车、玩具车生产基地的？”，其实这个问题，可以很容易地从工厂老板、行业专家、普通商贩的经历中去寻找答案。除去销售份额在世界所占的比例外，在这里，有中国北方最大的自行车展，无限的商机在此绽放；在这里，有定期举办的省级自行车赛，力量和激情在此张扬；在这里，有世界上最大的自行车雕塑、国家级自行车产业园；在这里，自行车文化随处可见。

中国平乡自行车城欢迎您

岁月赋予了美酒甘冽的醇香，同时，也赋予了平乡无限的荣光。在以前抬头不见出头日的岁月里，谁也不会相信，平乡自行车会成为市场上的香饽饽，代表着整个世界自行车发展的方向。有人开玩笑说：“平乡童车三天不出口，国际市场童车价格就得抖一抖”，从中可以看到平乡童车在国际市场上的重要地位。它的蓬勃发展，当然也吸引了更多的外地人，甚至是外国人的到来，越来越多的商人过来创业，越来越多的外来青年过来就业，越来越多的姑娘嫁到了平乡，越来越多的人把家安到了平乡。你若问他们：“平乡意味着什么？”他们会这样回答：“在平乡有更多的可能，在平乡意味着冉冉升起的希望，平乡意味着梦想。”

第四辑

妙趣横生乐无穷

自行车自诞生至今已有200余年的历史了，200年里关于自行车的话题一直没有停过，关于自行车有趣的故事每天都在发生。现在，让我们走近自行车，去发现那些『最』有趣的事情。

伯爵的玩具

谈及自行车的起源，就不得不说世界上第一辆自行车的创始人——西夫拉克。

在法国大革命爆发的第二年，法国人西夫拉克伯爵走在一条狭窄的街道上，前一天的大雨让整个街道变得泥泞不堪，积水和泥巴使得这条小街道显得更加狭窄。可这并没有影响西夫拉克伯爵的脚步，只不过为了躲避这些积水和泥巴，他不得不走得非常小心。这时，一辆四轮马车疾驰而来，惊慌的西夫拉克伯爵狼狈地闪到街道的一边，虽说他幸运地躲开了马车，但还是被溅了一身的泥水。路人纷纷为西夫拉克伯爵打抱不平，然而西夫拉克伯爵却喃喃自语“别喊了，由他去吧。”别人都以为他被吓傻了，而实际上西夫拉克伯爵却在想另一个问题。

在那个时期的法国，这样的狭窄小街道随处可见。“路这么窄，行人又那么多，为什么不能把马车的构造改一改呢？应当把马车顺着切掉一半，四个车轮变成前后两个车轮……”西夫拉克伯爵想的是这个问题。回到家以后，他迅速找来了两个木制的马车轮，一前一后放好，中间固定一条带有坐垫的木板，在木板的前端再固定一个扶手——世界上第一辆自行车就这样诞生了。

第二天，当西夫拉克伯爵“骑”着他的自行车刚出现在公园里，便引来了人们的围观和惊讶：“西夫拉克伯爵制造了一个可以骑行的怪家伙，那东西看起来棒极了！”这就是西夫拉克伯爵的木马轮自行车，确切地说是木马轮代步车。同时，这款木马轮自行车在当时受到了王公贵妇的追捧，西夫拉克伯爵还将自行车骑进了路易十六的皇宫草坪，引来了皇室家族的“焦点访谈”。据传，当时的国王路易十六看到这个宝贝以后爱不释手，还亲自骑行了几圈，并下令西夫拉克伯爵可以在皇宫草坪上任意骑行。自此之后，木马轮自行车在当时的皇宫里盛极一时。

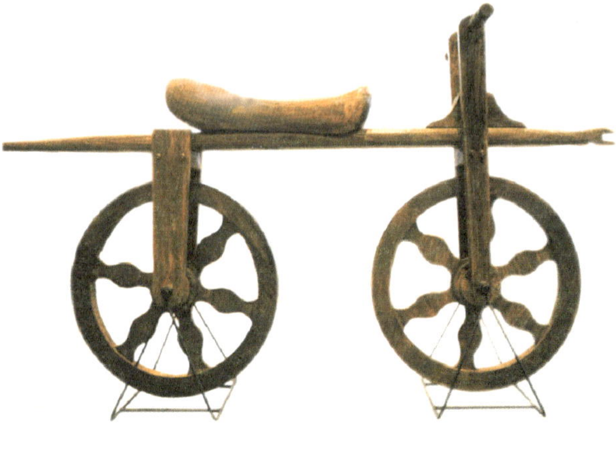
西夫拉克的『木马轮自行车』

虽然，西夫拉克的发明具备了自行车的雏形，但这种自行车仍有许多不完善的地方。比如说，车把是固定在木板上的，只是起到了扶手的作用，掌控不了方向，要想改变方向，还是要靠搬动车子本身；没有其他机械装置，只能靠脚蹬地前行；木制的车轮让车子的颠簸感强烈等等，而且因为它看起来更像一个玩具，所以人们也叫它“伯爵的玩具”“变瘦的马车”。刚刚出现的新东西总是不那么完美的。西夫拉克并不灰心，他继续想办法加以改进。可惜，不久他因病去世了，但“伯爵的玩具”为自行车的发展奠定了坚实的基础。

“自行车”的名字由来

源自法国“米肖父子”

西夫拉克发明的自行车，人们更多的将其称为“伯爵的玩具”。它虽然已是自行车的雏形，但是真正以“自行车”一词命名它的是法国的米肖父子（法国人皮埃尔·米肖和他的儿子）。当然，并不是汉语“自行车”，而是法语“自行车”。

据记载，法国的马车修理匠米肖父子，偶然间得到了一辆“可爱的小马崽”，这个“可爱的小马崽”就是早期的自行车（前轮大，后轮小，前后轮都

皮埃尔·米肖的思考

为铁制）。但由于“小马崽”没有机械装置，骑行起来非常的困难。米肖父子每每想要骑行的时候，都需要用脚使劲往前蹬，这样就会耗费巨大的力气。米肖父子开始尝试改变它，他们运用自己丰富的马车修理经验，在前轮上安装了能转动的脚蹬板，并将车子的鞍座架在前轮上面。并在不断地摸索中，慢慢掌握了骑行的技巧。

米肖父子的『小马崽』

米肖父子经常会骑着他们改装的两轮车游走在大街上，这也引来了众多邻居的好奇，人们纷纷称赞这真是一项神奇的发明。但当时人们都不知道这个发明到底叫啥，有的人叫它小马崽，有的称之为两轮车，还有甚者称之为怪物，这让米肖父子觉得应该给它起一个属于自己的名字。恰巧，有一次，一位长辈看到两轮车以后感叹：“这个可以自己行走的车子真是神奇啊!”听到这话，米肖父子豁然开朗，“可以自己行走的车子——自行车”，他们为自己想到的名字欢呼雀跃着，自此这辆两轮车被冠以“自行车”的雅名，并在1867年的巴黎博览会上展出，让观众大开眼界。

译自清末张德彝

自行车一词出现在我国，不过百年的历史，据清史资料考究，自行车最初被称为“脚踏车”，而第一位将其称为“自行车”的是清末帝师张德彝。

张德彝，光绪帝师。他出生于一个没落的旗人家庭，自幼家境贫困，在舅

清末帝师张德彝

父的帮助下读了一点私塾。但他“性聪颖，年未弱冠，慷慨有四方志”。他读书刻苦，锲而不舍。在十五岁那年，竟凭着自己的学习成绩考上了当时我国第一所外语学校——北京同文馆，是这所学校仅有的十名学员之一。他一生八次出国，在国外度过20多个年头。每次出国，他都记录下国外的轶闻趣事。可谓是当时的外国通，他将当时的许多外国洋词引进中国，像电报、自行车、螺丝等词语至今仍被我们沿用，他还首次介绍了蒸汽机、升降机、缝纫机、收割机、管道煤气、标点符号，乃至巧克力。

据记载，清同治七年，张德彝受清朝廷委派，赴欧洲观光考察。他随团游历了法国、英国、比利时、荷兰、丹麦、瑞典、芬兰、俄国等十个国家，饱览了世界风情。本来清政府安排他这次出国目的是让他了解洋人内情，“探其利弊”，但真实的所见所闻令他叹为观止。回国后，他撰写了《欧美环游记》，他在书中详细记述了在英国伦敦街头第一次看到自行车的情形：“前后各一轮，一大一小，大者二寸，小者寸半，上坐

一人，弦上轮转，足动首摇，其手自按机轴，而前推后曳，左右顾视，甚趣。”此后他又在法国巴黎见到了自行车：“见游人有骑两轮自行车者，造以钢铁，前轮大后轮小，上横一梁。大轮上放横舵，轴藏关键，人坐梁上，两手扶舵，足踏轴端，机动驰行，疾于奔马。梁尾有放小箱以盛行李者也。出租此车，每一点钟用法方（法郎）若干，另有铁房，为演习乘车之所。”可见，当时自行车在西方国家已经很普及了，还出现了自行车的租赁行业和学习骑车的场所。这是中国“自行车”一词最早的文字记载，此后被广泛使用，直至今日。

光绪——以轮为乐

据史料记载，清同治七年（1868年），上海首次由欧洲运来几辆自行车。据传，后来被运至北京，最初是出现在西交民巷的租界里。其中一辆，由一名洋人进献给了光绪皇帝。当时的自行车还未采取链条转动，而是脚蹬子与前轮轴相连，用前轮转动带动后轮前进。在前轮的上面安装一根横木，作为扶手，骑起来很吃力，当时只是被人们

光绪骑车

当成一种既新鲜又刺激的玩意儿。在清史中记载有光绪三十四年清朝廷就颁行了《违警律》，其中有一条规定："乘自行车不设铃（铃铛）号（牌）者，处五日以下一日以上拘留，或五元以下一角以上之罚金。"

说起自行车的故事就不得不提这位光绪皇帝。光绪皇帝四岁登基，在位期间一直致力于新政的改革和推广，这其中最大的壮举就是1898年启用康有为，梁启超等进行"戊戌变法"。虽然这次革新没能成功，但在变法中光绪皇帝接受到许多西方的先进技术和新鲜物件，其中就包括自行车。据说，光绪皇帝对自行车备感新奇，对于乘惯了龙辇的皇帝来说，自行车简直就是天外来物。光

光绪

绪皇帝初见自行车，便表现出了浓厚的兴趣，还传来京城洋教士教他骑车，在洋人的“指导”下，光绪在他的寝宫玉澜堂里试着骑了几回，兴致勃勃，爱不释手。

然而没有不透风的墙，这件事很快便传到了慈禧太后那里，慈禧太后对光绪皇帝严加训斥，“一朝之主当稳定，岂能以‘转轮’为乐，成何体统？”还干涉光绪不准他再骑车。

虽然受到了慈禧太后的阻挠，但是光绪皇帝对自行车的喜爱有增无减，他会偷偷地在珍妃的住所里骑行，在骑行的时候也发生了许多的趣事。由于清朝时期男子们都留着大辫子，光绪皇帝在骑车的时候，太过于专注，竟然将自己的辫子卷进了后轱辘，刚卷进去的时候他竟浑然不知，仍自顾自地弯着腰往前骑，直到感觉到头皮发疼才停下来，这才发现自己的辫子缠进了车里。可他无视自己的疼痛，生怕自行车有什么闪失，珍妃和身边的侍从们小心翼翼地，从车轱辘里往外“拯救”皇帝辫子的时候，光绪却一个劲地说：“切莫伤及朕的爱车。”就这样花了九牛二虎之力才把辫子跟车轱辘分开,再看这时的光绪皇帝已经被“折磨”得蓬头垢面，凌乱无比，但他完全不顾自己的狼狈，只是欣喜地看着他的车子。

光绪因为自行车而快乐，也因自行车发生过很多啼笑皆非的故事。众所周知，清朝皇帝的龙袍和龙靴穿起来比较繁琐，行走起来极其不方便。所以，光绪帝在骑自行车的时候，你会看到这样一幅繁忙的景象。身边的太监们有的为皇帝拖着龙袍，有的扶着龙靴，皇帝往前骑的时候，身边的太监们跟着自行车极速地向前跑，皇帝来个急刹车，太监们也会摔个前仰后翻。就这样，随着自行车一快一慢，他们时而快步如飞，时而慢如乌龟。在当时的皇宫里只要皇上骑自行车，侍从们就跟唱大戏一样，让人觉得稀罕、无奈又有趣。

溥仪——为“爱”疯狂

溥仪少年受教于外籍教师庄士敦。庄士敦，英国苏格兰人，1898年赴中国，是一位地道的“中国通”。年少的小皇帝对这位“苏格兰老夫子”以及其带来的西方事物充满好奇和崇敬。溥仪曾经从这位洋帝师带来的西洋画报上看到许多西方世界的现代化武器，比如：飞机、大炮、军舰，以及自行车。

据史料记载，中国历史上第一位自行车发烧友就是溥仪。尽管对自行车关注度极高，但被重重封建城墙包围起来的溥仪，直到1922年才拥有了第一辆自行车。紫禁城里有确切记载，第一个骑自行车的人是末代皇帝溥仪。但究竟是谁把自行车带进了紫禁城里送给他的呢？这个问题的答案有好多版本，但基本一致的是，溥仪16岁大婚时，堂弟溥佳将一辆自行车当成礼物送给了他，为此溥佳还被宫廷师傅陈宝琛训斥了一顿，说他“不应该将这种危险之物进呈给皇上，摔坏了皇

末代皇帝溥仪

上，如何了得？”，万一“龙体”受伤，谁也担不起这个责任。

但是，看到自行车的小皇帝，无比雀跃，立即要骑上自行车。这可吓坏了身边伺候的太监们，生怕一个闪失，摔了这位至高无上的小皇帝，他们纷纷叩头劝阻。但是，溥仪不管三七二十一，只见他一脚上去，另外一只脚还没有跟上来，就倾斜要摔倒，贴身太监赶紧飞奔过来扶住皇帝。经过几次尝试，都上不了这车，溥仪仍无放弃的念头，“汝等可，朕焉不可？”这时一个小太监提议说，国舅爷润麒精通车技，可以让他来表演一番。溥仪一听说润麒精通车技，马上命人传来润麒。润麒赶到，当场表演，溥仪一看他骑行自如、车技了得，兴奋之余尽是羡慕，马上吩咐内务

溥仪在紫禁城骑自行车

府，置办几辆自行车推进宫来。圣旨一下，没两天，一批自行车就推进了宫里。自此，养心殿的院里就成了自行车的训练场。

虽然好多人认为，溥仪是四肢不勤、五谷不分、冥顽不灵的帝王。可是在学骑自行车这件事上，他充分展现了聪明睿智、颖悟绝人的一面，他不仅骑行飞速，亦可稳控自如，还学会了“倒骑”这一高难度本领，在当时自行车罕见的年代，这是一幅难以觅得的画面。

上行下效，在皇帝的带头之下，宫内骑自行车风靡一时。更为令人惊讶的是，溥仪听说，几位老太妃也喜欢上了自行车，尤其是那位端康皇贵太妃，她自己竟能骑着自行车在永和宫内来回绕圈了，溥仪感到很是新奇，于是就带着太监，悄悄地来到了永和宫。刚到门口，就听到永和宫内人声鼎沸，进宫一看，老太妃穿着花盆鞋，端坐在车上，笑容满面，众太监围成一圈推着老太妃，一路狂奔。后据说，老太妃骑的并非传统意义上的自行车，而是被太监改良过的“三轮车”，这样对于年事已高的太妃更安全一些。这件事充分表明，当时自行车在紫禁城

末代皇后婉容与自行车

内是如何的被大家宠爱。

话说回来，溥仪学会骑自行车后，单在养生殿内骑自行车就不过瘾了，他要骑出养生殿。可此时遇到了问题，在养生殿门口有很多的台阶，很高的门槛。古人对礼的要求很严，内外之分很具体，门槛就是内外之分的界限。《尔雅．释宫》“柣谓之阈”邢疏：“经传诸注，皆以阈为门限，谓门下横木为内外之限也。”门槛体现了主人的尊严和身份，是一种礼制，以区分内外。可是，溥仪却讨厌起这阻碍骑行的门槛来。还是国舅润麒出了个主意，说把这门槛锯掉即可，溥仪一听，龙颜大悦，说这正合朕意，就命内务府赶紧锯掉这门槛。老太妃们不反对他骑自行车，可是他要锯掉门槛，便遭到了大臣们和太妃们的强烈反对。门槛不仅是皇室地位的象征，也是紫禁城的风水，锯掉门槛不仅破坏风水还有违礼制，大逆不道。按照一般情况来说，溥仪还是尚未成年一小孩，太妃们不让做的事，是不敢做的。但这次他一改常态，太妃们为此对他严加训斥，然而我们这位皇帝却是任尔百般说辞，我自岿然不动。他毅然决然让内务府将门槛给锯了。他想一直通到御花园，可是有些门槛是砍不动的，太监们出主意，在门槛两边铺上黄土，这样形成一个小小的坡度，就可以通行了。这样一来，解除了门槛的束缚，溥仪在皇宫里骑自行车简直是如鱼得水，他从养心殿一直骑到御花园，一路畅通无阻。

时光荏苒，溥仪对自行车的痴爱丝

毫不减。新中国成立溥仪被特赦以后，被安置到西直门一条胡同内居住，这一天他看见街坊有一辆自行车，手就开始“犯痒痒”，想要过把瘾，便骑上自行车就往街外飞奔，车主以为是偷车贼就在后边追喊，惊慌失措的溥仪一下就撞到了对面的老婆婆。这可给他惹了大麻烦，因为老婆婆受伤，他每日都要和他的新婚妻子李淑娴去照顾老婆婆，这也算是他为自行车付出的“爱的代价”。

中国首家自行车博物馆

在平乡县城的东部有这样一个地方，走进它就好像是历史的车轮转回到了二十世纪一样，当那些在记忆中的“永久”“飞鸽”“凤凰”等自行车出现在眼前时，我们仿佛搭乘着“时光穿梭机”倒回了五十多年前，这个“时光穿梭机”就是平乡自行车博物馆，它是中国首家自行车博物馆。

说起平乡自行车博物馆，时间就要追溯到20世纪60年代，当时的平乡人为了摆脱穷苦的生活，开始前往上海、天津等地购买自行车零配件，拿到河古庙

中国首家自行车博物馆

平乡童车展示区

集市上出售，赚取差价。经历了十几年的风雨历程，平乡自行车产业腾飞式发展。当时有人就开始考虑如何记录下这段历史。于是，成立一个自行车博物馆的念头就此萌发，这个想法也因为著名自行车收藏家王明玺的到来而变成了现实。王明玺被誉为自行车收藏大王，收藏自行车200余辆，他在东单、缸瓦市、北新桥、天桥等地到处“淘车”，他把所有的心思都花在了“呵护”这些珍贵的车上。在他的收藏作品中最为知名的就是被奉为眼珠子的英国“白金人”，后来在平乡自行车博物馆建成时，被请来展出，吸引了大批游客前来参观。2013年，平乡在城区东部建设平乡县自行车研究院，决定将河古庙园区的博物馆整体搬迁到研究院。一辆辆记载着历史的自行车被棉被细细包裹起来，用货柜车小心翼翼地运到研究院。40天后，平乡自行车博物馆完美升级，集自行车收藏、展示、研究、教育于一体，成为展示中国及世界自行车发展史和自行车工业文明的教科书。博物馆主要展出王明玺自

平乡童车展示区

20世纪50年代起倾心收藏的各类自行车近百辆。分为藏品区、新品展示区。其中藏品区最为精彩，在这里有世界自行车发展史、中国第一辆自行车的诞生、不同时期的自行车样品或模型、平乡自行车发展历程。

目前，平乡自行车博物馆收藏包括英国、德国、美国、日本以及国产和平乡本地产等多个知名品牌，不同年代、不同国家的自行车展品数百辆，图片300余幅以及自行车零配件千余种。其中

平乡自行车博物馆展品

1910年产自英国的“白金人”是平乡自行车博物馆的镇馆之宝。自行车全车镀白金，做工考究，已有百年历史，当初只生产100件，1930年运来中国11辆，可谓名副其实的“限量版”。这是王明玺从一位80多岁的伪满高级官员的后代手中所得，英国收藏家曾试图以一辆价值170多万元的劳斯莱斯汽车交换，英国“白金人”工厂也曾试图高价购回，但都未能如愿，足见此藏品的珍贵。博物馆还有德国“奔驰”牌，“宝马”牌，美国“哈雷”牌等概念型自行车等。

新品展示区的内容也很丰富，主要是平乡本土自行车厂家生产的新品种。从婴儿的摇篮车到成人自行车、儿童自行车、概念自行车、山地车、折叠车、赛车、滑板车、健身车一直到老人车，种类之多令人瞠目结舌。很多品牌已出口到俄罗斯、西班牙、古巴、越南、肯尼亚等国家和地区，部分产品打入日本和欧美市场，多家企业获得进出口自营权，更有多种产品成为捷安特、富士达、凤凰、永久等知名品牌自行车的固定配套产品。这一切都表明，平乡自行车产业已经驶入迅速发展的快车道。

走出平乡自行车博物馆，眼前虽是

平乡自行车分布图

穿梭的汽车，脑海中却满是各色各样的自行车。科技在飞速发展，但自行车一直都在，它在平乡人的生活中犹如空气一般，无处不在，时时弥漫。

自行车最有趣

最早的自行车

关于世界上最早的自行车有两种说法，一种说法是法国伯爵西夫拉克的木马轮自行车。但这辆自行车刚被制造出来时，由于性能不完善，功能仅限于娱乐，所以它被人们戏称为“伯爵的玩具”。另一种说法是中国科学家黄履庄发明的双木轮小车，最早见于《虞初新志》。年轻的发明家黄履庄，用非凡的智慧和头脑，制造出了瑞光镜、机器狗、探照灯等发明，发明的数量和质

最早的自行车

量，堪比世界大发明家爱迪生，而他所生活的年代要比爱迪生早得多。著名的数学家梅文鼎曾经对他的发明痴迷不已，还专门从安徽宣城来到扬州去拜访他，自行车的最早雏形也是源于他手。这辆自行车的外形已趋近于现代的自行车，但是它的动力源来自于手和胳膊，即使是这样，这辆自行车也可以做到“随住随挽日足行八十里”。所以现在就有了这种说法：黄履庄是自行车最早的发明者。而正是由于他发明了自行车，他的出生地扬州也因此声名远扬，并且也是扬州在科技方面领先国内外水平的一个重要标志。

最大的自行车

德国人迪迪森夫是一名自行车爱好者，更是一名自行车改造界的狂热信徒，为了在自行车的史册上载入自己的名字，他可谓是费尽心思。看到他的杰作肯定会令你目瞪口呆，经他改造的自行车，不仅体型大，而且车轮还会是多边形，四边形、五边形，六边形，等等，应有尽有，而且他还会骑着它们上路。据悉，他还曾制作过一辆巨大的吉他形自行车、一辆用自行车铃铛焊接成的鱼形自行车，以及一个用100多个足球拼成的巨大车轮。2012年6月1日，他制

最大的自行车

作了一辆长7.8米，高3.7米，车轮半径为3.32米，重150千克的自行车，这辆自行车号称当时世界上最大。然而，他的狂热心理还没有得到满足，他打算制造一个更大的自行车，幸运的是，他做到了。在2014年，他所设计的这辆高达5米的自行车，荣登吉尼斯世界纪录，成为真正意义上世界上最大的自行车。

最小的自行车

当代自行车作为一种绿色、时尚加简洁的交通工具为现代人提供了极大的方便和舒适感。随着城市节奏的加快，城市用地日益紧张等这些复杂的因素，现代人对自行车的要求越来越苛责。这些自行车要可以折叠，可以放在很小的容器内；要轻便，这样拿起来就会很方便；要结实耐用，至少要承受住一个成年人的重量；而且还要美观，特别是对于那些爱美的女士来讲，这点很重要。

在这种潮流的驱使下，波兰人兹比格涅夫就有了一种近乎疯狂的想法，他要设计出最小的极限的自行车。于是，他开始搜集自行车资料，去研究和寻找足够结实的自行车制造材料，终于，在1998年8月11日，兹比格涅夫带着他的设计品来到了欧洲的展览会上，这是一辆极小的自行车，它只有一个手掌大小，后轮直径13毫米，前轮直径11毫米，而且，这不只是一个艺术品，同时也是真正可以骑行的自行车，在展示这辆超微型自行车的时候，设

最小的自行车

计师兹比格涅夫骑着它前进了5米，这便是世界上目前已知的真正意义上最小的自行车。

最长的自行车

在追求自行车极限这条路上永远不缺乏疯狂者，来自荷兰的米基尔团队，显然就是其中之一。在2011年8月5日，他们打造了号称世界上最长的自行车，其长度达35.79米。他们制造的这辆自行车，已经没有了寻常自行车的模样，但是因为它具有自行车车把，而且动力来源还是人力脚踏，所以从严格意义上来说，它仍是一辆自行车，而它的长度的确令人感到吃惊。这辆自行

最长的自行车

车最显眼的便是它那奇长无比的车架，车架为铝合金材质，实际上就是舞台上使用的灯光架子。如此庞然大物，一个人是搞不定它的，还需要一名副驾驶在后面提供“脚力”，这是不折不扣的体力活，而前面的主驾驶负责把握方向即可。当被记者问到制造这辆自行车的目的时，这个团队的负责人毫不掩饰地说：当然不可能是为了天天骑它，我们就是为了把它载入吉尼斯世界纪录。

最轻的自行车

轻便是自行车不断演变的趋势，也是广大自行车设计师和爱好者追求的特性，无数人试验了无数种方法，有把自行车体积缩小的，有拆卸零件的，有把自行车车架镂空的，有改进自行车制作材料的，等等，在这之中最受人们推崇

最轻的自行车

的就是最后一种，改进自行车制作材料，因为这种做法对自行车整体概念的变动最小，也更易于人们接受。那么自行车最轻能达到多少呢？这个问题没有答案，因为随着时代的进步，科技在日益革新，自行车所能达到的最轻值会越来越小，不过到目前为止，德国人刚特麦给出了自己的答案：全车总重2.7千克。这是现在自行车在保持正常形态下所能达到的最轻重量，一个成年人用一根手指就可以轻轻松松地将这种车子高高抬起。在它之前，最轻的自行车记录是3.2千克，有趣的是那辆车的设计者也是刚特麦。当然制作这辆世界上最轻的自行车的成本也是很高的，全车花费超过45000欧元，折合人民币40万元以上。

最重的自行车

2016年3月25日，吉尼斯官网报道，他们认定并公布了一项新的世界纪录，比利时男子杰夫·比德斯制造了世界上最重的自行车，这辆自行车重达860公斤，高2.26米，长5.04米，而且是利用废旧材料再生制作。这个庞然大物令世人惊叹。这个消息传到了德国与丹麦的一个边境小镇，当时，老司机兼自行车爱好者弗兰克·多斯正在和自己的邻居聊天。弗兰克爱好自行车运动，并且擅长机械研究，他决意

最重的自行车

打破比利时人创造的吉尼斯纪录。经过五个月不断地拆解、组合，他终于制造出了一辆大家伙，一辆重达2000斤的巨无霸自行车。在2016年9月3日，弗兰克在5000多人面前用这辆车以每小时五公里的速度骑行超过100米，以此来证实它确实可以骑，并且他也因此打破吉尼斯世界纪录，制造出了世界上最重的自行车。

最快的自行车

在丹麦，一名是自行车运动爱好者的警察，在执勤的时候发现一名男孩骑着一辆自行车飞速行驶，于是，他拿出测速仪，想看看这辆自行车是否超速，结果把他吓了一跳，这辆自行车不仅超速了，而且超的是汽车的限定速度，后来这个男孩成为了世界冠军，他就是丹麦自行车名将斯卡斯代尔。当然，当时斯卡斯代尔的骑行速度还不是自行车最快时速，但是由此可见，自行车的最快行驶速度可以轻轻松松地超过一辆正常行驶的汽车。

在2013年英国布里斯托尔自行车展上，一款由英国公司设计的自行车引人注目，外形上，这款自行车和普通的自行车没有太大区别，但是它的理论时速最高可达100英里/小时（约合161公里/小时），而且可以96公里/小时的速度稳定行驶，成为世界上最快的自行车。

最贵的自行车

2015年，这样一则新闻，着实吸引了不少人的眼球——浙江省出租车司机张师傅晚上撞坏了一辆自行车，第二天他到自行车车行一打听，店主报价竟然是11万多元。这辆“受伤”的自行车是意大利进口的“梅花”牌自行车，好多人叫它“自行车里的法拉利”。当然，它还不是最贵的自行车。

到目前为止，“最昂贵的自行车”的称号属于美国公司黄金之家生产的一款土豪金自行车。这款自行车被命名为“比利弗山庄”，全球仅13辆，售价为100万美元(约合人民币622万元)。之所以售价能达到六百万元，是因为从整辆车到每个零部件都体现着它的设计理念“极致与极限的碰撞”，这里的极致指的就是极致的奢华：这款21寸极限山地自行车的车架上竟然镀了一层纯24K黄

最贵的自行车

金；车座材质为鳄鱼皮，全车镶有500颗蓝宝石和600颗黑宝石，保证它在夜晚也可闪耀夺目；手工打造，完成每辆单车的时间为750个小时；每部车身都有编号、设计师的签名。纵然奢华至此，但它也只能是个奢侈品，如果你打算骑着这辆土豪金山地车在田野间飞驰，就纯属妄想了。由于黄金的车身异常沉重，它的速度还不如一辆普通的老赛车。

第五辑

诗说平乡

魅力车城，福地平乡

大美，平乡

五千年的历史长河，
有一个熠熠生辉的地方，
那就是我们脚下这片土地——平乡！

平乡，
历史悠久，源远流长，
廮陶故邑为始，
钜鹿古郡渐昌。
项羽率众胜秦于此，
而后才有西汉之疆。
破釜沉舟，以一当十，作壁上观，
这些成语都出自我们的平乡。
时苗留犊，
一身正气，两袖清风，
千古传唱。
黄巾起义，

一呼百应，威震四方。
行云流水的梅花拳，
起源就是我们的后马庄。
兴固寺，
被誉为“出京第一寺”，
举世无双。
东岳天齐庙，
五洲、四县、两省头的钟声，
依旧响彻耳旁。

抗日战争打响，
平乡成为战场。
面对侵略，
平乡人民挺起了不屈的脊梁，
用鲜血和生命书写了荡气回肠。
牺牲的烈士，
我们永志不忘。

殉难的东初县长，
常记心上。
封洪康的抗日英烈纪念碑，
县城的东初路，
铭刻着平乡人民追求和平的痛殇。

如今，
406平方公里的土地上，
32万勤劳善良的人们，
正在书写着新的篇章。
转型的自行车产业，
成为经济发展的主梁。
以前说实业兴邦，
现在，
我们的电商也不遑多让。
早已迈入全国五十强。

平乡，
是出好人的地方。
一名又一名的好人，
影响了一行，
带动了一方。
越来越多的好人汇集在一起，
我们又有了一个新的名片，
好人之乡。
我们坚信，
有了这张朴实无华的名片，
人民的道德会越来越高尚，
也一定可以引来更多的外商。

现在，
我们有了火车站，
有贯穿而过的铁路邯黄。
我们正在建设通用机场，

很快可以实现家门口坐飞机的梦想。

从家庭作坊，

到企业工厂，

从车间工人，

到外来客商，

都对平乡的明天充满了希望。

我们也祝愿平乡的明天，

搭载着梦想的翅膀腾空起航！

平乡自行车之歌

车城，平乡

我的故乡

我心中最柔软的地方

虽然有过曾经的苦难

是自行车承载了你的坚强

虽然有过曾经的稚嫩

是自行车见证了你的成长

依稀记得在困顿的日子里
满目的盐碱地
穷困的黑龙港
难办的彩礼
还有三转一响
愁坏了多少父母
困扰了多少儿郎

脚下的前路
梦中的新娘
啥都难不倒
骨子里的倔强
自造的自行车
如梦中的曙光
追求要靠自己
寻梦要去远方
擦干脸上坚忍的泪水

只为归来鼓鼓的行囊

岁月
是香醇的美酒
是愈泡愈浓的茶香
予人的玫瑰
手指的芬芳

有了这群铮铮的汉子
才有了这儿的小市场
那儿的小作坊
曾经的小人物
如今的大梦想
还有很多路要走
还有很多梦要闯
不学青蛙待在井底
要做雄鹰飞到天上

终于
你把祝福
送给那位期盼的新娘
幸福的开始
会把前程照亮
不会害怕风雨洗礼
因为知道终会迎来曙光
不会害怕泥泞坎坷
感谢挫折让你变得更强

旋转的车轮
澎湃的赛场
青春在这里激情飞扬
雄伟的园区
屹立的厂房
巨轮在这里扬帆起航

就这样

你长成了大家渴望的模样

强久从这里走出去

恒驰来自这个地方

富士达从这里走向世界

好孩子在这里编织梦想

终有一天

全世界都会知道

有一个地方

叫作平乡

[后 记]

后 记

整本书写下来，通过和老一辈的创业者交谈，了解他们的创业故事，发现一个产业在一个地方的发展，得益于当地肥沃的文化土壤，也得益于天时地利人和的相互作用，更得益于平凡人身上那股子不服输的执拗劲儿。但无疑，书中记录的许多催人奋进的人物和故事，我们都是经过多方考究，力争还原历史，但由于我们探寻的力度还不够大，所以，呈现出来的故事只是冰山一角。如有不当之处，敬请海涵指正！

我们谨以此书，勉励青年创业者铭记成功来之不易，继续发扬“敢于吃苦，善于吃苦”的精神，并投砾引珠，让更多的博学之士爱上自行车，投入到平乡自行车文化的研究之中。